# 竞争性选拔
## 基本模式研究

刘学民　王文成◎著

人民出版社

责任编辑：冯　瑶　陈鹏鸣

封面设计：徐　晖

**图书在版编目（CIP）数据**

竞争性选拔基本模式研究 / 刘学民　王文成　著 . – 北京：人民出版社，2013.10

ISBN 978 – 7 – 01 – 012692 – 0

I.①竞…　II.①刘…　②王…　III.①中国共产党 – 干部 – 人才选拔 – 研究

　IV.① D262.3

中国版本图书馆 CIP 数据核字（2013）第 239996 号

### 竞争性选拔基本模式研究
JINGZHENGXING XUANBA JIBEN MOSHI YANJIU

刘学民　王文成　著

**人民出版社** 出版发行

（100706　北京市东城区隆福寺街 99 号）

北京中科印刷有限公司印刷　新华书店经销

2013 年 10 月第 1 版　2013 年 10 月北京第 1 次印刷

开本：700 毫米 × 1000 毫米 1/16　印张：20.5

字数：290 千字

ISBN 978 – 7 – 01 – 012692 – 0　定价：46.00 元

邮购地址 100706　北京市东城区隆福寺街 99 号

人民东方图书销售中心　电话（010）65250042　65289539

# 目　录

# 前　言

改革开放以来，随着经济体制改革的深入推进，干部人事制度也在不断改革创新，在许多领域取得了突破，竞争性选拔领导干部是其最富活力的创新成果之一。竞争性选拔以公开、平等、竞争、择优为原则，克服了传统干部选拔任用制度存在的选拔人才视野不宽、优秀人才难以脱颖而出、群众参与不够广泛等诸多问题，提高了领导干部选拔工作的科学化、民主化水平，提高了选人用人公信度，成为现阶段我国选拔党政领导干部的重要方式之一。

党的十八大提出，要"全面准确贯彻民主、公开、竞争、择优方针，扩大干部工作民主，提高民主质量，完善竞争性选拔干部方式，提高选人用人公信度"。因此，如何在总结实践经验、分析存在问题的基础上，进一步创新理念、革新模式、改进技术、完善制度，推进竞争性选拔工作的科学化、常态化，是摆在各级组织部门面前的重要课题。

从实践来看，竞争性选拔作为我国干部人事制度改革的一个重要探索方向，受到社会广泛关注。然而从竞争性选拔的历史探索经验和实践现状来看，一方面积累了一些可贵的经验，另一方面各地对完善竞争性选拔模式进行的林林总总的探索中也呈现出某些"创新"上的随意性和盲目性，竞争性选拔的真正优势还不能说在各类干部选拔实践中有效发挥出来，至少目前还没有。其制约因素是多方面的，如在当前多种制度并进的干部选拔工作中，竞争性选拔的职能如何界定？相对于不同的干部选拔需要，竞争性选拔的程序应如何界定？对于不同行业、不同领域、不同级别的干部选拔，竞争性选拔的考试与测评方式方法如何组配才能实现选拔效度的最优？等等这些，把研究的矛头指向一个关键问题，即竞争性选拔的基本模式究竟应如何构建？

围绕这些问题，本研究从以下几个方面展开：一是关于竞争性选拔的内涵、特点、功能及其理论基础的研究；这部分研究深入剖析了竞争性选拔的内涵、特点，及其在实践运用中的功效，并以此为逻辑起点，探索性回答了竞争性选拔赖以立鼎的理论基础。二是关于竞争性选拔发展历程和基本经验研究。这部分通过研究廓清竞争性选拔历史演化脉络，比较分析各地丰富的具体实践，概括出竞争性选拔中积累的基本经验。对竞争性选拔进行实践检视，从制度困境、技术困境、效用困境、诚信困境等方面，分析了竞争性选拔制度运行的现存问题，并从体制局限、认识局限、能力局限和社会局限等方面，对竞争性选拔的主要问题进行了分析与探讨。三是竞争性选拔的基本模式构建研究。本部分从竞争性选拔的主体、客体、运行要素等方面探讨了竞争性选拔的模式结构，从地方政府领导成员选拔、党政机关领导成员选拔、事业单位领导成员选拔、国有企业领导成员选拔四个维度确立了公开选拔的基本模式，从党政机关、企事业单位中层领导干部选拔的视角确立了竞争上岗的基本模式。四是竞争性选拔主要程序研究。本部分全面分析了竞争性选拔程序的概念、特点和功能，结合现实运作，对公开选拔和竞争上岗的干部考选程序进行了系统梳理与设计。五是竞争性选拔主要测评方式方法研究。竞争性选拔的主要考试测评方式方法分笔试、面试、情景模拟三大类别，本部分对各个考试测评方法的优点、局限性和具体适用状况作了详尽的考察研究。六是竞争性选拔模式与测评方法优化组合研究。本部分重点研究了竞争性选拔的模式、程序、考试测评方法的优化配置问题，按公开选拔和竞争上岗两大类别划分，从党政部门、国有企业、事业单位的副厅级、副处级、副科级干部考选实际，研究了竞争性选拔的特征和适应性等问题，构建了"两横一纵"的配置框架，给出了相应的模式、程序和考试测评方法的对策建议。

　　相对于竞争性选拔的实践探索，从理论上对竞争性选拔基本模式进行全面研究，在全国还是首次。为了确保研究工作的顺利开展，本研究在中共河南省委组织部和中共郑州大学委员会的大力支持和领导下，成立了由郑州大学公共管理学院党委书记刘学民教授任组长、郑州大学考试与人才测评研究中心王文成副主任任副组长的课题组，并下设竞争性选拔的理论研究、竞争性选拔的现实运作与基本模式分析研究、竞争性选拔的主要程序研究、竞争性选拔考试与测评的主要方法研究及文献收集与数据分析研究共五个研究小组，李照作、禄琼、张真玲、左静远、曹林林、杨森、任明明等同志参与了专题研究和文献收集与数据分析整理工作。经过深入研究，最终形成了这部近 30 万字的著作。郑州大学公共管理学院刘学民教授确定了研究的整体结构框架，并承担了书稿的审定、统稿工作，付出了辛苦的劳动。本书在出版过程中，得到了人民出版社的大力支持，在此表示衷心的感谢。

　　竞争性选拔基本模式、基本程序和考试测评的方式方法优化组合研究，是涉及我国竞争性选拔社会公信力的一个大问题，也是我国干部人事制度改革必须破解的一个难题，本研究只是对这个问题的粗浅认识。参加本课题研究并撰写本书的人员付出了辛勤的劳动，但由于研究水平所限，以及研究的样本和实际考试测评数据采集局限，不妥和疏漏之处在所难免，恳请方家指正。

编著者

2012 年 12 月

# 第一章 绪 论

## 第一节 研究背景

我国传统的干部选拔方式一直以委任制和选举制为主要形式，集中体现"党管干部"这一总的组织原则。这种干部选拔任用制度是由我国社会制度和党的地位性质决定的，作为干部选拔任用的主要方式它在我国干部队伍建设中长期发挥着重要的基础作用。改革开放以后，这种相对单一的干部任用制度不能满足新的社会条件下干部队伍建设的需要。现代社会的发展，对资源配置效率提出了更高的要求。人力资源配置方式的转换也成为必然趋势。竞争作为一种有效的资源配置手段在社会各领域广泛地发挥着关键作用。在干部选拔任用中运用竞争机制促进人才资源的优化组合是干部人事制度改革的一个重要探索方向。在干部选拔中引入竞争机制成为一种必然趋势。

竞争是人才选拔的普遍性要求，也是人才选拔的内涵特征之一。"为政之要，惟在得人"，择优只有在竞争中才能实现，竞争只有在民主中才能公平。积极稳妥地推进我国干部人事制度改革，"逐步形成广纳群贤、人尽其才、能上能下、公平公正、充满活力的中国特色社会主义干部人事制度"是我国深化干部人事制度改革的基本目标，竞争性选拔干部则是实现这一根本目标的基本要求、基础内容和重要途径。干部竞争性选拔，就是指在党的干部选拔中引入竞争，多个人选按照相对固定的程序和方法，在特定的条件下围绕特定的职位展示自己的能力，通过相互比较决定最适合岗位需要的人选的干部选拔模式。作为一种制度安排，它打破了长期以来干部任用理念和方式单一化、封闭化等方面的局限，以"民主、公开、竞争、择优"的制度导向，着力塑造高素质的干部队伍，已成为当前干部人事制度改革的重要突破口和魅力频现的聚焦点。

从 1980 年开始，伴随整个干部人事制度改革历程至今，经过长时期的改革探索，竞争性选拔已有 30 多年的探索历程。20 世纪 80 年代我国干部人事制度改革启动之初，竞争性选拔的萌芽形式已经零星显现，到 90 年代竞争性选拔模式才逐渐清晰起来。90 年代中后期开始对竞争性选拔形成了相对统一的认识：1999 年中组部下发了《关于进一步做好公开选拔领导干部工作的通知》；2000 年中组部印发了《全国公开选拔党政领导干部考试大纲（试行）》；2000 年 6 月，中央批准下发《2001—2010 年深化干部人事制度改革纲要》，明确提出："要推行公开选拔党政领导干部制度，逐步提高公开选拔的领导干部在新提拔的同级干部中的比例"。2002 年 7 月，中共中央在颁布的《党政领导干部选拔任用工作条例》中明确规定，公开选拔和竞争上岗是党政领导干部选拔任用的方式之一，首次以党内法规的形式将公开选拔和竞争上岗作为选拔任用党政领导干部的一个重要方式固定下来。经过多年来实践探索，竞争性选拔已成为选拔任用干部的重要方式，成为深化干部人事制度改革的有力杠杆，为优秀的年轻干部脱颖而出创造了有效途径，其价值已基本得到干部群众的认可。

竞争性选拔是改革开放以来干部人事制度的重要内容。在干部选拔中引入竞争机制，对于扩大党内民主，发现优秀人才，激励干部刻苦学习，努力工作，具有十分积极的作用，成为推进党的干部队伍建设的重要举措，也是党的干部队伍建设一项重大理论创新。通过多年的实践，这一制度创新越来越被干部群众和社会各界广泛认同，初步形成了良好的政治效应和社会效应，已经成为干部选拔任用的重要方式之一。建立完整和严密的干部竞争性选拔制度体系是当前和今后党的干部选拔工作发展前进的必然选择。

竞争性选拔的探索历程总体上经历了"试验探索"、"发展改进"、"试点推广"和"正式推行"四个阶段。目前已成为我国党政领导干部选拔任用的重要方式之一。近年来，为了适应我国经济、政治、社会、文化等方面发展的需要，随着政治体制，特别是干部人事制度改革的不断深化，以及政府职能转型的现实诉求，对竞争性选拔领导干部的基本模式、基本程序和考试测评方法的优化组合提出了新的要求。党的十七届四中全会通过的《中共中央关于加强和改进新形势下党的建设若干重大问题的决定》（以下简称《决定》）对新形势下深化干部人事制度改革，建设善于推动科学发展、促进社会和谐的高素质干部队伍做出了全面部署，强调"坚持民主、公开、竞争、择优，提高选人用人公信度，形成充满活力的选人用人机制，促进优秀人才脱颖而出，是培养造就高素质干部队伍的关键"。深入研究竞争性选拔这一模式是时代对我国干部队伍建设提出的重要课题。

## 第二节 研究意义

竞争性选拔在选人用人中引入竞争和比较的遴选机制，变传统的"相马"式识才为真正的"赛马"式选才，最终实现干部的"好中选优、优中选适、适中选强"，作为选贤任能的重要方式之一，已成为提高选人用人公信度的一个有效载体。竞争性选拔的关键在于在干部选拔中加入竞争机制，并用科学的方法、程序对干部选拔和贯穿其中的竞争行为加以规范、引导和约束。作为干部人事新制度的一个创新方式，竞争性选拔以其独有的优势显示出强劲的生命力。改革完善竞争性选拔干部工作，切实提高竞争性选拔工作的科学性和公信度，对促进优秀人才脱颖而出、塑造一支高素质干部队伍具有重要的理论和现实意义。

### 一、竞争性选拔干部问题的深入研究对现实政治体制改革的目标具有重要意义

中国 30 多年的政治体制改革实际上暗含着这样一种政策逻辑和实践次序：将干部人事制度改革视为政治体制改革的突破口，将干部选人制度改革视为干部人事制度改革的关键点，将竞争性选拔视为干部选人制度改革的重中之重，借助竞争性选拔，实现干部人事制度的创新，从而在一定程度上推动实现政治体制改革的目标。如何改革完善竞争性选拔干部制度，制定让优秀干部脱颖而出的机制，真正加强党的领导干部队伍建设，实现政治体制改革的目标，这是一个十分重要的课题。

### 二、竞争性选拔干部问题研究，对落实科学发展观、构建社会主义和谐社会具有重要意义

政治路线确定之后，干部就是决定因素。党的各级干部是贯彻落实党的理论和路线方针政策、团结带领广大人民群众为完成党的历史任务而奋斗的骨干力量。当前，我国社会发展已经进入关键期。全面落实科学发展观，促进经济社会又好又快地发展，构建社会主义和谐社会，全面建设小康社会的宏伟目标，迫切需要选拔能正确理解、正确认识科学发展观，并自觉践行科学发展观的干部。由此，加强竞争性选拔干部问题的研究，是保障优秀党政领导干部产生，从而落实科学发展观和构建社会主义和谐社会的需要。

### 三、竞争性选拔对建设高素质的干部队伍具有重要意义

#### （一）竞争性选拔能够引领树立正确的用人导向

竞争性选拔坚持党管干部原则、德才兼备原则和群众公认、注重实绩原则，打破了传统用人上论资排辈、"由少数人选人，在少数人中选"等局限，坚持"五湖四海"，拓宽了选人用人的视野、渠道和途径。坚持公平、正义、

竞争、择优的原则，真正将那些作风正派，清正廉洁，办事公道，确有真才实学的优秀人才选拔到各级领导岗位上来。注重运用科学的人才测评体系识人选人，强调选拔的效率，强调人职相匹配，有利于那些政治上靠得住、工作上有本事、作风上过得硬、人民信得过、善于推动科学发展观和促进社会和谐的干部走上领导岗位，进而改善两套班子的专业结构、文化结构和年龄结构等。坚持民主推荐，民主监督，大力实施"阳光选人用人"工程，在民主测评、民主推荐、测评分析、个别谈话以及投票表决等各个环节，进行全程监督，从机制上保证竞争性选拔的公平、公正、公开。

**（二）竞争性选拔有利于提高选人用人的公信度**

提高选人用人公信度，是干部选拔的生命力所在。公信度越高，党在群众中的威信就越高。在竞争性选拔中，坚持德才兼备，以德为先，形成正确的选人用人导向。建立健全体现科学发展观要求的考核评价体系，突出科学发展政绩，使考核评价机制科学、规范和操作性强，能够正确评价干部的工作得失。健全科学民主的决策机制，重视群众评价，让选人用人权在阳光下运行，在任用环节上提高公信度。完善监督机制，防范问题，堵塞漏洞，加大用人失察失误责任追究和监督力度，形成科学规范的监督体系。

**（三）竞争性选拔有利于发现优秀人才**

为党的事业后继有人培养人才，这是干部竞争性选拔的根本目的所在。围绕这一根本目的，干部竞争性选拔制度建设的重点，就在于强化发现优秀人才的手段，强化择优机制、考察机制，监督机制等的建设，并将这些机制常态化，固定下来，从而为发现优秀人才创造有利条件。把竞争引入干部选拔工作中，让优秀人才展开公平、公正、公开的竞争，从而发现优秀人才。依据干部选拔任用条件和不同领导职务的要求，全面考察参与竞争的人才的德、能、勤、绩、廉，注重考察工作实绩。实行党政领导干部选拔任用责任追究制，对盲目选任、以权选任等问题加以惩治。

### （四）竞争性选拔能够激励广大干部刻苦学习、努力工作

要能够在激烈的竞争中脱颖而出，就必须保证自己时刻都是最优秀的，就必须要刻苦学习、努力工作。将干部选拔中的竞争实现制度化，更加突出其中的"择优"功能，引导干部树立正确的竞争观念，只有最优秀的人才才能在竞争中脱颖而出，从而激发广大干部通过刻苦学习和努力工作提高自身素质。引导干部树立正确的政绩观，求真务实，把工作立足点放在真抓实干上，把人民群众的利益摆在工作的首要位置上。始终以人为本，把群众最关心、最迫切需要解决的实际问题作为工作的重点，体察民情、了解民意、集中民智、珍惜民力。时时刻刻把人民群众的安危冷暖放在心上，深怀爱民之心，恪守为民之责，善谋富民之策，多办利民之事，只有干部实实在在的成绩，才能获得群众的认可，才能得到提拔重用。

### （五）竞争性选拔有利于形成干部能上能下，能进能出的良好机制

竞争性选拔最突出的特征是竞争，这种竞争打破地域、行业、部门界限，突破传统选人办法的局限性，实现人才的合理配置。这种竞争不光择优，还要劣汰，使能则上，庸者下。竞争性选拔坚持"公开、平等、竞争、择优"的原则，在选拔中充分发扬民主，坚持公开透明，解决了长期以来困扰干部选拔工作的暗箱操作问题，能够有效地遏制用人上的各种不正之风，杜绝跑官要官、买官卖官的腐败现象。

综上所述，在理论层面，真正发挥出竞争性选拔的优势、实现竞争性选拔的价值、落实公开、民主、竞争、择优的竞争性选拔的本质内核，还需要从理论上对竞争性选拔进行深入的研究。在实践层面，当前我国的竞争性选拔制度，采用模式形态多样。如隶属于"选任制"的有"公推直选"、"两推一选"、"三推两选"、"三推一选"，"公推差选"、"公推竞选"等；隶属于考任制的有"公推公选"、"一推双考"、"双推双考"、"三推三考"、"一推三考"等，竞争性选拔的适用问题是个极具实践价值的研究课题。相对于如此繁多复杂的制度实现形式，按照以用为本的的原则，探明不同地域、不

同行业、不同层次的竞争性选拔干部的基本模式、基本程序和相应的考试测评模式，具有十分重要的应用价值。

## 第三节 研究现状综述

国内学者对党政领导干部选拔任用制度改革的理论研究是在干部选拔任用制度创新不断推进和干部选拔任用制度改革取得进展的背景下，基于对干部选拔任用制度改革实践现状和问题的理性梳理分析而做出的理论回应。综合现有文献资料，我们把理论界的相关研究成果分为以下几类：

### 一、关于干部制度历史沿革方面的研究

目前关于干部人事制度研究的文献中，有大量文献是从理论和实践的层面对我国党政领导干部选拔任用制度改革历程进行了回顾和梳理，主要厘清我国党政领导干部选拔任用制度的历史发展脉络。这方面的代表作主要有：徐颂陶、孙建立主编《中国人事制度改革三十年》、宋德福著《八年人事制度改革行》、刘俊林著《求索与创新：干部人事制度改革十年回首》，另外还有组织人事部门的研究，如《组工通讯》，《组织工作研究文选》，中共中央组织部干部监督局编写的《以最坚决的态度整治用人上不正之风确保实现提高选人用人公信度目标》（2009）、中共中央组织部研究室编写的《干部人事制度改革》等一系列丛书都涉及党政领导干部选拔任用制度改革方面的问题。国家和地方组织部门也有一些关于党政领导干部选拔任用制度沿革方面的研究成果。例如中央组织部编写的《十四大以来干部制度改革经验选编》以及四川省委的课题研究成果《党政领导干部制度改革研究》，部分内容涉及党政领导干部选拔任用制度的历史发展问题。中央组织部研究室编写的《创造充满活力的用人机制》（2000）。一些地方党委及其组织部门也对党政领导干部选拔任用制度改革的经验进行了整理，如《建立选人用人公正机

制》、《广东干部人事制度改革实践》、《新探索新实践：山东省干部人事制度改革经验荟萃》（2001）等。这些研究资料和成果从不同的方面对党政领导干部选拔任用制度改革进行了梳理和探索，为我们深化对这一主题的继续研究奠定了一个坚实的基础。由于此类文献具有清晰的时代特征，通过对这类文献纵向的梳理，我们可以准确地把握党政领导干部选拔任用制度的发展轨迹，这是我们进一步展开竞争性选拔模式研究的基础文献资料。

## 二、竞争性选拔价值与功能方面的研究

竞争性选拔是我国干部人事制度改革中的一个新的探索方向，这是中国当代社会发展对推进我国干部人事制度改革提出的必然要求，对于我国干部队伍建设也具有重要的价值。竞争性选拔作为一种制度安排，其打破了长期以来干部任用理念和任用方式的单一化、封闭性倾向，以"民主、公开、竞争、择优"的制度导向，着力塑造高素质的干部队伍，从而成为当前干部人事制度改革的重要突破口和魅力频现的聚焦点。徐洪波的研究认为，推进干部人事选拔制度创新是社会发展的现实需要。我国干部制度中存在着漏洞和不完善的地方，主要表现在权力过分集中，家长制，特别是对某些一把手所拥有的"绝对用人权"的监督缺乏有效的手段；跑官要官之风继续蔓延，拉票贿选、民意失真等问题越加严重。解决这一问题，根本的途径还在于加大竞争性选拔力度，使选人用人权得以在阳光下运行。胡宗仁在《竞争性选拔制度的功能分析》中认为竞争性选拔制度有选拔、规范、导向、整合四种基本功能，但由于受到相关的阻抗因素和现实条件的影响，竞争性选拔制度的功能至今仍未得到充分释放。竞争性选拔制度的功能实现还存在许多障碍因素。如竞争性选拔的工作制度问题、竞争性选拔制度的程序问题、竞争性选拔制度的执行问题、竞争性选拔制度的衔接问题，要解决这些问题，需要从完善竞争性选拔工作制度、规范竞争性选拔流程设计、强化竞争性选拔执行力度、加强竞争性选拔制度衔接几个方面加以改善。

### 三、关于干部选拔任用制度方面的研究

关于干部选拔任用制度方面的研究一直是学界的一个重点研究领域。吴瀚飞曾在其著作《中国公开选拔领导干部制度研究》中集中研究中国公开选拔领导干部制度的历史演变、理论及其实践问题，并提出推进公开选拔领导干部制度的对策选择，即全面推进干部选拔任用由多轨制向以公开选拔领导干部制度为主体制度的转轨进程；加快制度配套，努力促进公开选拔领导干部制度法制化；完善管理体制，为全面推行公开选拔领导干部制度提供坚强有力的组织保障。这是比较全面地论述了干部选拔任用制度的研究成果。也有学者从考选、聘任、考评、监督等不同方面来完善干部选拔任用机制。金晓钟、徐本岩认为，目前我们党的干部选拔任用机制还存在着许多问题和不足，需要我们以与时俱进、实事求是的精神，从干部的考任机制、聘任机制、选任机制、考评机制、监督机制诸方面改革完善干部选拔任用机制，不断提高选人用人的公信度，以培养造就高素质的领导干部队伍。还有学者从干部选拔民主化的角度来分析，如付志方认为民主化是干部选拔任用制度改革的核心目标，因而，推进干部选拔任用制度改革中的民主化进程，必须在干部选拔任用的各个环节上扩大民主，同时要认真落实群众的知情权、参与权、选择权、监督权。也有学者通过贯彻落实科学发展观来完善干部选拔任用制度，黄明哲认为，坚持以科学发展观为指导完善干部选拔任用制度，要树立科学的用人观念，坚持正确的用人导向；要着力实现"以人选人"向"以制度选人"的根本转变；要用科学发展观的理念考核评价干部；要加强对干部选拔任用的预测性研究，建立干部选拔任用巡视制度，只有这样，才能不断提高选人用人的公信度，不断提升选人用人的整体水平。近年来关于干部选拔制度研究上成果不断涌现，汪继红的著作《中国公开选拔领导干部考试制度研究》（2010），以公选考试制度本体作为研究对象，从公选考试理论体系的构建与解构双重取向，从公选考试制度的实践性、合法性以及科学

性三个维度，初步构建了公选考试制度的理论分析框架。集中研究干部选拔制度的还有李烈满的《健全干部选拔任用机制问题研究》，王璋的《"三票制"选"官"：干部选拔任用制度创新的实践与思考》，何显明的《控制权力：制度创新与用人腐败的有效防治》，王铁的《阳光流程——干部选拔任用"五个常态化"机制探究》等。这些研究主要集中于干部选拔制度规则构建方面。

### 四、对竞争性选拔的程序及测评方法方面的研究

关于对竞争性选拔程序的优化，刘华军在《加大竞争性选拔干部应注重把握四个环节》中认为，只有把竞争性选拔基本环节工作常态化，才能从制度和机制上保证把政治上靠得住、作风上过得硬的优秀干部选拔出来。探索多种形式的竞争性选拔程序是干部人事制度改革的方向之一。胡安元在《降低竞争性选拔干部负效应的建议》中提出，竞争性选拔制度必须通过程序保障才能克服传统干部选任制度的弊端，打破了长期以来干部任用理念和任用方式的单一化、封闭性倾向。

廖平胜等研究者从人才测评的角度研究了竞争性选拔的实施保障问题。他从考试与人类社会的角度出发，认为"考试是实现人的社会化和人的社会价值的重要手段，也是人类社会演进发展不可或缺的机制。""考试有甄别、评定、预测、诊断、反馈、激励等功能，同时具有配置人才资源、推动人才开发、调节人才市场等作用。""竞争是手段，择优才是目的。尤其领导干部公选考试的竞争择优，它旨在通过竞争的机制、择优的标准、内容、规则及考选结果的社会价值等，强化国家意志，正确引导社会价值观、社会行为规范、社会使命感和责任感，增强应试者和整个领导人才队伍乃至全体国民对国家倡导之精神及物质文明建设目标的向往与追求，促使个人价值取向与国家发展指向的一致实现政治文化的高度民主和统一。"赵洪俊主编的《公开选拔和竞争上岗面试教程》，

胡月星、梁康主编的《现代领导人才测评》，赵忠令、石起才的《情景模拟测评在党政领导干部公选中的应用研究》，唐忠明的《无领导小组讨论应用模式和评价者研究》，何薇的《公开选拔领导干部结构化面试的测评功能研究》，杨选留、张朋柱的《党政领导人才素质评价指标体系与综合评价方法》等，积极借鉴和运用国民教育的考试技术、领导学、人才测评学、心理学的研究成果，在命题技术的改进、面试方式的创新以及考试结果的使用和分析等方面进行实践和研究。他们侧重从技术层面上对现代人才素质测评技术在竞争性选拔中的应用进行推介、研究，部分回答了"考什么"和"怎么考"的问题。

### 五、竞争性选拔实践问题及发展趋势的研究

从实践中的问题出发研究我国竞争性选拔问题，如黄卫成的《竞争性选拔干部若干实践问题探析》，该篇文章从竞争性选拔干部的现状分析、竞争性选拔干部实践中须处理的若干矛盾关系、竞争性选拔干部实践中应避免的误区、竞争性选拔干部规范化的路径选择四个方面分析了我国关于竞争性选拔干部的现状和发展。关于干部人事制度改革发展趋势的研究本身就是学术研究的一个落脚点，归结起来就是干部人事制度改革的科学化、民主化、制度化是其基本趋势。高新民从大众参与角度出发，认为干部人事制度的改革是伴随着改革开放的发展而不断发展的，其大趋向是扩大群众参与度，扩大民主、公开，形成充满活力的用人机制。刘洪泽从建立科学、民主、规范的干部人事制度，实现干部人事工作的规范化、制度化的角度出发，认为干部人事制度改革的重点是要建立健全选拔任用和管理监督机制，因而，建立健全选拔任用和管理监督机制成了建立科学、民主、规范的干部人事制度的关键所在。夏红认为干部监督、民主制度、公示制度和干部退休、干部选拔、干部交流、干部考核等七个方面应是干部制度改革的发展趋势。这种论述较为全面，几乎囊括了干部人事制度改革内容的主要方面。韩强以干部任期制

为视角，认为实施干部任期制，有助于在干部选拔中形成公开、公平、竞争、择优的机制，有助于人民群众对干部的有效监督，有助于规范解决干部队伍建设中能上能下、能进能出的问题，有助于促进干部管理的法制化，因而是干部制度改革的突破口。以上主要观点还是集中在干部人事制度改革的制度化建设方面。桑玉成则从科学执政的角度出发研究干部选拔制度的发展趋势，认为提升干部制度的科学性和合理性，使其符合科学执政的要求，是我们当前面临的重要任务，而当前要实现三个方面的实质性转变，必须做到从以人为中心的管理到以制度为中心的管理的转变；从"以官选官"到"以民选官"的转变；从干部的对上负责到干部的对下负责的转变。最终还得归结到干部人事制度的科学化、民主化、制度化方面。正如穆敏认为的那样，实现干部工作的科学化、民主化、制度化，是干部人事制度改革的根本方向。因而，针对干部人事制度改革中的问题，结合实践经验，干部人事制度改革的未来主要集中在干部人事制度科学化、民主化、制度化的发展趋势。

综上所述，我国学界对党政领导干部选拔任用制度改革的有关研究是竞争性选拔模式深入研究的前提和条件。但是当前研究仍存在一些不足之处，需要进一步改进。这些不足主要体现在：

**（一）理论基础比较薄弱**

前期研究普遍缺乏相关理论基础的支撑。就现有研究看，多集中于对党政领导干部选拔任用制度存在的弊端现象进行归纳，或是直接照搬古代官员选拔和国外官员选拔经验。也有运用党史党建或者政治学科理论进行学理分析和解释的，尚未有一个贯穿全文的核心理论作为指导。即干部选拔任用制度改革的论题研究缺乏基础理论的有力支持，为此，本研究综合寻求多学科理论以及现代人才测评理论为领导干部人事选拔研究提供强大的理论工具，并将其贯穿于整个论文框架和理论分析之中，以求能在理论层面有所突破和创新。

## （二）缺乏深入系统研究

通过文献梳理可以发现，以往研究大都是从历史角度对文献进行梳理，对改革何以会这样的制度变迁研究少，另外基于问题导向的深入而系统化的党政领导干部选拔任用制度改革的理论研究缺乏整体框架。表现在：对干部人事选拔改革的过程、规律和趋势的研究挖掘不深，诊断改革中的突出问题、深层次瓶颈问题相对来说不够准确，对改革的症结、困境更是少有触及，对当前干部选拔任用制度中的一些缺陷没有形成合理解释，从而无法找到解决方案。充分挖掘干部选拔任用制度改革背后的路径依赖问题和深层矛盾，提出更有针对性的解决方法，不断丰富干部选拔任用制度改革的理论体系，这也是本论文研究的旨趣所在。

## （三）研究方法相对单调、单一

通过对文献的梳理，不难发现，以往的研究对选拔任用制度的文献分析较多，实证的案例数据分析相对较少。另外由于一些研究者对实际工作不够熟悉，存在理论研究与实际相脱节的现象，理论的指导性不强。因此，本书采取文献、理论、实证、规范、历史等综合的研究方法，注重理论与实践相结合、理论与实证相结合，以期能够在研究内容、研究方法和研究思路上有所突破。

# 第四节　研究目标和主要内容

## 一、研究目标

本书的研究目标是区分不同地域、不同行业、不同层级、不同职位选拔干部的特殊要求，寻找竞争性选拔模式如何采取相应的不同模式、不同程序和不同测评方法，最终实现模式、程序和方法的优化组合运用，增强考试测评的科学性和实效性。

## 二、研究内容

根据本课题的研究目标，拟着重研究以下六个方面的内容：

### （一）竞争性选拔的内涵、特点、功能及其理论基础研究

本研究从四大方面深入剖析竞争性选拔的内涵特点及其在实践运用中的功效，并以此为基础概括出指导竞争性选拔实施的四项基本原则。梳理分析了竞争性选拔理论基础。通过对竞争性选拔基础概念界定、内涵阐释、基本原则和理论基础的深入考察，为准确把握竞争性选拔奠定基础。

### （二）竞争性选拔探索历程和基本经验研究

这部分通过研究廓清竞争性选拔历史演化脉络，比较分析各地丰富的具体实践，概括出竞争性选拔中积累的基本经验。对竞争性选拔进行实践检视，为深刻掌握竞争性选拔的实践困境提供清晰的分析对象和翔实的数据。为进一步深入挖掘问题分析的成因提供了可能性。

### （三）竞争性选拔实践存在的问题、局限及原因研究

在前部分的基础上从六个方面研究了竞争性选拔实践存在的局限性及其成因。这六个方面是：认识局限；选拔程序设置局限；职位分析局限；考试测评方法局限；模式协调性局限；选拔范围局限等。

### （四）当前我国竞争性选拔的主要模式研究

这部分研究中，从两个角度分类考察竞争性选拔的基本模式。第一个角度是按考任制特征和选任制特征两大类分别概括出各类内的突出模式；另一个角度是从公开选拔和竞争上岗两大类去考察各自类别内的突出模式。并附具体案例加以分析说明。

### （五）当前我国竞争性选拔主要测评方法研究

在这部分里，着重对竞争性选拔的考试测评方法进行梳理研究。对竞争性选拔的主要考试测评方法笔试、面试、情景模拟三大类别进行详细分述说明。对各个考试测评方法的优点、局限性和具体适用状况作了详尽的

考察研究。

### （六）竞争性选拔的模式、程序和考试测评方法科学配置研究

这部分重点研究了竞争性选拔的模式、程序、考试测评方法的优化配置问题。按公开选拔和竞争上岗两大类别划分，分别深入各个类别之内，再按党政、国企、事业单位的副厅级、副处级、副科级干部分别考察竞争性选拔的特征和适应性等问题。集中考察了总共九类职位的竞争性选拔问题，给出相应的模式、程序和考试测评方法的对策建议。这种"两横一纵"的配置框架是配置竞争性选拔模式、程序和考试测评方法的基础。这是本研究的创新之处。

## 第五节 研究的基本思路和方法

### 一、基本思路

本课题以探寻竞争性选拔基本模式、基本程序及考试测评方法优化组合为研究目标，以公开选拔、竞争上岗、公开选调（遴选）为研究阈限，以实证分析为研究主线，综合运用考试学、人才测评理论、党建理论和多元统计分析技术对当前竞争性选拔的应然状态和实然状态进行多层次、多维度分析。首先从基本概念和一般理论探析切入，深入剖析竞争性选拔的内涵要旨、基本理念原则及理论基础。对中外竞争性选拔尤其是我国当前竞争性选拔的主要模式、基本程序和测评方法进行系统考察，在此基础上分析我国竞争性选拔运行过程中的基本经验、存在的问题和主要成因，提出不同地域、不同行业、不同层级、不同职位选拔领导干部应采取的不同模式、不同程序和不同测评方法，实现模式、程序、方法优化组合运用。本书是围绕以下主要观点展开内容研究的：

（一）竞争性选拔是以公开、公平、公正为基础，以优胜劣汰为原则，

采用带有竞争性的方式来遴选、甄别和评价备选人才，形成一套有效的人才优选机制。科学性与公平性的关系是关乎竞争性选拔公信力的基础性问题；程序公平与实质公平的价值取向及其综合实现程度与竞争性选拔的运行模式、程序设置和测评质量密切相关。

（二）科学规范是竞争择优的基础。竞争性选拔测评的基本模式应采取笔试、面试与考查考核三结合的模式。笔试科目的设置，应根据以用为本、干什么考什么的原则，分通用能力、素质和业务能力、素质设置考试科目；测评要素的确立应以报考职位的履职要求、能力素质要求为依据，测试内容的组配，应坚持国家强制性与地方自主性相统一。根据不同选拔模式的实际需求，面试与考查考核应有不同的方式方法，注重对德的考察。测评模式的运行，应在选拔模式的框架下，采取多轮次笔试、多方式面试的综合测评。程序是实体的保障，方法技术是内容的载体，竞争择优需要科学的平台。

（三）结构决定功能，竞争性选拔的运行结构是否合理、程序是否完备，测试内容构成是否恰当与竞争性选拔的效能有效发挥程度关系密切。完整的竞争性选拔结构系统，应由目标结构、内容结构、程序结构、测评结构、质量控制与评价结构等要素有机组合而成；选拔效能的高低取决于选拔结构质量的优劣，五个要素的匹配程度，决定选拔结构的质量，影响选拔的效能。

（四）不同的竞争性选拔模式需要相应的测评模式、具体的测评方法和技术手段相支撑。不同的选拔模式对测评方式和方法技术选择，需要从竞争性选拔的目的、测评标准、结构规范、资源环境综合考虑，也应着眼于对竞争性选拔内外部困境的突破。

## 二、主要研究方法

### （一）调查研究法

为获得研究所必须的历史和现实资料，本书使用了两种调查法：一是间接调查法，即通过广泛查阅中外不同时期竞争性选拔的历史文献、研究论著、统计分析资料、报刊杂志、调研报告等，系统收集有关竞争性选拔领导干部的总体设计、组织管理、政策法规、测评功能及其局限、常用模式、测评方法、试题结构、试题功能、编题设计，收集竞争性选拔的质量评价理论、标准与方法、设计实施、理论认识和实践成效等方面的材料，以此开阔学术视野，拓宽研究思路，从中获取有益的启示。二是直接调查，即通过不同地区、不同行业、不同层次竞争性选拔的现状考察、调查问卷、深度访谈等方式，收集我国竞争性选拔的实际运作模式、实施成效、现存问题、改革设想、创新思路等方面的一手资料。在此基础上，对两类调查资料进行整理和分析，为竞争性选拔领导干部的模式、程序与方法及其组配技术的研究，获取科学和事实依据。

**（二）比较研究法**

比较作为一种判定事物异同关系的方法，它是分析、抽象、概括、归纳、演绎等多种思维形式的综合运用。本研究通过分类比较、综合比较、垂直比较、水平比较、近似比较、程度比较以及因素比较等比较法对竞争性选拔领导干部的各运作模式、程序设计和测评方法选择进行全方位、多角度的比较，以得出不同行业、不同地域、不同层次之间的差异与优劣及其各自的适用范围与调整改善的方向等相关结论。

**（三）制度分析法**

制度分析既是一种研究方法，又是一种研究范式。当它被运用于某学科领域一些具体研究课题的时候，它是一种研究方法，而当将其运用于某学科基本问题研究并使某学科研究在基本问题、范畴方面产生深刻变化的时候，则其为一种研究范式。它强调多角度、多层次地对制度的生成、变迁及影响因素等进行解析。本研究从竞争性选拔制度的基本理论、基本制度体系及其整体效益等几个方面进行较全面的分析。

# 第二章　竞争性选拔的理论基础

竞争性选拔是 30 多年来我国干部人事制度改革探索的重要方向，这个探索伴随整个干部人事制度改革至今，取得了一定的实践经验和相应的理论成果。可是从目前国内竞争性选拔的理论认识和实践现实来看：竞争性选拔干部方式的理论认识还有待深化，实践优势也尚未完全实现出来。加强竞争性选拔干部方式的研究是我国干部人事制度改革提出的亟待解决的任务。完善竞争性选拔是今后干部人事制度改革需要继续深入探索的重要课题。而深入准确地把握竞争性选拔概念的科学内涵、理论基础和基本原则是展开、做好这项研究探索任务的前提。

## 第一节　竞争性选拔的内涵分析

竞争性选拔是以民主的选拔体制和阳光的选拔形式为保障，以有效的竞赛规则为核心，通过优化的选拔程序和科学的测评手段实现优选结果的一套开放式选拔干部的方法。

### 一、竞争性选拔对干部人事制度创新

多年的实践表明，在干部选拔上有其独特的优势。其一，开放式的选拔范围拓宽了选人视野，提升了入选机会的均等性，改善了备选人才的规模和质量，为最大化地在干部队伍中实现人才资源效力，创造了可能的前提。竞

争性选拔能够突破身份、区域、部门等壁垒，打破论资排辈、隐性台阶、年龄学历等条条框框的束缚，通过搭建平台让更多符合条件并有参选意愿的人参与竞争，比传统选拔方式更有利于优秀人才脱颖而出，更有利于干部人才资源在更大范围内实现科学配置。其二，竞争性选拔实施过程中民主作用的发挥增强了选人用人的公信力和满意度。竞争性选拔尊重民意、重视民意，民意测评是选拔程序中不可或缺的环节，强调阳光公开的形式，使民主在选人环节中对人才判断和整体过程的监督发挥作用。其三，竞争性选拔通过竞争规则的设置在备选人才之间展开优胜劣汰的竞赛，确保对人才水平的有效识别，实现任人唯贤。最后，通过程序的规范和优化，依靠科学的测评手段，为客观真实地选拔出优秀人才提供了支撑，提升了人才选拔的科学性。

从竞争性选拔的历史探索经验和实践现状来看，一方面积累了一些可贵的经验；另一方面各地对完善竞争性选拔模式进行的林林总总的探索中也呈现出某些"创新"上的随意性和盲目性。造成这种随意性和盲目性的重要原因之一就是当前对竞争性选拔的科学内涵、基本理念原则的深刻、准确把握上仍存在不少模糊之处，没有形成清晰、统一的理论认识。这样，虽然在实践模式上花样迭出、精彩纷呈，但其实效性并不乐观。深化对竞争性选拔的基础概念、原则的理解认识对实践具有深远影响。在深化我国干部人事制度改革的过程中，中央出台了一系列政策和规定，以指导干部选拔制度的改革探索，这些政策文献里蕴涵着中央关于竞争性选拔改革探索的努力方向和根本意旨。这些重要文献有：《党政领导干部选拔任用工作暂行条例》①（1995

---

① 《党政领导干部选拔任用工作暂行条例》，中共中央办公厅，1995 年。《关于党政领导机关推行竞争上岗的意见》，中共中央组织部，1998 年。《中共中央组织部关于进一步做好公开选拔领导干部的通知》，中共中央组织部，1999 年。《深化干部人事制度改革纲要》，中共中央办公厅，2000 年。《党政领导干部选拔任用工作条例》，中共中央组织部，2002 年。《公开选拔党政领导干部工作暂行规定》，中共中央办公厅，2004 年。《关于加强和改进新形势下党的建设若干重大问题的决定》，2009 年。《2010—2020 年深化干部人事制度改革规划纲要》，中共中央办公厅，2010 年。

年）、《关于党政领导机关推行竞争上岗的意见》（1998 年）、《中共中央组织部关于进一步做好公开选拔领导干部的通知》（1999 年）、《深化干部人事制度改革纲要》（2000 年）、《党政领导干部选拔任用工作条例》（2002 年）、《公开选拔党政领导干部工作暂行规定》（2004）、《关于加强和改进新形势下党的建设若干重大问题的决定》（2009 年）、《2010—2020 年深化干部人事制度改革规划纲要》（2010 年）等等。这是我们挖掘竞争性选拔根本内涵的基本依据。

## 二、竞争性选拔的内涵与特点

对竞争性选拔的内涵特点可以从以下四个方面阐释：

### （一）开放性和民主性

竞争性选拔是一种开放式的选拔。开放性有两个方面的含义。首先是选拔范围上开放；在竞争机会上实现均等，备选人才数量得到保障，为最大化地配置人力资源创造了可能性，奠定了"选"的前提条件。由于受观念、体制、信息和技术等多种因素的影响，传统选拔方式选拔干部的视野相对有限，一些岗位实际存在备选人才很多，但仅靠组织掌握的人选却是有限的。竞争性选拔干部就是要最大限度地打破地域、身份、资历等限制，能够使更多的优秀人才特别是体制外优秀人才、组织视野以外的优秀备选人才进入组织视野，能够较好地解决常规选拔用人视野局限的问题。其次，选拔主体方面进行开放式参与。在党管干部总原则指导下，通过民主参与，在选拔过程中让各种相关社会主体参与到选拔主体队伍中来，辅助组织做好选拔工作。竞争性选拔主体不是组织的一言堂，而是构建组织主导群众参与共同选拔干部的主体结构。这也是组织工作中贯彻群众路线、发扬民主的要求和体现。

### （二）公开性和规范性

竞争性选拔打造的是阳光透明的选拔流程。过程透明应该是竞争性选拔干部的一个突出特点。阳光透明的流程为发挥民主监督创造了条件，保证了竞争性选拔的公信度。公开、公平、公正的竞争必须依靠程序的规范来落实。形式公开、程序合理规范是公平竞争的内在要求。公平的竞争结果基于规范的竞争程序保障。选拔程序规范合理为有效的实体内容竞争提供了有效保障。竞争性干部选拔的平台建设是进一步研究探索的重要努力方向。程序的合理性一方面要符合干部选拔的一般规律，又要符合具体竞争性选拔工作的特点。竞争性选拔构建的是程序公正和实体公正合一的选拔模式。

### （三）公平性和竞争性

竞争性选拔的核心内容是人才竞赛。通过竞争有效识别人才水平差异。这要求竞赛规则公平合理，能够充分展示备选人才的素质区别。公平的竞赛规则下用科学的测评内容与手段在备选人才之间展开优胜劣汰的竞赛。只有充分竞争才能充分比较，充分比较才能优中选优。公平合理的竞争一方面利于选拔适合岗位需要的具有真才实学的人才，另一方面也有助于减少干部选拔工作中腐败现象，在人才成长和培养的导向上聚焦于真才实学的提升上，避免备选人才陷入跑官要官、人情关系等其他方面的"竞争"中。通过公平的规则与合理的竞争形成干部人才成长的健康合理秩序，为干部队伍中人才资源的开发培育了良好的环境。

### （四）科学性和优选性

测评内容和手段的科学性保证了结果的优选性。相对于传统常规选拔方式，竞争性选拔更加讲究对人才测评的科学性问题。从选拔范围的开放性、选拔主体的民主性，整个过程的公开性、程序设置规范性、测评内容的准确性和测评手段的先进性等各方面，都提高了竞争性选拔的科学性。竞争性选拔追求结构合理、分析细致、准确量化，最大化地实现科学性和可行性的统一，提高了选拔人才与职位之间的匹配度和适应性，有利于真正具有较高素质和能力的优秀人才脱颖而出，更利于实现人才的优选。

实质上，竞争性选拔干部就是由过去的"伯乐相马"转变为"赛场选马"，通过公开透明的流程，使干部选拔任用工作在阳光下运行，通过公开、公平、竞争、择优的方式，使那些具有真才实学的备选人才脱颖而出，在好中选优，优中选强，以科学选拔方式塑造健康有序的干部成长环境。竞争性选拔是深化我国的干部人事制度改革的一个可贵的探索方向，必将对我国干部人事制度改革产生深远的影响：

第一，竞争性选拔干部工作是全面贯彻党的十八大精神，深化干部人事制度改革的重要举措。党的十八大报告指出，要"全面准确贯彻民主、公开、竞争、择优方针，扩大干部工作民主，提高民主质量，完善竞争性选拔干部方式，提高选人用人公信度"。这就要求我们必须推进竞争性选拔干部工作，努力形成一套科学、公开、公平的选人用人机制。实践证明，竞争性选拔干部为一大批优秀人才脱颖而出提供了有效平台，极大地调动了广大干部学知识学本领的自觉性，为广大干部树立了正确的用人导向，提高了人民群众对干部工作的满意度和选人用人的公信度。

第二，竞争性选拔干部工作是以改革创新精神加强领导班子建设和干部队伍建设的有效途径。在干部任用中采取竞争性选拔的方法，多渠道、多种方式发现和选拔领导人才，既有利于加快改进干部选拔、培养、适用各个环节的工作，也有利于为各类干部成长创造平等竞争的条件，有利于优化领导班子结构，提高干部队伍整体素质。

第三，竞争性选拔干部工作有利于选拔程序的规范操作。相对于传统干部选拔程序，竞争性选拔的流程更为公开、透明和规范。《公开选拔党政领导干部工作暂行规定》[①] 第六条指出，公开选拔工作应当经过下列程序：发布公告、报名与资格审查、统一考试、组织考察、党委讨论决定等。任何社会、任何历史阶段都具有特定的人才需要，竞争性干部选拔制度通过对职位分析，选拔特定规格的人才，为干部队伍的塑造起到了导向作用。在引导人才的成长方向，塑造理想的官员队伍方面功用明显。同时，重视能力、注重

---

① 《公开选拔党政领导干部工作暂行规定》，中办发 [2004]13 号。

实绩、强调公认的选拔体制，为干部队伍的整体素质提供了保障。

## 第二节　竞争性选拔的影响与功能

### 一、竞争性选拔的影响

改革中出现的新事物都是在社会实践中应运而生的产物，有其深刻的社会背景和客观根据，具有历史必然性。竞争性选拔的出现也是深化干部人事制度改革的客观要求和必然结果。

**（一）竞争性选拔是干部人事制度改革的必然产物**

推进改革开放和经济发展，要求我们必须与时俱进，进一步改革不适应新形势发展要求的干部选拔任用制度。这就需要创造和推出一种既能深化改革，又能坚持改革的正确方向；既能体现我们党的干部路线、方针、政策和原则，又能借鉴和吸收古今中外人事管理制度和方法的合理因素；既能不断提高干部选拔任用上的民主程度，又能坚持党的领导，符合新时期需要的具有中国特色的干部选拔任用制度。竞争性选拔领导干部适应了这一时代需要。

**（二）竞争性选拔是对传统干部选拔任用方式扬弃的必然结果**

竞争性选拔领导干部，作为干部选拔任用制度的重大改革，既不是对原有方式的固守和照搬，也不是对传统干部选拔任用方式的完全否定和放弃，而是一种扬弃。传统的干部选拔任用方式，主要以组织考察为主，在一定范围内征求群众意见，并由党组织决定任免的委任制为主要特征的。尽管这种方式在长期的历史实践中发挥了积极作用，其基本精神仍然具有合理性，今后也需要继续长期坚持下去，但并不等于说这种方式就能完全满足时代对干部队伍建设的需要。相反，改变传统方式下选人视野狭窄、论资排辈、排斥竞争、群众参与不够、"由少数人在少数人中选人"等局限，正需要通过深化改革来实现。事实上，没有继承就没有发展，改革就缺乏历史根基；没有创新，不兴利除弊，就没有突破，改革就难以深入。竞争性选拔方式既坚持和继承了传统干部选拔任用方式的基本精神和合理因素，又适应新的要求增加了新的内容，它体现了坚持与发展、继承与创新的高度统一，竞争性选拔是传统的干部选拔任用方式自身发展的一个必然结果。

### （三）竞争性选拔是解决选用人才效率要求与选拔方式单一矛盾的客观需要

传统干部选拔任用制度，由于存在着选人视野局限，难以大范围地对干部进行充分比较鉴别，以及对干部德才情况难以有效衡量等局限，无法满足大量发现人才和选准选好人才的需要。时代发展变化，急需大批优秀的领导人才与干部选拔任用方式不适应的矛盾凸显，突破传统干部选拔任用方式方法的局限成为历史的必然，寻求和探索适应新形势要求的、有利于解决这一矛盾的新的选拔任用干部的方式方法是现实实践提出的问题。竞争性选拔领导干部，正是在这种情况下应运而生的，成为顺应时代发展要求的一种必然选择。

### （四）竞争性选拔是防止和克服选人用人不正之风的现实要求和有效机制

吏治腐败，是最大的腐败。当前在干部选拔任用上的不正之风和腐败现象，已经成为广大群众最不满意的问题之一，也是长期以来一直困扰各级党委和组织部门的一大难题。用人上不正之风和腐败现象的产生，原因是多方面的。干部选拔任用方式是一个重要原因。传统干部选拔任用方式、方法和机制不够完善，还存在许多漏洞，使选人用人不正之风和腐败行为有可乘之机。解决这些问题，就必须改进选拔任用方式，实现选拔制度和机制的创新。竞争性选拔作为一种新的选人用人方式有助于解决吏治腐败，防范选人用人不正之风。由于有严格的程序规定和统一明确的标准，特别是有广大群众的参与、监督，真正贯彻了公开、平等、竞争、择优的原则，使领导者凭个人好恶、影响和亲疏关系取人，以及一些干部靠裙带关系和不正当手段谋取官位等不正之风得到了有效遏制，确保了选人质量。

## 二、竞争性选拔的功能

近 30 多年来，中国的政治体制改革实际上暗含着这样一种政策逻辑和实践次序：即将改革干部选任制视为人事制度改革的关键点，将竞争性选拔视为干部选任制度改革的重中之重，欲借助竞争性选拔，来实现干部人事制度的创新，从而在一定程度上更好地实现政治体制改革的目标。要想了解竞争性选拔的功能，我们首先要知道什么是功能；所谓制度的功能一般包括"功能期待"和"功能结果"两层含义，功能期待意指人们对于某项制度所抱有的期望与目的，它具有应然性；功能结果是指某项制度最终产生的实际结果与影响，它具有实然性。因此我们可以认为，目前我国实施的竞争性选拔制度至少应履行四种功能：

### （一）选拔功能

选拔功能是官员选任制度的基本功能，并非竞争性选拔制度自己所独有。由于政治（职位）资源属于高度稀缺的一种资源，并非任何人都能够"胜任"这个角色，因此从特定的人群中选择所需人才，便成为了社会的常态政治行为。因而，无论是中国古代的举荐制、察举制、科举制，还是西方现代的官员选任制度，都兼具选拔的功能属性。我们认为，相对于建国以来占主流地位的官员选拔方式，竞争性选拔至少应具有两个特殊的规定性：一是面向公众。在《党政领导干部选拔任用工作条例》（简称《干部任用条例》）第四十九条中有明确规定：公开选拔面向社会进行，竞争上岗在本单位或者本系统内部进行。我们认为，从 20 世纪 80 年代以来，干部选拔制度的改革实际上是遵循着公开选拔、公推公选、公推直选的模式来进行的。因为公推直选严格意义上属于政治民主中的"选举"范畴，其在目标的设定、方式的选择等方面与"竞争性选拔"相距甚远，因而，本文的"竞争性选拔制度"主要论述公开选拔（含竞争上岗）与公推公选的问题。二是重在筛选。"在少数人中选人"并不是没有选择的行为，事实上，只要具有两个或两个以上的候选人，就存在选择的可能。但是由于受到被选对象数量和质量的限制，这种类似封闭化的选拔只能囿于狭小的范围，这实际上是淡化了选拔的色彩。因而"重在筛选"，强调的是在"有条件开放"的前提下，能够使每个被选对象公正地、无条件地经历遴选过程，从而真正达到"将合适的人放在合适的岗位上"的选拔目标。

**（二）规范功能**

规范功能是指竞争性选拔制度对选拔领导干部的行为具有界定和规限的作用。事实上，任何干部选任制度都会以特定的方式来表达和限定干部的选任行为，通过表达和限定，赋予选拔以权力，规范选拔过程。具体到竞争性选拔制度上，其规范功能主要体现在：（1）明确选拔主体。建国以来，由于受到苏联模式和战争时期干部选拔经验的影响，尽管我们强调民主集中制的原则，但在实际的操作中，主要领导者拥有着对干部进行选任的主导权。竞争性选拔制度中的选拔主体在相关政策和具体实践中得到了充分的展示。《公开选拔党政领导干部工作暂行规定》（简称《暂行规定》）第二条明确指出：本规定所称的公开选拔党政领导干部，是指党委及其组织部门面向社会采取公开报名、考试与考察相结合的办法，选拔党政领导干部。这样就有助于打破个别领导权力垄断的格局，从而丰富对干部选拔主体的内涵。（2）规范选拔程序。相对于传统的干部选拔程序，竞争性选拔的流程更为公开化、透明化和规范化。《暂行规定》第六条指出："公开选拔工作应当经过下列程序：发布公告、报名与资格审查、统一考试、组织考察、党委讨论决定等"；而探索中的公推公选一般都经过如下程序：民主推荐、公开竞职、公众选择、组织考察、党委决策、依法任命等。可见，竞争性选拔制度是通过规范化的程序设计和客观化的环节选择，将干部选拔过程置于科学化的轨道之上，再从制度上克服"少数人选人"的弊端。

**（三）导向功能**

干部选任的导向功能，是指通过选拔特定规格的人才，为干部队伍的塑造起导向作用。任何社会和历史阶段都有特定的人才需要，因而，一般情况下，执政者往往会通过官员选拔制度，标明所需人才的规格，引导人才的成长方向，塑造理想的官员队伍。这里，竞争性选拔导向功能则表现在：第一，重视能力，体现在"能者居之"的选人导向上。竞争性干部选拔制度通过任职资格的规定，在选拔"门槛"的设置上突出能力的优先地位，从起点上将能力超群者纳入选拔视野。第二，注重实绩，体现在"成者居之"的选人导向上。即通过所提出的工作思路、采取的措施、发挥的实际作用而取得工作绩效。第三，强调公认，体现在"贤者居之"的选人导向上。竞争性选拔干部的目标在于，通过竞争使有德有才并且能够得到群众公认的"贤者"走上领导岗位。竞争性干部选拔制度通过全程公开选拔过程，从制度上确保"群众公认原则"的实现；通过"民主推荐"等环节的设置，从程序上确保民众意愿的体现；通过面试环节的改革创新，在操作上确保公众直接参与选拔过程；特别是中央出台的《关于建立促进科学发展的党政领导班子和领导干部考核评价机制的意见》，更为组织考察阶段"群众公认原则"的实施提供了科学依据与政策保障。

### （四）整合功能

这里的整合功能主要指的是竞争性干部选拔制度在盘活现有的干部资源、激活新生干部资源中发挥的作用。竞争性选拔的整合功能是在拓宽干部选任视野的基础上，充分挖掘现有领导干部资源，从而在真正意义上发挥干部队伍的整体效能。具体而言，其特性主要表现在：（1）重视领导班子建设。竞争性选拔在现象上是选拔干部的个体，即选拔德才兼备的优秀人才，并将其安排在合适的岗位上，但严格意义上说，这种选拔更是面向干部领导班子，重在强化领导班子的整体建设与整体效能的选拔。（2）打通三支队伍。长期以来，我国实行的各种形式的干部选任制度为目前的领导选拔储存了丰富的干部资源，党政人才、专业技术人才、国有企业经营管理人才等三支队伍呈现蓬勃发展的态势。但是由于受到干部分类管理的制度约束，三支队伍单兵突进、多头发展的现象较为突出，因而客观上形成了干部队伍之间的壁垒，同时也形成了干部资源的闲置和浪费。竞争性干部选拔制度由于强调能力导向、业绩导向和群众公认导向，这有助于消除干部队伍之间的流动障碍，盘活存量资源，优化队伍结构，从而确保三支队伍的整体推进和发展。

## 第三节　竞争性选拔的基本原则

竞争性选拔干部工作是完善干部选拔任用机制、深化干部人事制度改革的重要措施，具有导向性、灵活性、开放性、公正性、连续性等特征，可以弥补常规性选拔干部工作凸显出来的选人与用人不统一、个人与集体不统一、组织与群众不统一等弊端，对于选拔干部来说十分实用、管用，应该成为干部选拔工作的一种有效补充，成为党管干部、党任用干部的一种有效模式。在干部选拔实践中，能否有效实施竞争性选拔模式并充分实现选拔模式的优势，需要明确一些基本原则：

### 一、能力导向原则

改革开放以前，我国对干部实行统一计划调配和管理，因此使国有部门的人员队伍具有一种超稳定性的特点。这样一来，就有利于部门事业的发展，然而我们也应当看到，这种传统的计划调配的方式方法与这种人员超稳定性的状况也给部门和人才的选拔带来了一些负面影响。因为计划调配的方式减少了个人的选择权利，会随之出现较多学非所用、用非所长的现象。人才缺乏与积压并存，从而造成严重的资源浪费。

而竞争性选拔干部中突出干部自身的实力因素的重要性体现了实践第一的观点，这是辩证唯物主义认识论在干部工作中的具体运用。实绩是干部德才素质、工作能力和工作作风的集中反映，是评判干部的基本依据。坚持实践标准，把握实绩依据，才能选出实干之人，彰显实干导向，营造实干之风；防止以考取人、唯分是用，才能不让真心干事的人吃亏，不让投机取巧的人得利。考察重实绩、任用不唯分，应当作为竞争性选拔必须牢牢把握的一条基本原则。

## 二、公正公开原则

公开原则主要包括考试公开和录用公开。考试公开是指招考单位要将招考的种类、人数、报考的资格条件，考试的形式、科目、时间和地点等事宜面向全社会发出公告，使得考试公开进行；而录用公开是指公开考试合格者的名单，并正式通知合格者本人。若对考试评分或录用环节有疑问，可以提出申诉，要求依法裁决等。党管干部和走群众路线在竞争性选拔干部中有机地统一。竞争性选拔干部的突出特点是其开放性，群众参与程度大。民意对竞争人员的评价作为决定干部作用的重要依据之一。在资格条件的设置上，为符合岗位要求的党员干部提供平等的竞争机会，搭建公开的竞争平台，让符合条件的备选人才干部在同一起跑线上竞争，真正拓宽视野，使更多优秀人才在公开、公平的竞争中脱颖而出。

对于公正原则，则是要求在操作规则上体现公正导向。选拔流程阳光透明，整个竞争性选拔工作程序具有科学性和可操作性。通过各种形式公开发布信息，实行全程监督，避免暗箱操作，形成凭实力竞争、让真才胜出的良好导向。

## 三、竞争上岗原则

竞争是识别备选干部能力水平的有效手段。所谓竞争上岗原则，是指通过竞争性的考试和审核鉴别确定考试人员的优劣，做到对应试人员的择优录取。通过开展竞争实现择优的目的是竞争性选拔方式的核心内容。择优也是干部人事制度改革的目的，开展形式多样的竞争是有效实现人才测评的需要。有效地展开竞争一方面有利于具有真才实学的备选干部脱颖而出，保证干部选拔的质量，推动干部选拔的科学性，提升整体干部队伍素质；另一方面也有利于防止选人用人上的不正之风，增强干部选拔的公信度和满意度。

要想公共部门在人员录用的过程中贯彻竞争原则，就必须有切实的保障。一是法律保障，即制定相应的法律法规，做到严格执法，从而防止录用过程中问题的出现；二是技术保障。即政府部门需要精心设计考试录用的各个环节，包括需求预测、考试事项的宣传、命题、报名、资格审核、组织考试、录取等环节，从而避免其在考试录用的过程中出现不公正行为。要切实做到科学、规范、严密和公正，通过各个环节的科学设计测试出应试人的真实能力和水平，使考试真正具有竞争性。

### 四、以人为本原则

在这个知识就是经济的时代，人才是最宝贵的资源。人是掌握知识的主体，因此，我们必须对此珍惜爱护，在贯彻竞争性选拔的过程中，要坚持以人为本的理念，珍惜人力资源，开发人力资源，从而使竞争择优的工作更加科学化、规范化。要通过竞争择优、竞争上岗让那些有真本事的干部尽快走上领导岗位，把现今存在的不适宜岗位工作的干部交流配置到适宜的位置上去，实现干部资源与岗位资源的最佳组合。同时，要鼓励创造，把人的全面发展落实到改革的全过程中，最大限度地挖掘和激励人才的潜能和积极性。

### 五、科学规范原则

竞争性选拔方式依赖于民主的体制、科学的标准和规范的程序。程序是实体的保障，竞争性选拔工作能否有效顺利推行，关键是建立一套科学优化的流程。提高竞争性选拔工作的科学化水平，实现竞争性选拔的常态化是充分实现竞争性选拔优势的前提。应按照行业部门人才特点，遵循人才成长规律，结合国情和社会发展需要，在党管干部的总的组织原则的指导下推进竞争性选拔工作的科学水平。从设置资格条件、选拔流程组配、测评内容、测评技术手段等各个方面探索科学规范化的实现形式。真正激发干部队伍的内在动力和活力，让想干事、能干事、干成事的干部得到提拔和重用。

竞争性选拔模式作为一种干部人事制度改革的创新探索，真正运用于实践，并充分发挥出这种先进的干部选拔模式的优势，需要处理好以下几种关系：其一是在竞争性选拔干部工作中，需要规范处理好与常规性选拔干部工作的关系，真正协调有效地运用这一干部选拔方法和模式；其二是要规范处理好考试、考评与参与对象的关系，使考试、考评内容更有针对性，更能体现出参与对象的能力和水平；其三要规范处理好干部选拔工作中考试与考核的关系，使考核更有硬度、更有效；其四是要规范处理好竞争性选拔产生的干部的任期及待遇问题；总之，在实践上，竞争性选拔干部工作成为需要成为一种常态化的选拔方式，并赋予其相应的灵活性，使竞争性选拔干部工作更健康、更深入、更扎实，增强干部选任工作机制的生机和活力，充分调动广大干部干事创业的积极性，在实践上真正表现出一条让更多干部和群众接受的成功路子。

总之，贯彻实施竞争性选拔择优的机制，坚持竞争的理念，公平公道的选拔领导干部，科学使用人才，就必须坚持以公开为基本前提，以竞争为基本特征，同时要遵循和有效利用市场经济的规律，借鉴市场经济的方法手段，提高选拔效率。要强化公平竞争意识、优胜劣汰意识、开放意识、公道诚信意识，以公开求公平。要按照"人岗相适"的要求，进一步扩大公开选拔、竞争上岗的规模和范围，用其所长。要打破身份、地域和部门等限制，畅通干部人才的流通渠道，为竞争性选拔构建市场化运行机制。

## 第四节　竞争性选拔的理论基础

竞争性选拔作为我国干部人事制度改革的一项新举措，已经成为组织部门选贤任能的重要法宝。深化干部人事制度改革，把竞争性选拔作为选拔干部的重要方式必须要有准确的理论做指导。贯穿整个竞争性选拔过程的人才素质测评理论、个体差异理论、人—职匹配理论、程序正义理论、流程再造原理等思想和理论是构建竞争性选拔模式的理论来源和思想基础。

## 一、人才素质测评理论

素质测评主要是指人才素质测评，运用先进的科学方法，对社会各类人员的知识及其倾向、工作技能、个性特征和发展潜力，实施测量和评鉴的人事管理活动。人才素质测评的思想自古有之，例如自隋唐至清朝运行千余年的科举制。到了20世纪初，西方学者将智力测验、能力测验、性向测验、成就测验、情景模拟等技术运用到人才测评中，如今在我国的竞争性选拔笔试中运用最多的是能力测试、也就是适岗能力测试，面试中运用较多的是情景模拟。

根据马克思主义的观点，物质是可知的，人作为客观世界的一部分，同样是可知的。人的素质虽然是隐藏在个体身上的客观存在，具有内在抽象性，但是这种特征可以通过对被测者输入各种不同的信息而反映出来，进而依据测评标准做出判断。而且每个人的素质是具有差异的，这种差异表现为两个方面，一个是个性心理特征差异，如能力、气质和性格及其构成；另一个是个体的倾向差异，如需要、动机、兴趣、爱好、信念及价值等。人的素质又是相对稳定的组织系统，在短时间内并不会发生质的变化；某个人具有某种能力或品质，在不同的环境刺激下一般也会做出一致的反应行为。因此，根据人才素质测评理论，竞争性选拔可以通过不同的测评方法和手段把人员素质测出来，作为竞争性选拔的依据。

## 二、人—职匹配理论

帕森斯的人职匹配理论又称特质因素理论。人职匹配分析是指在现代企业人力资源管理工作中，根据人职匹配理论，借助迈尔斯布里格斯类型指标

（MBTI）、工作分析等工具、方法和原理，就员工的性格特征、兴趣爱好与工作职位对员工的知识、能力、素质需求之间的一致性进行分析，以确保将最合适的人匹配到最合适的岗位或职位，并为个人的职业发展提供科学的指导依据。

人职匹配分析主要依据心理学原理和科学分析方法，从"人员分析"和"职位分析"两方面分别进行测试和评估，然后对二者之间的一致性进行分析和匹配。人员分析内容包括两个方面：第一个方面是人员性格特质分析：借助各种心理学性格分析工具对人员的性格特征进行测试、分析和归类。此类分析工具较多，包括霍夫兰德职业性格测试、迈尔斯布里格斯类型指标（MBTI）性格评估测试、以及近期国内比较流行的 FPA 性格色彩等，其中霍夫兰德职业性格测试和 MBTI 性格评估测试两种工具得到较多的认同和使用，同时部分国际顶尖企业则针对各自企业的不同情况开发出各自独特的人员性格特质分析工具，并借助 IT 手段予以固化。第二个方面是人员素质能力分析：借助能力素质模型，对员工的诸如沟通能力、协作意识、创新解难、组织认知、学习能力、专业知识等进行评估、分析和归纳。

职位分析是对职位信息进行搜集、整理、分析和综合，确定这些职位的职责以及这些职位任职者特征的程序。职位分析结束后主要形成并输出两份成果：职位说明、任职资格。职位说明用于描述该职位的基础信息、工作职责（主要任务）、主要汇报和隶属关系、该职位任职者拥有的权力和资源等，换言之，即旨在描述该职位要完成什么任务？为何要完成这些任务？在哪里完成任务？以及简要说明如何完成这些任务。任职资格用于描述胜任此职位所需要的知识、技能、性格个性、品质以及其他为完成工作任务所需要的个人特点。人职匹配分析通常直接使用任职资格进行一致性分析和匹配，但职位说明是任职资格分析的前提。

在分别完成人员分析与职位分析之后，对参加竞争选拔的人员的人职进行一致性分析，根据人职匹配分析结果判断人与职位的匹配度，为干部选拔提供数据支持，使合适的人在合适的岗位上发挥最大的作用。

### 三、个别差异理论

个别差异理论是心理学的第一定律。个别差异理论认为，人的个别差异主要是指心理的个别差异或个性差异，即人们在性格、兴趣、能力等心理特性方面的差异。个性差异是人与人之间差异的一个重要方面。人的身心素质个别差异既是客观存在的，又是极其重要的，而且还是可以观察测量的。竞争性选拔考试就是一种测度、甄别、评价领导干部身心素质个别差异以求达成人职匹配目的社会活动。[①]个别差异理论是竞争性选拔科学性的前提性依据。

领导干部个人与其他领导干部之间也存在个别差异。竞争性选拔考试活动不仅要对干部群体而且要对干部个体进行个别差异的测度、甄别与评价，并根据测评结果进行科学合理的人职匹配。因此，正确认识和准确评价参与竞争性选拔的干部的个别差异，便成为竞争性选拔考试制度具有科学性的理论前提。

### 四、程序正义理论

程序正义视为"看得见的正义"，其实是英美法系的一大传统。这源于一句人所共知的法律格言："正义不仅应得到实现，而且要以人们看得见的方式加以实现"。

在西方思想史上，早在亚里士多德时期，就出现过有关正义的理论文献，但这些正义观念所关注的多是所谓"分配的正义"，"均衡的正义"以及"矫正的正义"，然而1971年，美国学者约翰·罗尔斯出版了著名的《正义论》一书，在该书中提出并分析了程序正义的三种形态：纯粹的程序正义、完善的程序正义以及不完善的程序正义，并着重对纯粹的程序正义进行

---

① 汪继红：《中国公开选拔领导干部考试制度研究》，华中师范大学出版社2010年版，第153页。

了论述。在罗尔斯看来，如何设计一个社会的基本结构，从而对基本权利和义务做出合理的分配，对社会和经济的不平等以及以此为基础的合法期望进行合理的调节，这是正义的主要问题。要解决这些问题，可以按照纯粹的程序正义观念来设计社会系统，"以便它无论是什么结果都是正义的"。这种纯粹的程序正义的特征是：不存在任何有关结果正当性的独立标准，但是存在着有关形成结果的过程或者程序正当性和合理性的独立标准，因此只要这种正当的程序得到人们恰当的遵守和实际的执行，由它所产生的结果就应被视为是正确和正当的，无论它们可能会是什么样的结果。例如，公平机会原则的作用就是从纯粹的程序正义的角度保障分配的正义得到实现，因为纯粹的程序正义具有巨大的实践优点是：在满足正义的要求时，它不再需要追溯无数的特殊环境和个人不断变化着的相对地位，从而避免了由这类细节引起的复杂原则问题。①

可见，程序正义的本质要求是公平。公正也是竞争性选拔的核心要求之一，而程序的公正则是竞争性选拔的前提条件和内在要求。结合竞争性选拔的特殊性，程序正义可以包含以下几点内容：

**（一）程序公开**

一个正义的程序必须是公开的程序，竞争性选拔的程序公开要求竞争性选拔的标准和过程在竞争性选拔之前就已确定，对参加竞争性选拔的干部和民主参与的群众而言是透明的。并且这些规则的制定应该是在充分讨论、取得共识的基础上以较高法律效力的法规规章形式进行颁布实施。已经正式公诸于众的竞争性选拔制度在竞争性选拔中必须严格遵守，不得因为特别的借口而选择性适用，更不得在灵活性借口下随意改变。程序公开还要求组织实施竞争性选拔的组织对实施竞争性选拔的每个环节（发布公告、报名、笔试、面试、考察、体检等）进行公开（部分地区竞争性选拔对笔试、面试采

---

① 罗尔斯：《正义论》，中国社会科学出版社1988年版，第80—83页。

用录像或现场直播的方式是目前最直接的公开形式），否则就会给人暗箱操作的可能，至少怀疑其中有权力行使的成分。这时不论竞争性选拔在实际上是否合理，人们都将对该程序的合理性表示怀疑，并进而对它的公正性失去信心。程序公开的意义在于：首先，它使参加竞争性选拔的干部和对参与过程有充分的了解，是对参加竞争性选拔的干部公开性程度的必然要求，也是程序公开的重要体现。其次，民主参与的群众可以对决策机构的活动进行监督，从而制约权力行使的暗箱操作。

（二）程序公正

竞争性选拔是全面综合考察每位参加竞争性选拔的干部的能力，体现公正的过程，不能出现因人设岗的现象，对其中的部分人有利，应体现人人平等的原则，符合基本条件的干部都可以参加竞争，这是一个程序公正最基本的要求。竞争性选拔的程序公正主要体现在笔试、面试和考察三个环节，笔试和面试中试卷命题要科学合理，符合专业要求。在笔试中要保证监考纪律，严格监考，无作弊现象，保证阅卷的公正；在面试中要保证面试考场纪律和评委专业、公正；在考察环节往往缺乏有效的考察方法，尤其是量化的考察方法，一些地区采用的民意测评和对工作圈、生活圈、朋友圈暗访等方法值得学习推广。

（三）程序中立

程序中立实质上是人人生而平等的宪法权利在竞争性选拔中的反映，它承认所有参加竞争性选拔的人员是具有同样权利及义务的平等利益主体，他们应当受到同样的对待，否则就意味着"偏袒"。程序中立作为程序正义的基本要求，虽然是被普遍认同的原则，但却不总是能得到贯彻，若干因素可能影响程序中立性，如与程序制定者相关的利益、认识水平的局限等。所以程序中立制度的一个核心要素就是客观公正，这在制度上就具体化为构建出一系列程序机制用以保证决定是持中的，相关的程序活动是独立与公平的。在竞争性选拔的过程中，竞争性选拔的程序必须是中立的，程序中的每一项活动（笔试、面试、考察等）是独立的、公平的。

### （四）程序理性

程序理性主要是指一个程序产生其实体结果的过程就是一个理性说服的过程。换言之，程序在结构上应当遵循充分论证的要求，而不是恣意、专断地做出决定。程序理性的中心问题是通过一系列的程序流转限制自由裁量权，尽可能保证自由裁量权行使的理性化。从某种意义上来说，只要有自由裁量权的存在，就有产生恣意的可能性，因此自由裁量权总是伴随着权力行使的过程。自由裁量权的实质是选择，而选择的基础总是与判断相联系，选择和判断又是以一定程序而进行的，因此通过程序机制使自由裁量权的行使理性化，对于程序正义是至关重要的。尤其是在竞争性选拔的面试环节，评分标准不像笔试那样容易把握，并且每位评委都拥有较大的"自由裁量权"，因此通过程序而使其权力行使理性化的意义就更大了。虽然从实体方面而言，就评分标准方面控制自由裁量权是必要和可行的，但这种控制是有限的，因为自由裁量权设立的本来目的就是允许判断和选择的空间，而标准越具体，判断和选择的空间就越小，标准具体到一定程度后评委就丧失了自由裁量权，从而也丧失了自由裁量权自身固有的合理性，加入程序理性就可以消解这种困境，程序理性允许选择，又能限制恣意。

### 五、流程再造理论

流程再造理论也叫流程重组理论，它原本是在企业管理中诞生出来的一种管理思想和理论。目前这种管理思想和理论被广泛运用于社会各个管理领域，以改善管理效率。流程管理理论的背景是进入 20 世纪 80 年代以后，社会竞争日益加剧，信息技术迅速发展，全球化的浪潮日益增强，基于 3C（顾客、竞争和变革）为特征的三股力量使企业所处的环境发生了巨大变化。原有的"科层制管理"造成的流程分工过细、追求局部效率、流程环节冗长、部门壁垒森严、忽视顾客利益等，使其越来越难适应企业的发展。流程再造理论因此诞生。流程再造通过设计和程序重组实现全局最优，而不是个别最优。对此，以美国为代表的西方国家相继将业务流程再造理论引入公共管理领域，实施"政府再造"，从而引发了公共管理革命的新浪潮。顾名思义，政府流程再造，是指在引入现代企业业务流程再造理念和方法的基础上，以"公众需求"为核心，对政府部门原有组织机构、服务流程进行全面、彻底地重组，形成政府组织内部决策、执行、监督的有机联系和互动，以适应政府部门外部环境的变化，谋求组织绩效的显著提高，使公共产品或服务更能取得社会公众的认可和满意。①

西方学者提出的流程再造模型比较有影响的有以下四种模型：(1) Burke—Litwin 模型（Johansson，1993）；(2) Leavitt 的组织变革模型（Burke&Peppard，1995）；(3) Michael 的组织变迁的权变模式（Michael，1981）；(4) McAdam（1996）提出的合成模型等。

总的来说，这些模型的主要框架都是构建在"现实状态——理想状态"的基础之上。就是说，都是围绕着两个部分即现实状态（确认和分析当前存在的流程状态）及理想状态（目标设定的状态）去构建实现方式。

作为政府部门管理的新方式，政府流程再造为政府部门管理与改革提供了新视野。它意味着对政府组织作为社会细胞的根本意义和目标的反思与追求、从职能管理到面向流程管理的转变以及全新的政府组织运行方式和构成模式。经过反思后的政府组织终于认识到，作为社会细胞的组织，其存在的意义在于为社会提供产品或服务，因此，政府组织能否有效地实现其目标，关键在于政府组织的目标公众是否满意，经过流程再造后的政府组织真正地把公众放到了"上帝"的位置上，以公众的需要作为政府组织的追求目标和导向。经过从职能管理到面向流程管理的转变后，政府组织成员对组织的整体认识得到了增强，改变了传统官僚制行政体制中局限于被分割的部门和职

---

① 　姜晓萍：《政府流程再造的基础理论与现实意义》，《中国行政管理》2006 年第 5 期。

位的责任以及局部的目标甚至一些无聊章程的现象，并最大限度地调动政府组织中每一位成员的积极性，刺激公务人员主体性的复苏和发挥。经过改造后的政府组织，在组织结构上，摒弃了强调层级式的"金字塔"型的组织结构，追求组织结构的扁平化，减少中间层次，组织的部分决策权下放，使组织沟通更为灵活快捷。总的看来，政府流程再造的基本内涵就是：以公众为出发点，以流程为中心，以"服务链"为纽带，以扁平化组织模式为目标来塑造政府流程。

朱光磊在《当代中国政府过程》中指出，"任何实际运行中的政府，都不仅是一种体制，一个体系，而且是一个过程。因此，关于政府问题的研究，必然要在方法论上突破传统的体制研究和要素分析的范围，而走向一个重要的领域——过程研究"。①

对现实中国政府而言，由于受到传统的社会背景和文化观念的影响，"轻程序"的错误观念至今仍占据主导地位，从而导致了在政府管理过程中，大量不科学、不合理、不规范、支离破碎的政府流程的广泛存在。纵观改革开放以来，我国几次较大的政府改革，尽管也取得了一些显著的成效，但改革的"视角褊狭"，"给人一种印象，似乎政府改革就是撤并机构、精简人员"。②

事实上，"组织机构、管理职能、人事制度等主干部位的改革行动所追求的公正和效率目标，必须通过面向公民和社会的具体办事过程才能保证实现并充分体现出来……只有将原则、职能、机构等方面的变革因素通过日常性的办事程序体现出来，这个目标才能落到实处。"③因此，为了最终形成能促进政府管理绩效提高的政府流程，再造现有的政府流程即是当代中国政府可以采取的正确而有效的措施。这也必将是中国行政改革中不可忽视的发展

---

① 朱光磊：《当代中国政府过程》，天津人民出版社 2002 年版，第 1 页。
② 张成福、党秀云：《公共管理学》，中国人民大学出版社 2001 年版，第 366 页。
③ 傅小随：《中国行政体制改革的制度分析》，国家行政学院出版社 1999 年版，第 231 页。

方向之一。

竞争性选拔就是要打造科学的干部选拔工作流程，不仅是保持竞争性选拔工作顺利流转、内在协调统一，整体提高工作实效，还能解决民众（顾客）可以依据流程图按顺序快速办理事务并进行监督的需要。要按照精简程序、理清环节、分清责任、明确标准的要求，健全和优化管理工作流程。实际上不同的竞争性选拔工作都可以设计出清晰、方便、快捷的流程图，可以使参与选拔工作的相关人员有序、快捷、高效地完成本职工作，又可以让全社会更透明地了解竞争性选拔工作的业务流程，为科学地选拔干部提供良好的平台保障。

## 六、公平正义理论

这里的公平理论主要包括三个理论层次方面：

### （一）分配公平理论

公平理论又称社会比较理论，是美国心理学家亚当斯·斯密于1965年在《工人关于工资不公平的内心冲突同其生产率的关系》中提出的。公平理论把激励过程和社会比较直接联系在一起，侧重研究组织中工资报酬分配的合理性、公平性对员工生产积极性的影响，从而产生激励意义。公平理论指出，员工的工作动机，不仅受其所得的绝对报酬的影响，而且还受到相对报酬的影响，即一个人不仅关心自己收入的绝对值，而且也关心自己收入的相对值。每个人都不自觉地把自己付出的劳动和所得的报酬与他人付出的劳动和所得的报酬进行社会比较，也会把自己现在付出的劳动和所得报酬与自己过去的劳动和所得的报酬进行个人的历史比较。

### （二）程序公平理论

公平，除了考虑分配公平外，也应考虑程序公平。西波特和沃尔克提出了程序公正的概念。程序公正更强调分配资源时使用的程序、过程的公正性。他们发现，当人们得到了不理想的结果时，如果认为过程是公正的，也能接受这个结果。换句话说，如果人们认为自己能控制做决策的过程（如可以提出自己的证据、有机会表述自己的意见），那么他们的公平感就会提高。这种现象被称为"公平过程效应"或"发言权效应"。个体在过程上的不公平知觉，则会导致个体对过程的怨言。

**（三）内部公平和外部公平理论**

公平理论揭示，向往公平、相互比较是一种普遍存在的社会心理现象，有助于我们理解一个员工是如何得出这样的一个结论，即他在组织中感到被公平地或不公平地对待了。公务员制度对公务员的录用进行了严格的规定，引发了公平问题。（1）公务员录用的外部公平性。从大环境上看，公务员会把自己与社会上其他人进行比较。政府存在于一定的社会环境之中，与外部的政治、经济等各个方面都有着密切的联系。因此，在招聘过程中，应聘公务员的个体不可避免地会把自己与社会上其他人进行比较。（2）公务员录用的内部公平性。在同一批应聘的人员之间，个体也会相互比较。应聘同一个部门的工作人员，这种密切关系使彼此之间更为了解，从学识水平、文化程度到言谈举止，因此，个体很容易在心中形成一个自我的鉴定跟比较。

作为西方激励理论体系中的重要内容，公平理论为竞争性选拔工作提供了较好的理论启示。因为公平意味着规则和秩序，是社会关系和谐的核心和根本。人们都有一种追求公平的需要，如果这种需要得不到满足，就会损伤其自尊心，从而影响其积极性。因此，它启发我们要科学准确地选拔人才，把真正有能力、能干事的人才选拔出来。因为竞争性选拔不仅仅是选出优秀的干部那么简单，同时也意味着福利报酬的增加，只有创造良好的竞争环境、制定科学的选拔制度和程序，准确地选人用人，才能调动所有人员的工作热情，发挥他们在工作中的积极作用；也只有这样，我们才能为社会造就一支高效、精干、廉洁的国家公务员队伍。

**七、管理制度理论**

被誉为"组织理论之父"的马克斯·韦伯（MaxWeber），是德国著名的社会学家、政治经济学家和官僚制理论的奠基人。他所创立的管理制度理论，在整个 20 世纪，是影响最大的理论之一。韦伯提出的官僚制理论为社会发展提供了一种高效率、合乎理性的管理体制。可以说，韦伯的官僚制理论是组织理论发展史上的里程碑，研究他的理论，使其作为我们研究竞争性选拔干部的理论依据之一。

马克斯·韦伯所建立的是一套强调组织管理集权性的权威理论，他认为公共管理系统的建设要强调它的合法性、责任性和可预见性。（1）政府机构的特征。韦伯的公共管理思想是围绕着"理想的官僚行政机构"（bureau-cracy）的研究展开的，他认为政府机构的模式有以下特征：第一，政府的职责是以一种连续的和经常的方式履行的。这种职责要根据职能划分为不同的方面，每个方面都要设立必要的行政当局和审批程序；第二，机构与官员按照等级原则进行管理。官员被组织在明确按等级划分的部门体系中，各部门（每一等级）有法定的、明确具体的管理权限。第三，每项工作必须依照规程进行。第四，注重法律与程序。人们在处理公务时只应考虑合法性、合理性及有效性，而不应考虑任何私情关系。第五，人员的任用是根据工作性质的要求和人员本身所具备的资格条件来进行的。（2）专业化分工。政府机构各部门应在职能上专业化，独立处理属于本部门的事务，独立进行业务范围内的决策。（3）管理人员的内部管理。人员的任职是通过任命而非选举，同时人员的晋升亦应取决于上级的判断。（4）公共管理的合法性和效率。公共管理的一个基本职能是保护社会稳定，并保证每个公民能预测到他作为一个有权利义务的实体在社会相互作用的过程中能得到承认。韦伯认为，合法性和公正性是对公共管理的基本要求，与此同时公共管理还必须按照一定的标准使用权力资源，为公众提供合乎其需要的公共物品和服务，这就是管理机构的效率。（5）政治与管理分离。韦伯强调政治与管理应分离开来，因为管理只是一种中立的手段，而政治则必然要涉及种种价值观念。管理与政治的分离保证了公共管理系统的稳定性和连续性，使公共管理系统可以按照自己的运作方式行事，使管理人员只对他们的上级负责。

## 八、人力资源理论

### （一）法约尔管理五要素理论的阐释

法约尔在其一般管理理论中的"管理"是通过与经营的区别诠释而予以界定的。在法约尔看来，经营作为企业的共性特征，其目的在于指导一个组织趋向一个目标，其中包含了技术、商业、财务、安全、会计和管理等活动。并同时指出，技术职能、商业职能、财务职能、安全职能和会计职能等都不负责制定企业的总经营计划，不负责建立社会组织协调和整合各方面的力量与行为，而这些最为重要的职能应属于管理。而"管理是普遍的一种单独活动，有自己的一套知识体系，由各种职能构成，管理者通过完成各种职能来实现目标的一个过程。"他还指出，"管理"是一种分配于领导人与整个组织成员之间的职能。由此可见，法约尔首先把"管理"看做是经营的一个组成部分，同时又将其作为其中最重要的环节。在此基础上，他进一步将管理的过程进行了划分，认为"管理"就是实行计划、组织、指挥、协调和控制。这五种要素实际上就是管理的五种职能，并形成一个完整的管理过程。法约尔认为在管理五要素中，计划是管理活动的出发点，也是其他各项管理职能活动的依据；组织是其他各项管理职能赖以发挥职能的基础；指挥、协调和控制则是保证组织的各项活动正常进行。管理是以计划为中心的各个管理职能交替发挥作用的循环往复的过程。管理的五职能理论是法约尔管理理论的核心，它明确地从功能的角度对管理的普遍本质进行剖析，对管理过程有较为系统的认识和理解。这五点要素，至今仍是管理的基本理论要点。

### （二）关于人力资源开发的思想

现代管理理论把人力资源开发界定为：开发者通过学习教育、培训管理、文化制度建设等有效方式为实现一定的经济目标与发展战略，对既定的人力资源进行利用、塑造、改造与发展的活动。法约尔倡导管理教育的思想对现代管理人才的教育和人力资源的开发具有很大的启发意义。他认为"管理能力可以通过教育来获得"。"缺少管理教育"是由于"没有管理理论"，每一个管理者都按照他自己的方法、原则和个人的经验行事，但是谁也不曾设法使那些被人们接受的规则和经验变成普遍的管理理论。因此，他通过对自己毕生实践经验的研究，总结出管理的一般理论。法约尔的管理教育理论引起了人们对管理人才的教育与人力资源开发的高度重视。法约尔成为最早主张进行管理教育和对管理人员加强能力培养的先驱者之一。他认为一个大型企业的高级人员最必需的能力是管理能力，管理教育是必不可少的，是应该得以普及的，可见法约尔对管理教育的先见之明。法约尔不仅提出管理教育的必要性和可行性，而且还提出了一些有关管理人员教育的重要思想，例如要重视非智力因素的培养，要勤于实践，要发挥集体主义精神等。

**（三）人员的招募与配置**

法约尔在表达"秩序"这一基本原则时说道："社会秩序必须以胜利完成两项最艰难的管理工作为前提，即良好的组织与良好的选拔工作。""完善的秩序还要求位置适合于人，人也适合于他的位置。"他在阐述管理的"组织"要素时也说道："招募是指设法得到构成社会组织的必要的人员。它对企业的命运有很大影响。""人员等级越高，挑选工作就越困难。"他的这些理论，也就是现代人力资源管理中人员的选拔与配置思想。人员的招聘和测评，特别是高层管理人员，是组织管理过程中最重要也是最困难的工作之一。在当今知识经济发展的新格局下，处于组织中人力资源金字塔顶端的人才资源，在经济社会发展中的重要地位越来越突出。而人才的形成，其基础是平时对人力资源的招聘和测评。管理强调选拔对象的能力要符合其将要担任的职务要求，根据职位的要求选择人才，人要放在合适的职位上。选拔和配置人才时要选贤任能，适才适所，人尽其才，才尽其用。不能任人唯亲，应该让具有一定能力的人才在适合其发挥能力的岗位上工作，能力与职务要求相符。法约尔也在文中说道"因野心奢望，任人唯亲，偏爱徇私或简单的无知等等无益的增加了职位或在必要的岗位上安排了没有能力的人"就会打乱秩序,而要"消灭这些弊病,恢复秩序,需要有更大的才能,更大的毅力和决心"。

### (四)人员的培养

由于企业中的员工从事于企业的不同职能部门,需要一定的才能与职务相适应,而他不可能生而知之,同时还因为企业内部时常进行人事调整引起职务变化,这些都需要对企业员工进行新的培训,使之能适应或胜任自己将要从事的工作。法约尔特别强调对企业员工的管理能力方面的培训和教育。在表达企业人员的培养这一观点时,他说,"一个好的工作人员——技术的,商业的,财政的,管理的或其他方面的——其才能不是天生就有的。为了使他具有这些能力,就要对他进行培养"。现代社会,任何组织都面临着一个复杂多变,具有高度不确定性的环境。为了实现组织目标,就必须拥有一支高素质,善学习的员工队伍。因此,加强组织的培训,不断提高员工综合素质,是组织实现其终极目标的法宝。培训是向新员工或现有员工传授其完成本职工作所必需的相关知识、技能、价值观念、行为规范的过程,是有组织安排的对本组织员工所进行的有计划有步骤地培养和训练。这种培养一般体现了家庭、学校、工厂与国家所做的长期艰苦的努力。

虽然法约尔的管理思想主要来源于大企业经营管理的实际经验之中,但其管理方法和过程理论的适用范围却并不狭窄。因此,其管理理论具有广泛的适应力和一般意义,正如法约尔在书中所讲到的:在一切企、事业组织中,无论这些组织是大是小,也无论它们是工业的、商业的、政治的、宗教的,还是其他方面的,管理都起着非常重要的作用。对于我国当前的行政体制改革也是有着重要的借鉴意义。

我们知道,要实现政府及公共部门行为规范、运转协调、权责统一、办事高效的目标,就必须将行政管理看做为一个高度协调和联系的整体,从宏观方面把握其管理的各个环节,有效的整合公共部门的人力、物力和财力资源，充分落实管理过程中各要素的要求和功能，方能提高管理的绩效，进而实现管理的目标。在我国行政环境变革的背景下，各地政府都对其管理进行了改革和创新，其中核心的问题便是要解决政府内部管理科学和高效的问题。因为，在以前的行政体制改革中，我们过度关注了政府职能转变等宏观的方面，却相当程度上忽略了政府内部管理新策略的应用，将注意力主要集中于政府总体经济职能、社会管理职能的转变和中央政府与地方政府财权、事权的合理分配上，却相对忽略了行政机关内部在管理功能和权限上的划分；政府规模调整也一直未能跳出机构"精简"、"膨胀"、"再精简"、"再膨胀"的怪圈。因此，新的行政体制改革客观上要求我们重视政府内部机构的设计和职权的配置，深入考察内部管理各要素的结构和功能关系，保证管理过程的衔接和运行通畅，最大限度地发挥行政机关内部的分工和配合之功效，建立新型的政府结构和体系制度，从而确保政府决策科学，行为高效和监督有力。

## 九、中国古代社会选拔官吏的传统理论

### （一）"尊贤"、"用贤"的德行观

在中国古代的封建社会，但凡是有所作为的政治家或君主，都将"尊贤"、"用贤"当做是选择人才的最高标准。孟子认为"不用贤则亡"、他将君主是否启用贤人看做是一个国家存亡的根本大计，他曾说："左右皆曰贤，未可也；诸大夫皆曰贤，未可也；国人皆曰贤，然后察之，其贤焉，然后用之。"这句话的意思是，贤与不贤，要以百姓的赞成与否作为标准。这种对于民本主义的理解，在当今时代看来也是难能可贵的。一代英主唐太宗也说过："为政之要，唯在得人，用非其人，必难致治。"即用人必须用贤，而励精图治的君主，也总是会将这种德行看做是选用人才的重要标志。可见，中国传统的政治文化中，将"圣人之道，贤者在朝"看做是理想的政治境界。

### （二）唯才是用的人才观

曹操，这位三国时期杰出的政治家、军事家为了招揽人才，曾经连续三次下"求贤令"。而他的核心思想就是"唯才是举"。他认为，在丧乱之世，功业成败的关键在于人才，在于人才为己所用。为了做到这些，曹操不念旧恶，大胆起用敌对阵营中的人和反对过自己的人。例如，在宛城之战时，贾诩帮助张绣大败曹操，使曹操丧失长子曹昂、侄子曹安民，就连自己也负箭伤。然而，在贾诩归降后，曹操依然对他信用不疑，委为重臣。正是他的这种"唯才是举"，才使得大批有识之士来到了他的身边，帮助他实现自己成功的伟业。宋代伟大的改革家王安石，为了变法成功，十分重视广开才路，壮大自己的力量。一方面，他注重起用新人，增加拥护变法的生力军；另一方面，打破了按资升迁的陈规陋习，提拔一批有志于改革的精干，让他们参与到政府的上层机构中来。这些都体现了"唯才是举"的人才观。

### （三）知人善任的用人观

我们选拔人才的目的，就在于使用人才。中国封建时期的政治文化特别强调用人与事业成败的关系。提倡要知人善任。三国时期的刘邵在他的《人物志》中就明确阐述了这一点，他把知人看做是圣贤品质中的美德，强调知人是选拔人才和建功立业的首要条件。他指出古代的圣贤之王之所以能够成就安邦治国的伟业，正是由于他们具备这种敏于知人的美德，因而能够"劳聪明于求人，获安逸于任使。"唐太宗认为，世界上不存在十全十美的"全才"。他相信选拔官吏的一个关键因素是要"用人如器，各取所长"，只有把"广求贤人"和"随才投任"相结合，才能做到人尽其才、才尽其用。他的这种思想对于维护唐王朝的统治，起到了很大的积极作用。

中国古代对于识人、选才、用人的一系列思想是中国丰富的政治文化遗产的组成部分，虽然其中难免有糟粕，然而，只要我们批判地汲取中国古代人事思想的精华，做到"古为今用"，那么，对于现今我国推行竞争性选拔领导干部人才就具有十分积极的意义。

### 十、国家对于公务员制度的发展

#### （一）从《国家公务员暂行条例》到《国家公务员法》

1993年，国务院发布并开始实施《国家公务员暂行条例》，它的颁布是为了适应当时对公务员实施管理的需要，标志着国家公务员制度的开端。《国家公务员暂行条例》是根据全国人民代表大会及其常务委员会的决定制定的行政法规，是一种授权立法。根据我国的立法规定，授权的立法事项，经过实践检验，制定法律的条件成熟时，由全国人民代表大会及其常务委员会及时制定法律。2005年4月，历经4年和十余次修改的《中华人民共和国公务员法》经人大常委会通过，并于2006年1月1日开始施行。《国家公务员暂行条例》共18章，88条，而《公务员法》主要在三个方面作了补充和完善：一是按照报经中央原则同意的《请示》精神，对几个重大原则问题作了相应的调整，如公务员范围、职务与职级的关系等；二是吸纳了十年来干部人事制度改革的一些新成果，如竞争上岗、公开选拔、任前公示、部分职务的聘任制等；三是对现行制度中的个别规定作了必要的调整和完善，如调整考核等次、归并交流形式、完善调任程序等。

#### （二）《国家公务员法》对《国家公务员暂行条例》的发展

与《国家公务员暂行条例》相比较，《公务员法》进一步健全了干部人事管理的选拔机制。一是新陈代谢机制。《公务员法》对公务员队伍的"进口"和"出口"都作了规定。"进口"严格，"出口"畅通，做到能进能出。二是竞争择优机制。《公务员法》规定录用采取公开考试、严格考察、平等竞争、择优录用的办法；职务晋升有严格程序；机关内设机构领导职务实行竞争上岗，部分职务可以在社会上公开选拔，这都体现了优胜劣汰的宗旨。

《公务员法》是我国第一部属于干部人事管理总章程性质的重要法律。它的出台，标志着我国公务员制度建设进入了新的阶段；它的实施亦是推进依法行政、全面建设小康社会、建设法治国家的要求。党的十八大报告中提出："我们要推进权力运行公开化、规范化，完善党务公开、政务公开制度……加强党内监督、民主监督、法律监督、舆论监督，让权力在阳关下进行。"公务员法律制度作为一种现代国家管理的规范体系，是人类文明与人类进步的共同成果，它反映了现代国家管理的客观要求和改革的发展趋势。

当今国际竞争日趋激烈，要想立于不败之地，很大程度上取决于人力资源开发的深度和广度；取决于能否拥有一支高效率的公务员队伍。"问渠那得清如许，为有源头活水来"我国公务员制度在实践中正在不断地走向成熟，而竞争性选拔领导干部的模式作为我国公共行政领域改革的重点，也将成为完善公务员制度的一项重大举措。

纠正行业不正之风、杜绝官僚主义的新途径，成为加强社会主义精神文明建设的重要载体。任何新的管理模式都是在特定的制度安排下形成的，而我国的"服务质量承诺"制度必须与国家公职人员"为人民服务"的理念统一在一起，"服务质量承诺"应以"为人民服务，让人民满意"为最高宗旨，才能产生持久的动力。其次，"服务质量承诺"制度应该有统一的服务标准。再次，我们要将其纳入我国整个行政改革的框架之中，使之成为我国行政改革的有机内容之一。最后，要结合我国行政改革的进程，全面、持续而有效地推进"服务质量承诺"制度，完成管理理念的转换；按照建设"廉洁、勤政、务实、高效"政府的要求，进一步转变职能，提高政府工作效率；积极推行政务公开，让人民群众了解办事程序和规则，自觉接受群众监督；充分利用现代信息网络技术，发展电子政务，适应行政的公开化、透明化的要求，提高行政管理的现代化水平。

# 第三章　竞争性选拔的现实运作分析

## 第一节　竞争性选拔的历史沿革

考试是人类社会特有的一种测试、甄别人的德、学、才、识个体差异的方式，是评价人才、选拔人才、发现人才的一种工具。如果把它作为一种社会活动认识，它既是一个普遍的范畴，又是一个永恒的范畴。自古以来，没有全无考试活动的社会，也没有未进行过考试的民族和国家。邓小平其所以重提考试这种看来比较传统而古老的一种人才测评方式可以从以下三个方面来理解。一是考试这种方式本身就包含着公开公平选拔领导干部的内容。因为要运用考试的方式选拔领导人才就必须允许人们进行公开公平竞争，否则，也就失去了考试的意义和作用，考试也无法操作和实施。二是考试随着社会的进步和发展，已不是传统意义上的以笔试为主要形式的单一方式。它已经融入了许多新的技术和新的手段，能够更加准确地测试评价人才。三是改革开放以前三十多年领导干部选拔中考试始终没有成为测评的一种主要手段，需要重新认识和评价，迅速引入干部选拔任用制度中。竞争性选拔领导干部的关键环节是融入了新的技术考试测评，而竞争性选拔领导竞争性选拔制度萌芽产生于 20 世纪 80 年代初期，就不难看出邓小平的论述与竞争性选拔领导竞争性选拔制度产生的内在联系。综上所述，邓小平关于干部选拔任用制度改革的一系列论述为竞争性选拔领导竞争性选拔制度的产生提供了理论动力、方向指导和具体方式方法指导，从而为竞争性选拔领导竞争性选拔制度的孕育、产生奠定了坚实的思想理论基础。

党的十一届三中全会以来，我国干部人事制度进行了多方面改革，干部选拔路径也发生了由浅到深的变化。竞争性选拔领导竞争性选拔制度作为我国干部人事制度的组成部分，自20世纪80年代创立以来，总体上经历了"试验探索"、"发展改进"、"试点推广"、"正式推行"四个阶段。

### 一、试验探索阶段

十一届三中全会以后，在继续实行选举制和委任制的同时，政府也开始对干部选拔方式进行了一些新的探索。从1980年开始，一些地方先后采取了民主推荐、竞争性选拔领导干部的做法。

1982年9月29日劳动人事部发出关于《吸收录用干部问题的若干规定》通知，规定提出为了适应社会主义现代化建设的需要，有计划地更替、补充干部，确保干部质量，建设一支革命化、年轻化、知识化、专业化的干部队伍，必须逐步改革用人制度，采取多种方法，充分挖掘人才，合理使用人才[①]。但是这只是对吸收录用干部做出了规定，没有对选拔干部做出明确规定。

1983年10月，中组部做出《关于改革干部管理体制若干问题的规定》，提出今后提拔干部，必须坚持群众推荐或民意测验、干部管理部门考察、党委集体审批讨论决定的制度。[②]

1982到1993年期间党政机关逐渐探索采用"群众推荐"、"民意测验"、"民主评议"、"差额选举"等方法选拔党政干部。

---

① 《吸收录用干部问题的若干规定》，1982年9月29日，劳人干[1982]147号。
② 《关于改革干部管理体制若干问题的规定》，1983年10月，1983中组发15号。

## 二、发展改进阶段

1994 年 9 月，十四届四中全会通过提出加快党政领导干部选拔任用等重要制度的改革要求，强调"扩大民主，完善考核，推进交流，加强监督，逐步形成优秀人才能够脱颖而出、富有生机与活力的用人机制"。

1995 年 2 月 9 日，中共中央印发的《党政领导干部选拔任用工作暂行条例》规定，选拔任用党政领导干部必须坚持（1）党管干部的原则；（2）德才兼备、任人唯贤的原则；（3）群众公认、注重实绩的原则；（4）公开、平等、竞争、择优的原则；（5）民主集中制的原则；（6）依法办事的原则。①

1998 年 7 月 23 日，中共中央组织部、人事部印发《关于党政机关推行竞争上岗的意见》，意见指出，坚持公开、平等、竞争、择优的原则，在机关干部人事工作中引入竞争机制，进一步拓宽选人用人渠道，促使德才兼备、实绩突出、群众拥护的优秀人才脱颖而出，激励机关工作人员爱岗敬业、恪尽职守、开拓进取、奋发向上，努力建设高素质机关干部队伍。② 相对于 1993 年以前的绝大多数采用委任制的选拔干部方式，1994 年到 1998 年期间的公开、平等、竞争、择优的选拔干部原则已然是有了很大的改进。

## 三、试点推广阶段

1999 年 3 月 3 日，《中共中央组织部关于进一步做好竞争性选拔领导干部工作的通知》指出要加快竞争性选拔制度改革步伐，进一步做好竞争性选拔领导干部工作，并明确了规范竞争性选拔的工作程序：（1）公布选拔职位和报名条件；（2）公开推荐报名与资格审查；（3）统一考试；（4）组织考察；

---

① http://cpc.people.com.cn.

② 《关于党政机关推行竞争上岗的意见》，1998 年 7 月 23 日，中办发 [2009]43 号。

（5）党委（党组）集体讨论决定任用人选；（6）公布选拔结果。① 并对考试内容做了规定。

2000年6月23日，中共中央办公厅印发的《深化竞争性选拔纲要》提出建立起能上能下、能进能出、有效激励、严格监督、竞争择优、充满活力的用人机制的目标；坚持群众公认和公开、平等、竞争、择优原则，扩大群众对干部工作的参与和监督的干部选拔指导方针和原则。并提出积极推行竞争上岗，党政机关内设机构中层领导职务出现空缺，提倡采用竞争上岗的方式确定任职人选。在事业单位领导人员的选拔任用中引进竞争机制。②

2002年7月23日，《党政领导干部选拔任用工作条例》指出为认真贯彻执行党的干部路线、方针、政策，建立科学规范的党政领导干部选拔任用制度，形成富有生机与活力、有利于优秀人才脱颖而出的选人用人机制，推进干部队伍的革命化、年轻化、知识化、专业化。条例第九章第四十九条公开明确提出选拔、竞争上岗是党政领导干部选拔任用的方式之一。条例第五十一条对应当经过的程序，在1999年3月3日《中共中央组织部关于进一步做好竞争性选拔领导干部工作的通知》提出的程序基础上，把公布竞争性选拔的基本程序、方法，竞争上民主测评增加到程序中，在公开和民主上又向前推进了一步。

## 四、正式推行阶段

2004年4月8日，中共中央办公厅印发《党政机关竞争上岗工作暂行规定》，规定指出通过竞争上岗选拔党政机关内设机构领导成员，一般在本机关内部实施，也可根据需要允许所属机关、事业单位符合条件的人员参加。竞争上岗工作必须坚持《党政领导干部选拔任用工作条例》规定的原

---

① 《中共中央组织部关于进一步做好竞争性选拔领导干部工作的通知》，1999年3月3日，中组部[1999]3号。

② 《深化竞争性选拔纲要》，2000年6月23日，中办发[2000]15号。

则，坚持公开、公平、公正，坚持考试与考察相结合，坚持个人意愿与组织安排相结合。[①] 该规定对竞争上岗的程序（一、制定并公布实施方案；二、报名与资格审查；三、笔试、面试；四、民主测评、组织考察；五、党委（党组）讨论决定；六、办理任职手续）进行分条列项地细化，首次把考试分为笔试和面试两个环节，要求民主测评实行量化计分，并对纪律和监督环节做出规定。无论是竞争性选拔的程序还是测评的方法都更加科学合理，较之以前有了很大的进步。

其中 2003 年到 2006 年底，全国共竞争性选拔党政领导干部 1.5 万余人，其中厅局级 390 余人，县处级 3800 余人；通过竞争上岗走上领导岗位的干部共 20 余万人，其中厅局级 500 多人，县处级 2.8 万。[②] 2009 年 12 月 3 日中共中央办公厅制定《2010—2020 年深化竞争性选拔规划纲要》。纲要提出按照加强党的执政能力建设和先进性建设的要求，坚持党管干部原则，坚持德才兼备、以德为先的用人标准，坚持民主、公开、竞争、择优方针，坚持科学化、民主化、制度化方向，提高选人用人公信度。[③] 对党政机关和企事业单位的选人用人都做出了详细的部署和计划，并提出健全竞争择优机制的建议，进一步拓宽选人用人渠道，进一步完善选拔任用方法，进一步加大竞争性选拔力度。完善竞争性选拔、竞争上岗制度，积极探索多种形式竞争性选拔干部办法。坚持标准条件，突出岗位特点，注重能力实绩，完善程序方法，改进考试测评工作，提高竞争性选拔干部工作的质量，并提出"干什么，考什么"的原则，规定到 2015 年，每年通过竞争性选拔方式产生的新提拔厅局级以下委任制党政领导干部应不少于三分之一。

通过近 30 年坚持不懈的努力，我国的干部人事制度逐步形成广纳群贤、人尽其才、能上能下、公平公正、充满活力的中国特色社会主义干部人事制

---

① 《党政机关竞争上岗工作暂行规定》，2004 年 4 月 8 日，中办发 [2004]13 号。
② 记者李亚杰，新华社北京 2007 年 7 月 17 日电。
③ 《2010～2020 年深化竞争性选拔规划纲要》，2009 年 12 月 3 日，中办发 [2009]43 号。

度。而竞争性选拔在我国人事制度和干部选拔工作中的作用和影响将一步步加大。

## 第二节　竞争性选拔的困境分析

### 一、制度困境

#### （一）现有制度不完善

当前，在我国竞争性选拔的进程中，由于制定政策目标的单一化，政策主体的部门化，政策执行的分散化，现有的竞争性选拔制度有许多不完善的地方，主要表现在以下几个方面：

1.竞争性选拔制度建设缺乏整体统筹规划，单体制度的系统功能不明显。现有部分制度往往是在某一问题已具有普遍性或已造成重大损失时，为堵塞漏洞而制定的，就事论事，头痛医头、脚痛医脚的问题比较突出。某些新制度出台，未考虑到是否与其他已有的制度有机对接。从某些方面看，我国的竞争性选拔既有制度供给不足的问题，又有制度供给"过剩"的问题，按照制度经济学的观点，这两个方面都会造成制度的非均衡[①]。近几年来，中央先后颁布实施了《公务员法》、《党政领导干部选拔任用工作条例》等一大批法律、法规，构成了较为完备的干部人事工作法规体系，竞争性选拔迈出了较大的步伐，进入了整体推进的阶段。但在具体工作实践中，仍然存在单体政策多，综合性、系统性政策不足的问题。同时，也还存在单体政策目标单一，与系统目标内其他单体政策衔接不紧，甚至存在冲突的问题。

2.操作性差的问题。我国现阶段的竞争性选拔政策在某些方面存在多而杂的现象，在落实过程中容易造成制度冲突，矛盾和遗留较多。如目前推行

---

① 参见辛鸣：《制度论——哲学视野中的制度与制度研究》，中共中央党校博士研究生学位论文，2004年，第119页。

的公务员招考、选调生、"三支一扶"、一村一名大学生等工作，就在不同程度上存在政策不衔接、不配套的问题，一个群体一项规定，一项规定一个标准，人为造成管理主体、管理对象、管理标准、管理方法的"碎片化"。有些重要制度缺乏"封闭性"，缺少核心"部件"，或者缺乏其他制度的有力支撑，竞争性选拔很难产生"合力"效应。

3. 有的制度不够规范，存在单项政策内部碎片化的问题。我国关于干部的含义相对宽泛，对不同类型的干部需要有不同的改革方案。比如，选举制干部与任命制干部需要确定边界，如果该选的不选，该任命的选举，就易于产生混乱。一般来说，在代表大会和委员会制机构中，政务类干部需要选举，而职能部门专业性技术性较强岗位的干部不需要选举。但在现实中，搞混了二者边界的例证屡见不鲜。

4. 有的制度本身的刚性约束不够。制度设计与制度执行之间的差距大，制度和程序不落实的问题比较突出，是否执行制度的"自由裁量权"比较大，同一问题存在多种路径选择，导致制度规避现象普遍存在。"合意的就执行，不合意的就不执行"，制度严肃性与公正性大打折扣。政策是靠各级干部来执行的，干部的自身素质和能力水平，包括对政策的认同感、认真负责的态度、勇于创新的精神，个人的知识结构和业务能力等直接影响政策执行的好坏。相对于改革开放之初甚至改革开放之前而言，大的政策决策失误已经有较大的改善，但是政策执行偏差、走样变形的现象依然存在。

5. 制定政策制度的程序性与实体性关系处理不科学。现行干部人事方面的政策制度，程序与实体性规定混在一起。每类政策规定，都涉及具体的程序，而对实体性规定，又往往引述的比较多，具体规定得不够清晰具体，既比较复杂，又让执行者难以掌握。即便是具体操作人员也难清醒地表述清楚，全面掌握。比如，组织处理、纪律处分、测评、考察、提拔使用、表彰奖励的一些"否决性"条件诸多文件中规定不尽一致，对一些组织处理、纪律处分后的管理规定问题，涉及影响期的问题也散见于多个文件之中，未形成一个相对统一规范的标准。

### （二）并行制度混乱

所谓的"并行制度"有两层含义，一是指公选制度所包含的各并行横向子制度；二是指传统的与公选制度并存的各种领导干部选拔制度，如推荐委任制等。就前者而言，据初步统计，公选制度的横向子制度已达20余种。对于同种性质的人才选拔制度具有如此之多的制度变种，具有潜在的不利影响：一是公选制度自身显得"稳定性"不够，容易给人民群众造成误导，从而怀疑其权威性与合法性；二是投机分子有可能通过对公选制度进行"花样翻新"来为少数人谋取利益或达到自己的目的，从而削弱公选制度的公平性；三是过多、过快的制度创新可能"异化"公选制度，使其偏离原来的航道（即制度精神）。因此，公选制度横向子制度的创新须在适当的、可控的范围内进行，并在对领导干部职位、种类、层级进行科学分析的基础上，采取"存异求同"、"职位分类"、"层级有别"的原则对各子制度进行整合，以达到减少制度数量，增强制度科学性的目的。就后者而言，"尽管《党政领导干部选拔任用工作条例》[①]从党内法规角度为竞争性选拔领导竞争性选拔制度提供了强有力的制度性保障，但干部选拔'双轨制'，即竞争性选拔领导竞争性选拔制度和推荐委任制度并存"，一方面，其"间接地限制了竞争性选拔领导干部实施的范围，很多党政领导干部仍是通过推荐委任制任命的"；另一方面，"由于竞争性选拔是在更大的范围内通过竞争择优方式选人，打破了从后备干部中委任的惯例，许多职位的后备干部就有可能上不了岗，备而未用。而后备干部工作又是各级党委及组织人事部门着力做好的一项重要工作，这就产生了推行竞争性选拔与坚持后备竞争性选拔制度如何衔接的问题。"因此，公选制度必须与

---

① 《党政领导干部选拔任用工作条例》，2002年7月9日。

原有的传统领导竞争性选拔制度有机地协调，避免二者之间在干部人才的选拔与培养上产生冲突。

**（三）配套制度不完备**

竞争性选拔的完成仅依靠一个单一制度的执行是不可能的，必须有配套的政策法规、人员队伍、后续服务等多方面政策全面跟进，才能保证竞争性选拔的顺利进行。

1.政策法规不配套

中共中央办公厅、中组部先后颁布了多项关于干部选拔任用规范性政策文件，特别是《竞争性选拔党政领导干部工作暂行规定》的出台，使各地开展的公选活动有了政策依据，但从实施效果看，仍显不足，在政策法规上仍要做好配套。一是不可与宪法、法律法规等上位法冲突；二是要做好同相关的部门的组织法、党内政策法规之间的衔接；三是公选制度要有刚性约束力。目前基层可以自主决定是否开展公选，缺乏推动公选的内生动力，更没有监督评价机制衡量公选的效果，其评价基本属于"自我鉴定"。如在公选经常化、制度化的约束上，《竞争性选拔党政领导干部工作暂行规定》第五条仅作轻描淡写规定："有下列情形之一的，一般应当进行竞争性选拔……"无刚性约束力。有关部门在制订政策、法规时必须考虑以上因素。

2.队伍不配套

改善公选考试队伍建设与公选考试实践发展不相适应的局面，加强队伍建设。首先，建设一支结构完善的命题及阅卷专家队伍、面试考官队伍、考察人员队伍。要根据所选职位的要求，尽量采取复合考官结构，科学合理地安排和搭配专家、领导干部、民主党派人士、基层干部、普通群众、"两代表一委员"，特别是要引入"公民考官"以创新公选制度的成长空间，进一步加大普通群众与行政对象的比例和分值权重，使考评的结果更准确真实，更具针对性。其次，实行技术资格认定制度。对命题及阅卷专家、面试考官、考察人员等公选考试业务工作者，要通过专业培训后的资格考试予以认定，符合任职标准者，由有关机构核发技术资格证书，逐步过渡到持证上岗，以保证公选考试业务工作者的专业素质和业务技能。最后，由中组部及地方公选考试主管部门统一规划，对上述三支队伍进行分级、分批定期培训，着力提高公选考试业务队伍的理论素养及业务技能。

3. 后续政策不配套

我国组织人事部门在公选中主要将精力放在选人的过程上，而对公选之后干部的岗位适应度则缺乏必要的评价监督措施，从而使公选干部的后续监督管理乏力，缺乏科学、完善的机制保证。对此，可从以下三个方面进行拓展。首先，严格实行试用期与试用期考核，形成有效监督制约。试用期间，组织部门和考察单位要定期不定期地通过各种方式对其思想道德、工作态度、工作能力和发展潜力进行认真考察，及时掌握相关情况。期满后，由组织部门、单位职工、党代表、人大代表、政协委员、行政对象等组成的评委团通过听取述职、答复质询等方式进行深度考核，并通过秘密投票的方式进行民主考评，对满意率达不到规定要求的，必须坚决退回原单位或另作安排，使"授权"和"收权"有效对称。其次，建立公选资源的二次开发机制，放大公选效益。对在公选中脱颖而出但又未被录用者，要适当采取特别措施加以关注、培养与使用，可根据其专业与性格特点，有针对性地采取挂职、跟班、集中培训等方式对其进行重点培养，一旦有合适的岗位，经考核合格后，可直接任命。

4. 完善服务不配套

公选制度要从人性化角度解决好公务员管理与社会组织的管理衔接，如工资福利待遇、家属的工作安置、子女的就学安排等问题。公选的领导和组织机制、运行机制、技术方法机制、监督机制和配套机制，相互渗透，互为补充，共同构成了公选的制度体系。不断完善这一制度体系，有利于公选过程科学、高效运行，有利于竞争性选拔的完善与顺利推进。

## 二、技术困境

### （一）公平和效用难以同时实现

任何一个政治共同体，都有着内部的共同利益。统治者实现自身利益最大化的前提是保持秩序的稳固性，在政府职能的二重性的内在冲突中，其必然的结果往往不惜让公共利益付出代价。体现在公务员录用考试上，就是考试公平性与考试科学性的博弈，对考试主体来说，对考试公平的利用诉求超过对科学性的诉求，致使我国公务员录用模式单一，考试权的功能发挥不充分。目前，我国公务员考试的模式相对单一，都是公开报名、笔试、面试、考核等程序，在考试初期，公开竞争模式确实起到了积极的作用，但是这种单一考试模式在运转过程中却出现了不少问题。首先，容易导致考录机关与用人部门之间的矛盾，用人部门和考录机关因为缺乏有效的沟通，不能很有效地反映考生与拟用职位的匹配情况；另外，难以达到人职匹配，采用同种考试形式，一张试卷考天下，很难选出合适职位的人才。出于对考试公平性的过于关注，甚至有专家置不同职位的需求于不顾，提出全国统一考试录用的主张，其后果必然影响公务员选拔的有效性和科学性，使人们对公务员选拔考试的合理性产生质疑，严重影响其社会公信力。

### （二）自身局限难以突破

竞争性选拔的自身局限是指在自身程序的运行过程中，出于自身认识和客观技术的局限，对一些效果的实现难以突破，竞争性选拔的自身局限性主要包括面试局限性与笔试局限性。

1. 面试局限性

面试是竞争性选拔的重要一环，面试的基本模式有：结构化面试、无领导小组讨论、心理测试、模拟操作等方式，其中，最常用的是结构化面试模式。所谓结构化面试，指在整个面试过程中，测评要素的设计、试题构成、评分标准的确定、时间控制、评委组成、实施程序等各个环节必须按照既定的标准化程序进行，评委根据应试者的现场表现，对其相关能力和素质做出自己的评价。这种方法的特点是各个环节都预先设定，整个面试过程容易操控，适用于各种职位的竞争，具有较强的通用性。其不足是面试时间过短（一般在 20 分钟左右），考生在短时间内难以充分展示自己的能力和水平，面试评委采集到的考生信息量比较少，在这种情况下对考生做出的评价不一定客观准确。同时，由于面试气氛过于严肃，考生过于紧张，考生的真实水平也难以正常发挥。

2. 笔试局限性

主要体现在笔试难以做到"干什么考什么"。从几次公选笔试结果来看，有两个问题：一是从事资料综合、政策研究工作或刚出校门的同志，理论基础较好、平时理性思考较多，容易取得好成绩，而那些实际工作能力较强、理论功底相对薄弱的干部不容易取得好成绩。二是平时工作环境轻松、时间充裕的同志与那些业务繁忙、压力较大的技术骨干相比，因为准备较充分而容易取得好成绩。因此，笔试内容的设计就显得十分重要。目前笔试的内容过于偏重社会科学，而对于考查科技知识的分量较弱，这对于从事理工技术类的参选者有失公平。在试题的内容结构上，有的偏重理论知识，有的强调实践经验，而没有找到二者之间最佳的契合点。

**（三）评分误差难以有效控制**

考察环节的主观因素有两个方面：一是考察组人员的主观因素。影响考察组人员打分的因素主要有：公选对象与考察组人员的熟悉程度、给考察组人员打招呼者的地位及身份等，这些都会在一定程度上影响考察组人员打分的客观性和公正性。二是公选对象所在单位的领导及有关参与考察人员的主观因素。他们的主观因素主要表现为描述公选对象德才表现的真正性、全面性，如果他们对公选对象有好恶，则描述的情况一定带有个人的偏见，是不准确的，因此所打的分数必然不准确。这两个主观因素对打分的影响在实际工作中很难避免，也难以纠正。

面试评分误差偏大。面试评分肯定存在一定范围的误差，有一定范围误差的测评结果是不会对竞争结果造成影响的。面试评分误差的因素有两个方面：考官误差和面试方式误差。考官误差主要是指由于考官自身原因，对测评内容理解不正确、测评标准把握不准、缺乏技巧等原因导致出现的评分误差。面试方式误差是指由于面试方法本身存在缺陷所造成的评分误差，如试题命制不科学、提问方式不当、测评要素针对性不强等。这两个方面的因素常常相互关联，交互影响面试的评分。

### 三、效用困境

#### （一）选拔人员与职位匹配度难以保证

职位标准和报考资格的设置是竞争性选拔的基础环节，显示选拔领导干部的素质要求，因此，竞争性选拔所设置的职位标准和报考资格条件应与选拔职位的要求一致，体现人岗相适的原则。当前，针对竞争性选拔活动颁布的各项政策法规都只进行了一般原则性规定，而职位标准和资格条件的规定则具体性不够。这种模糊性使得在实际竞争性选拔活动中对于职位标准和报考资格的设置过于随意，缺乏职位针对性。

1. 职位标准模糊

竞争性选拔目的是选拔出与职位要求相适的人选，它是对领导者领导素质、能力和对其岗位适应力的选拔。不同层级、不同职位要求领导者具备不同的能力素质，对于职位标准的设置应当具有特殊性。当前，我国大部分地区的竞争性选拔活动都采取模糊的职位标准对领导者的资历、素质、能力予以规定，但是对于岗位的实际需求却不太明了，忽视了不同领导岗位的特殊性，用这种模糊的职位标准选拔领导干部，缺乏职位针对性，违背了竞争性选拔中人岗相适的原则。

2. 报考资格设置不科学

刻意要求年轻化，忽视经验才能。公选厅级领导干部一般要求年龄在

45 岁以下，县（处）级干部要求在 40 岁以下。甚至有些地方出现招考乡（科）级干部要求年龄在 28 岁以下，县（处）级干部要求在 32 岁以下，厅（局）级干部在 38 岁以下的'低龄化'现象。

这种年龄上的限制与大部分职位需求并无较大相关性，年龄上的"一刀切"，盲目地追求领导干部队伍年轻化，会使得大批具有工作能力与工作经验的领导干部因年龄问题而失去了参选机会，而选拔上的干部则很可能因为能力经验的不足而无法胜任岗位的需求。虽然部分地方在资格审查标准中有规定，可适当放宽对特别优秀者的条件限制，但对"何为优秀"却没有给出具体的可操作性规定，从而沦为空谈或增加暗箱操作的可能。另外，片面要求高学历，而忽视真才实学。如《安徽省合肥市 2010 年公选副县级领导干部公告》①规定："教育局副局长、政府法制办副主任等职位必须具有研究生以上学历"。由于过分强调学历，使得追求高学历逐渐成为一种时尚，更有甚者认为学历就是进入领导干部队伍的敲门砖，混文凭者一旦得以进身，便埋没了有真才实学者，在一定程度上违背了竞争性选拔的人岗相适原则。

3.考察环节流于形式

在竞争性选拔中，考试主要侧重于考察应试者的理论知识水平，而考察则着重审核应试者的政治态度、道德修养、心理素质和专业（职业）能力。组织考察是组织部门依据干部选拔任用条件和选拔职位的职责要求，对通过考试取得初选资格的应试者进行政治素质和工作实绩的具体考核，然后评价其是否胜任当拟任职位。十七届四中全会上提出的"德才兼备、以德为先"的竞争性选拔用人标准，为考察干部提供了指导性方向。把个别谈话、民主测评、发放征求意见表、查阅资料、实地考察、同考察对象面谈等方式作为竞争性选拔的考察方式。谈话成为最主要的方式，一般在

---

① 《合肥市面向全国公开选拔 16 名副县级领导干部（公告）》，合肥市公开选拔领导干部工作领导小组办公室，2010 年 7 月 14 日。

单位同事、领导中进行，受谈话者的主观态度、感情因素不同，所做出的评价也不尽相同。可能与被考察者关系好的谈话者就会讲好话，若对被考察者有怨则会趁机打击报复，这时就全凭考察者自行判断，极大的自主性极易使得考察结果失真，不能准确的评价被考察者。另外，有的拟任职位对专业素质有特殊要求，但是作为考官的谈话者却由于对公选职位关注不够或不甚了解，也不能准确评价被考察者。

在结构化面试中，考官按照事先制定好的面试提纲对应试者一一发问，其试题编制、实施程序按照试前制定的标准化程序进行，这种单一的面试手段使得许多应试者逐渐掌握答题规律，甚至出现许多答题技巧让诸多应试者相继效仿，不利于应试者在面试中的自我展现，增加了考官的测评难度，不利于选拔出适岗的领导干部。虽然《党政领导干部竞争性选拔和竞争上岗考试大纲》[①]规定面试在采用结构化面试的方法的同时也可使用其他测评方法，如无领导小组讨论、角色扮演、公文筐测验等，但是对于如何选择却并无相关规定，只能由各级地方自行决定。同时，面试通过测评逻辑思维能力、语言表达能力、应变能力和业务能力进而考察应试者各方面的素质，且各有其权重，但这些权重在具体岗位如何分配使之能准确地测评应试者的综合素质目前尚没有科学的论证。其次，面试题目范围较窄，缺乏应有的宽度和深度，试题大多是有关方针、政策、法规等理论方面的问题，而实践类、决策类的题目较少，这仅能检查候选人的政策理论水平，而不能全面的测评拟选拔职位所需的组织能力、决策能力、协调能力等领导素质以及某些岗位所需的特殊能力，使得竞争性选拔中所选拔的干部与岗位需求不相适。另外，我国竞争性选拔中的面试考官队伍大多是考前临时从党委、组织人事部门、纪委和高校抽调的一些干部和专家组成，虽然有的地方在考前对考官进行集中培训，但这与考官队伍专业化的要求仍相距甚远，在一定程度上影响面试的专业性及结果的科学性。

---

① 《党政领导干部公开选拔和竞争上岗考试大纲》，中共中央组织部，2009 年 9 月 8 日。

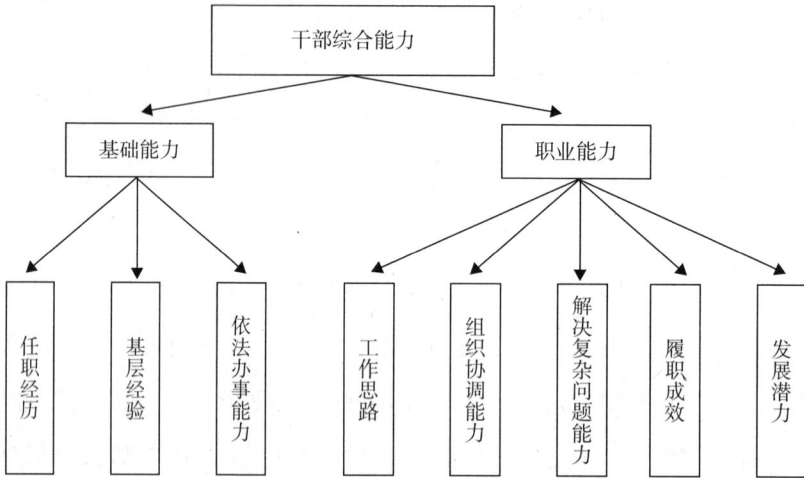

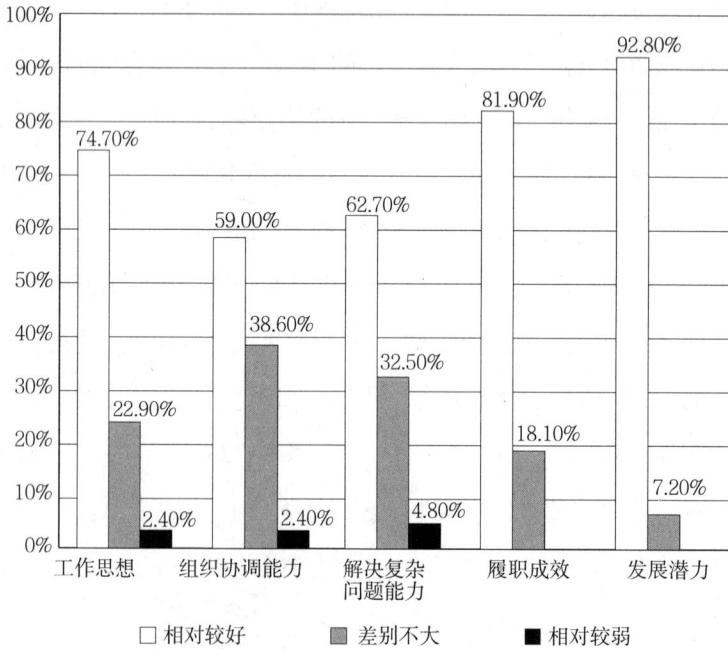

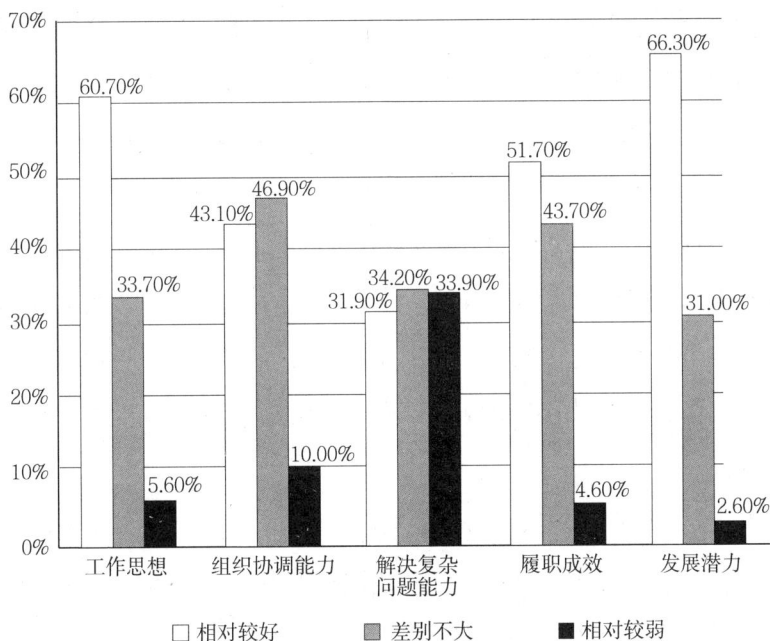

上图显示可知：在职位分析中没有制定详细的绩效标准，或者职位分析静态化，缺乏任职条件或条件设置不合理，不能为考题的制定和干部选用提供依据，甚至一些部门在选拔干部时根本不懂何为职位分析，未作分析也未制作说明书。竞争性选拔以实现人尽其才、人尽其用为目标选拔适岗干部，但是由于职位分析的匮乏，使得在竞争性选拔时对职位的要求不明，无法明确与岗位相适的领导能力与素质，从而导致竞争性选拔中试题的命制没有针对性或是与岗位的要求相适度不高。针对目前此种情况，迫切要求政府部门进行科学的职位分析，制定详尽的职位说明书，为竞争性选拔提供科学的选人用人依据。

**（二）测评指标笼统，测评技术单一**

竞争性选拔以先进科学的技术手段为支撑，在职位分析基础上，命制考试试题，以考试、考察相结合的办法对参选者的能力与素质进行测评，根据领导岗位的特殊性，对其进行人岗相适度评价，决定是否适用。自竞争性选拔制度产生以来，为了实现人岗相适，各地在吸收西方人才素质测评技术的基础上进行一系列实践探索，其中包括建立测评指标体系。测评指标即测评要素，指的是能反映测评对象特定属性的一系列考察因素或维度，也是表现测评对象特征状态的一种形式。竞争性选拔中为了分析参选人的能力素质，在对工作正确分析的基础上，确立测评要素，建立测评指标体系，实现对人的分析，即在职位分析基础上，建立测评人的能力与素质的指标体系。

由于人才测评技术来源于西方，我国在这方面起点低、发展时间晚，在实践中存在着许多问题。当前，"德、能、绩、勤、廉"成为评价、考察和任用干部工作的标准，但系统构建不详细、不完善，难以清楚掌握其指标的衡量标准。

其次，对于不同职务级别、不同工作岗位和不同考察对象没有将考核指标细化。大部分地区的竞争性选拔都采用这一模糊的测评指标考察全体干部，忽视领导岗位的特殊性，对于参选者的考察也缺乏针对性。另外，当前竞争性选拔中对参选人员的测评主要通过笔试、面试手段，笔试侧重于测评领导干部的理论知识与基本素质，而面试大多地方仍采用结构化面试，测评方式单一，虽然心理测评逐渐被引用到竞争性选拔活动中，但是心理测评技术尚不成熟，仅仅依靠心理测验题目为手段，不能够达到实质性的测评效果，无法科学的测评参选人员的个性品质与心理素质。选中的人岗相适仍停留在实践领域，各地参照《党政领导干部选拔任用工作条例》、《竞争性选拔党政领导干部工作暂行规定》、《全国竞争性选拔党政领导干部考试大纲》内的相关规定进行实践探索，虽然取得了一定的成果但却缺乏相应的制度保证。

最后，我国发展社会主义民主政治，保障竞争性选拔人岗相适的实现，监督必不可少，不仅仅是纪检机关的监督，更重要的是要发挥群众的监督作用，必须要有制度性保障，虽然我国针对干部选任工作的监督颁布了《党政领导干部选拔任用工作责任追究办法（试行）》[1]，但是其监督的多为干部选

---

[1]　《党政领导干部选拔任用工作责任追究办法（试行）》，人民网 2010 年 4 月 1 日，http://cpc.people.com.cn/GB/64093/64094/11271674.html。

任中的违法违纪行为，对于选任效果并无指定明确标准。另外，竞争性选拔制度要实现人岗相适，不仅要有制度性的要求，更需要法律的保障，依法规范竞争性选拔中的选拔任用行为，对于违背公平公正原则和人岗相适原则，在公选中出现的违法行为予以严厉惩处。当前，针对竞争性选拔活动的规定多以党内法规的形式加以规定，并未上升到法律层面，我国的竞争性选拔活动缺乏法律保障。众所周知，任何制度都不是独立存在的，需要一系列配套制度为辅助才能快速健康地发展，要实现竞争性选拔中的人岗相适更需要制度的保障，因此，在以后的实践中，逐步完善相应的配套制度不可或缺。

### （三）选拔成本与效用社会性反差大

竞争性选拔是一项全新的工作，政策性强，标准高，在实际工作中要求严格，是非常必要的。但是，它又可能带来另一方面的问题，就是时间周期长、投入人力多，费用成本高。目前，成本高的问题已经在一些地方和单位的竞争性选拔工作中凸显出来。解决这个问题，最根本的就是要坚持科学最大化与成本最小化相统一的原则。一是合理确定竞争性选拔的地域范围。公选成本与公选地域范围成正比例关系。公选范围越大，成本就越高。因此，在竞争性选拔的区域范围问题上，要坚持从实际出发，因地制宜。具体到一个地区和单位，除了有一些特殊岗位需要面向全国全省选拔外，一般应尽可能在本地选拔。二是适当扩大竞争性选拔批次规模。目前，在一些地方开展竞争性选拔工作的成本比较高，与其批次投入职位较少等有着很大的关系。因此，可以考虑适当增加每次投入竞争性选拔的职位数，达到适度规模的要求，形成规模效应。三是适当精简竞争性选拔环节。目前，竞争性选拔领导干部工作的环节太多，一般都有 8 个以上的环节。过于繁琐的选拔环节，使经费投入相应增加。因此，要进一步精简公选环节，尽量减少组织管理成本。四是建立统一考试制度。竞争性选拔领导干部的笔试可以考虑实行全国统考。凡考试成绩合格者，国家组织人事部门发给公选领导干部笔试考试合格证书，参选者凭合格证书报名参加本地或外地的竞争性选拔。五是充分利用网络传媒获取信息。网络传媒是一种现代化的传媒工具，简便、快捷、信息量大、传播速度快，经费成本相对较低。竞争性选拔领导干部工作可以充分利用网络平台，发布公告，获取信息，发动群众，引导舆论。六是建立竞争性选拔人才备用库。组织人事部门可考虑建立专门的竞争性选拔人才后备库，把竞争性选拔中入围未入选的优秀人才及时补充到后备干部队伍中来，如果工作需要，可以随时启用。七是严格竞争性选拔经费管理。竞争性选拔工作部门必须加强对经费使用的妥善管理，专户储存，严格审批，专款专用，精打细算，依规开支。八是正确认识和处理统一性与多样化的矛盾，坚持统分结合，实现异彩纷呈竞争性选拔领导干部是一项涉及全局的工作，直接关系到我国政治体制改革、民主政治建设的大问题。对于这项十分重要的工作，必须在中央的统一领导下进行。但是，各地的情况千差万别，而且事物总是处在不断发展变化之中。在竞争性选拔领导干部工作中，要坚持做到统分结合，该统则统，宜分则分。所谓"统"，就是竞争性选拔领导干部工作要统一在中央和各级党委的领导下进行，要统一到中央关于竞争性选拔必须坚持公开、公平、公正，考试与考察相结合的原则上来；要统一到党管干部、德才兼备、依法办事、职位匹配的要求上来；要统一到创造良好的机会，让优秀的年轻干部脱颖而出，为改革开放和现代化建设服务上来；要统一到建立全国竞争性选拔统一考试制度上来。所谓"分"，就是竞争性选拔领导干部的具体工作应当从各地的实际出发，因地制宜，不要照抄照搬一个模式。如在竞争性选拔的地域确定上、在参选对象的资格条件设置上、在竞争性选拔的程序安排上、在考试考察的具体方法上、在竞争性选拔队伍的建设上、在竞争性选拔的工作监管上、在竞争性选拔的配套建设上，允许各地进行探索性的试验。

### （四）难以形成有效的社会公信力

在不同领域，公信力被赋予了不同的含义，但无论在哪个领域，公信力的基本释义都是相同的。从合成词的角度来分析，从语义学的角度来阐释，公信力，即是以"公"为基础，以"信"为核心，以"力"为保障，也即，信用为其前提，信任为其结果，为广大公众所接受的一种社会心理状态。我国对公信力的研究，最早的当属传媒公信力，那时对公信力的提法并不统一，一般多和"可信度"通用，但实际上，"公信力"的内涵和外延远非"可信度"可比，它比后者要大得多。

　　竞争性选拔过程信息公开不够，如何推荐的，如何测评的，测评结果如何，都没做到及时公开；任职干部的业绩评定标准、成绩也没有完全公开；民主考察如何考察公众仍不清楚；任前公示的知晓度还不高。这些信息没能及时公开，或公开度不够，都容易让公众产生"臆想"，认为不公开就是不敢公开，不敢公开就是有问题，加之一些媒体的引导不力，责任心不强，没有做到客观公正，致使一些消息被"误读"，甚至被恶意"炒作"，使得党委及其组织部门的工作很被动，组织形象、干部形象都不同程度受损，选人用人公信力也受到消极影响，又加之一些党委及组织部门应对媒体经验不足，相关信息发布不及时、不全面，不能及时主动地回应公众的关切和质疑，不能积极发布权威信息，造成了十分被动的局面。当然，这也从侧面反映了民众参与意识的提升，但相关的信息披露机制、民意反馈机制却有点跟不上。就拿曾经炒得火热的周森锋事件来说，其实如果能及时向公众说明组织程序、在法律法规允许的范畴内充分披露他履职期间翔实的政绩信息，也不会引起大家的广泛质疑。不仅是对他，对全体经过竞争性选拔走上工作岗位的年轻干部而言都是如此。《人民日报》联合人民网开展的调查结果或许可以表明出大家对信息透明度的渴望和担忧：57.9%的接受调查者担心破格提拔的年轻干部身后有背景，选拔任用不透明；42.9%的人担心年轻干部经验不足；对破格提拔年轻干部持赞成态度者仅占14.2%。这种担忧和不信任，究其根源，就是党政领导干部竞争性选拔制度的公开度不够，透明度不高①。

从各地的实践来看，党政领导干部竞争性选拔制度在很大程度上拓宽了选人用人渠道，相比于传统的选人用人制度，在方式方法上有了很大的改善和提高，选拔出来的大批党政领导干部也得到了公众的广泛认可，但不可否认，现实中仍存在这样那样的问题，影响着党政领导干部竞争性选拔制度的公信力，鉴于环境因素的可变性、不确定性和复杂性，本文对环境因素中所存在的问题不予阐述，仅就主客体方面及体系方面所存在的问题加以总结，具体表现在：

1. 评价客体的被认可度还有待提高

党政领导干部选拔任用工作，是比较容易发生腐败的领域，官员"带病提拔"问题时有发生，在社会上造成一些不良的影响，严重损害了党委及组织的形象，影响了党政领导干部竞争性选拔制度公信力。当前，我国正处于改革发展的关键时期，利益关系错综复杂，矛盾冲突易发多发。而一些党政领导干部身上依然存在着与新形势新任务要求不相适应、不相符合的问题，比如有些党政领导干部只会耍嘴皮，不愿干实事，热衷形象工程，对群众的急难愁事"选择性治理"，更有沉溺于灯红酒绿、声色犬马、私欲膨胀、中饱私囊之中，其干部形象被大打折扣，引起了公众强烈的不满。加之部分媒体没有及时、准确、全面地对党政领导干部的选拔任用工作进行报道，导致民众的知情度不高，知情度不高就容易产生猜测，甚至是误解，认为选拔程序一定是有猫腻的，是见不得光的。再加之部分不负责任的媒体为了吸引大众眼球，提高关注度，对一些所谓的"贪官事件"、"恶性事件"大肆渲染，正面典型没树立起来，反倒让负面典型深深影响了广大民众，在一定程度上给广大民众造成了误导，加之我国现阶段，贫富差距、官民差距确实存在的事实，把一些本不严重的事件炒得沸沸扬扬，严重损害了党政领导干部的整

---

① 《干部年轻化和高学历化应该有尺度》，人民网，2009年7月2日。http://www.022net.com/2009/7-2/494944122840028.html。

体形象，加重了公众对选人用人工作的怀疑，对党政领导干部竞争性选拔制度的公信力造成不可挽回的负面影响。

2.评价主体利益的实现度还有待落实

公信力的评价主体是公众，而评价是建立在认知基础上的，但调研了解到，很多时候，公众对党政领导干部竞争性选拔制度是很缺乏了解的，这是因为有的地方唯"程序论"，只注重选拔任用干部工作程序的公开公正，却忽略了人民群众对被选拔任用干部的满意度测评，犯了本末倒置的毛病，还有的地方唯"能力论"，只注重干部的能力，却忽略了对选拔任用干部工作程序的规范，这样导致的结果是：即使干部选拔任用工作没有问题，但由于群众不了解而怀疑有问题，公信度由此大打折扣，甚至连一些正常提拔的干部也受到非议，不是传他为此花了多少钱，就是说他"上面有人"，还有一些人消极地认为，干部选拔和任用都是领导内定了的，即使有公众参与，也只是走走过场而已；另一些人认为，选干部是组织上的事，与自己无关，只要生活过得好，选谁当干部都是一样，事不关己，高高挂起，对干部选用工作"不感兴趣"。总的来说就是，群众的"四权"（知情权、参与权、选择权、监督权）没有得到充分的表达，群众的建议没有被及时的被采纳，群众的利益没有得到充分的维护。

### 四、诚信困境

#### （一）选拔主体的行为规范危机公平

公平公正是竞争性选拔领导干部工作的本质特征和核心价值。竞争是竞争性选拔领导竞争性选拔制度的必然要求。公选制度的整个设计充分体现着竞争，公选公正是通过公平竞争来实现的。但是，作为竞争性选择，它在其实施过程中，不可避免地会出现某些自发性倾向的侵扰，从而不同程度地影响着竞争性选拔工作的公正性。解决这个问题，最根本的就是要建立和健全一套完整的竞争性选拔领导干部工作的运行机制。一是建立健全领导组织机制。按照"党管干部"原则的要求，竞争性选拔领导干部工作的决策者和领导者是各级党委，具体的组织者是党委组织部和政府的人事部门。在具体工作中，应建立起组织协调、评议审查、纪律监督三套机构。根据工作需要，从有关部门抽调党性观念强，能够出于公心、处事公正、坚持原则、有较高的学识水平的人员参加。二是建立健全信息公开机制。竞争性选拔领导干部工作必须打破长期以来在干部任用工作中的神秘化误区，进一步增强透明度，让公选在阳光下进行。在内容上，实行四个公开，即：选拔的职位和任职条件向社会公开；活动开展的时间和程序向社会公开；应试对象的成绩、表现向社会公开；入围对象、考察人选、最后结果向社会公开。在方式上，可以采取召开会议、新闻发布、公告公示、群众参与等多种方式进行。有条件的地方，还可以对竞争性选拔的面试等重要环节实行电视网络直播，让群众跟踪竞争性选拔的全过程。要充分发挥报刊、广播、电视、网络等媒体在竞争性选拔工作中的舆论监督作用，对竞争性选拔工作每个环节的进展情况和群众关心的热点问题及时进行动态报道，发现不良现象，及时曝光，遏制不正之风的蔓延。同时，还要充分发挥人民群众在竞争性选拔领导干部工作中的监督作用。

## （二）选拔客体的功利主义心理破坏竞争公平

功利主义是一种强调功利价值、以功利为衡量事物价值尺度的思想文化现象，主要表现为现实生活中支配人们行为的心理趋向、价值观念、思维方式等。公选制度从根本上讲，是为国家建设高素质的干部队伍，培养造就大批优秀人才，并逐步实现干部队伍革命化、年轻化、知识化、专业化的目的而诞生的。它有利地打破了传统的干部提拔升迁依靠"论资排辈"的弊端，为广大青年才俊提供一条良好的融入干部队伍的合理、合法渠道。然而，这种以考试成绩为主要依据的干部选拔制度，存在巨大的隐患，即功利主义思想的侵蚀。因为，被试者能够在短期内利用复习、练习等方法通过考试获得最大的上升机会，这就催生了"考试专业户"的诞生，将导致大量符合报考资格的基层干部专注于"考试事业",醉心钻研考试或选举方法,从而忽视自己现有的本职工作。另一方面,从心理学的角度来看,那些被考试或选举"边缘化"的"老干部"可能会心里失衡,从而产生不满情绪,甚至消极怠工,从长远看这不利于干部队伍的稳定与团结。因此,必须注意加强对干部队伍的正确引导、合理宣讲教育,使之正确看待公选制度。另外,由于市场经济的冲击,应通过出台相应法规防范公选领导干部考试走向产业化(或商业化)的倾向,使公选考试形成注重实绩,讲求执政能力测验的实践性社会考试。

**(三)客观存在因素引发的社会质疑**

在竞争性选拔制度不断发展和完善的过程中,一些质疑也如影随形。客观地看,绝大多数质疑并不是要否定领导干部竞争性选拔,而是希望通过释疑解惑,克服竞争性选拔中的制度性缺陷,使竞争性选拔得到进一步的完善。因此,提高领导干部竞争性选拔的公信度,就需要梳理社会上存在的各种质疑,辩证分析其观点,理性看待其批评,合理吸纳其意见,做出负责任的回应。

1. 由竞争性选拔的职位引发的质疑

《公务员法》[①]第四十五条规定:"机关内设机构厅局级正职以下领导职务出现空缺时,可以在本机关或者本系统内通过竞争上岗的方式,产生任职人选。厅局级正职以下领导职务或者副调研员以上及其他相当职务层次的非领导职务出现空缺,可以面向社会竞争性选拔,产生任职人选。"可是,在实际工作中,竞争性选拔的领导职位,县处级副职以下多,正职特别是厅局级领导职位少,办公室、组织、人事、财政等通常被视为关键部门的职位少,于是就有人认为竞争性选拔的领导干部数量少、层级低,是对外作秀、对上搪塞,是少数领导为了掩饰自己在干部选任方面的不正之风推出的"挡箭牌"。应该承认,公众的这种质疑基于许多事实,但这种现象是多种因素

---

① 《中华人民共和国公务员法》,2005年4月27日第十届全国人民代表大会常务委员会第十五次会议通过。

导致的竞争性选拔发展不平衡的结果。有的领导出于慎重，有的地方囿于财力，有的地方领导职位空缺少，也不排除有的领导存在本位主义，不愿让外地人获取本地有限的领导职务资源，于是就出现了竞争性选拔领导干部次数少、职数少、层级低、副职多的现象。今后，随着领导干部竞争性选拔的制度化、常态化，这种现象会逐步减少直至消除。

2. 由报考条件引发的质疑

报考条件关系到领导干部能否公平地参加考试以及考试的竞争程度。造成公众质疑的原因，主要是在竞争选拔同一层级的领导干部时，各地对考生的年龄上限和下限、职级和任职年限、学历和地域等规定不尽一致。有的地方对考生资格或考试分数增加了特殊规定，如博士考县处级副职可免笔试，或任副处级职务一年即可越级报考副厅级职位。还有的规定女干部笔试成绩可加分，或某些职位只允许非党人员报考。这些规定引发出某些公选考试似乎是针对特定人员的质疑。其实，按照人力资源管理职位分析的要求，不同层级、不同职位的任职资格理应不同，关键是规定竞争资格时，根据要可靠，理由要充分，让竞争者和公众理解。公布报考条件时，说明要详尽，解释要到位，让竞争者和公众认同。

3. 由竞争性选拔的考试内容引发的质疑

笔试和面试是竞争性选拔的关键环节，最为考生和社会所关注。笔试内容往往成为干部培训学习的导向，如果考试内容偏重记忆性的基本理论而弱化分析解决问题的能力素质，竞争中的优胜者就可能被质疑高分低能。结构化面试的答辩通常不超过20分钟，在较短时间内用设定的三五个问题判定一个人的能力高低，决定一个人可否重用，总有简单化、片面化的弱点。这是质疑竞争性选拔干部公信度的最主要原因，也是一些领导不大赞成竞争性选拔、一些地方不愿把重要职位用于公选的理由。对此，要加强对竞争性选拔考试内容的研究，积极创新竞争性选拔的测试方法，进一步提高笔试测验的可靠性和面试选拔的有效性。

4.对竞争性选拔程序的质疑

虽然中组部对竞争性选拔领导干部的程序早有规定，但各地、各单位在竞争性选拔干部的实践中，程序差别太大，几乎可谓程序混乱。有的程序过简，有的程序缺失，会使人产生选拔者是否有意留下操作空间的联想，进而伤及领导干部竞争性选拔的公信度。阳光是治理假竞争、真"内定"的良药，只要抓住程序公开透明这个"纲"，程序方面的质疑就容易消弭。

# 第三节　竞争性选拔困境的原因分析

## 一、体制局限

### （一）竞争性选拔体制发展过程中遇到的内部挑战

随着当前竞争性干部选拔方式运用广度和深度的不断拓展，社会关注度越来越高，其在党政干部选用中的适用比例也正在逐步增加，竞争性选拔的体制也在随着时代的要求而改变，就当前其具体运作的现状而言，竞争性选拔体制主要要应对以下几个发展带来的挑战：

1.发展态势从自上而下转向自下而上

就竞争性选拔这一民主产生人选方式的运用而言，其发展演变大致经历了从农村基层组织——城市社区组织——乡镇、街道——县（市）区——省、市相关单位这样一个"自下而上"的发展轨迹，无论是差额竞争的原则还是选拔方式的运用，其中都有许多一般性的共同规律和相互借鉴之处。当然，一旦竞争性选拔这一方式运用到党政领导干部选拔中，其探索的广度和深度以及社会影响都是其他领域所无法比拟的。就目前竞争性选拔运用的发展趋势而言，在总体上呈现"自下而上"同时又集中表现为这样几个特点：一是选拔领域不断扩大。从竞争性选拔初期的专业技术岗位到目前几乎涵盖各个领域、各个行业，竞争性选拔领导干部的实践领域得到了有效的拓展，而这一拓展也使竞争性选拔干部成为了当前乃至今后党政领导干部选拔中的一种重要方式。二是选拔岗位更加重要。从各地的实践来看，在竞争性选拔干部实践的初期，选拔对象往往还局限在后备干部、副职岗位、党外干部、非关键岗位领导职务等"次重点"岗位，但随着近年来竞争性选拔的深入推进，目前的竞争性选拔则更多地运用于一些关键重点岗位甚至包括一些地方的党政"一把手"（如贵州等地公推竞岗产生区委书记等试点）。三是选拔层次不断提高。与以往竞争性选拔主要运用在基层不同，目前竞争性选拔党政干部的级别在一些地方（湖南、江苏等地）已经跨越了从县处级到地厅级的发展阶段，选拔运用领域也已经从基层上升到省级机关部门，这些现象都充分说明了竞争性选拔干部在实践中所取得的突破与进展。手段运用推陈出新。从目前竞争性选拔干部的具体运用来看，由于目前只有一些原则性的规定散见于党政领导干部选拔任用条例等文件中，实践中尚未形成统一遵循的操作规则或既定模式。出于对传统结构化选拔方式的反思，为进一步加强能力素质的考察，各地在竞争性选拔干部时都不约而同地进行了一些探索。在总体上坚持传统的"笔试＋面试"选拔模式的同时，有针对性地对笔试内容和面试方式进行了一些探索。笔试内容上逐步从以往的基础知识测试向岗位选拔所需的能力转移，也即是通常所说的"做什么，考什么"；面试方式也正在逐步脱离传统的结构化面试，而更多地采用大评委制、个人演讲、无领导小组讨论等新型面试方式。与一般党政干部选拔不同的是，在竞争性选拔领导干部的实践中注重公认的原则得到了较好的贯彻落实，民主推荐、民主测评等方式得到了进一步强化，不少地方还在常委会、全委会的决策职能发挥上进行了许多有益的探索，形成了许多诸如差额票决、权重分配推荐等实践经验。

2.评价体系趋于循序渐进

随着竞争性选拔实践的不断深入，人们对干部选用中评价机制重要性的认识不断提升。在竞争性干部选拔中，由于需要对选用对象的能力、经验、知识乃至自身的年龄、文化、个性等各种因素统筹考虑的需要，各地均有意识地对干部选用中评价体系的构建进行了许多尝试，从传统的"过关斩将"式的硬淘汰到适岗评价式的全方位比拼。在当前竞争性干部选用的实践中，最终在竞争性选拔中脱颖而出的入选者一般都是在其现有选拔评价机制中综合实力最强、岗位匹配度最好的"多面手"，而不仅仅是在某一方面、某一环节中有突出表现的"特长生"。竞争性干部选用中的人才评价机制、评价体系不断完善和健全，为今后干部选用工作提供了坚实的保障和有力的支撑。

3. 综合效应不断放大

回顾竞争性选拔工作发展的实践过程不难发现，民主公开、科学高效、人岗相适等干部选用的各种新理念、新观点、新方法通过竞争性选拔得到了广泛认同并不断予以确立。与传统的干部委任方式不同的是，干部选用中能力素质的考查要求在竞争性选拔实践中得到了充分保证和体现，竞争性选拔在确保干部选用公信度与科学性的同时，对干部选用工作的规范化建设也起到了不可忽视的推动作用。

随着竞争性选拔覆盖领域的不断拓展，人们对竞争性选拔的优势以及其具体运用中需要改进的问题有了更加深刻的认识，同时也对人才储备与使用之间的关系有了更加理性和全面的把握。竞争性选拔干部作为一项选人用人机制的探索，不仅是简单的干部选任方式的创新，也是民主法治环境下公众知情权与监督权的体现，更是社会公平正义深层要求的体现。

**（二）经济体制转型带来的外部挑战**

任何国家经济体制的改革都将会引起国家行政体制的变化，这一变化表现为两个方面，一是行政体制的外在形式的变革——政府机构的重建；二是行政体制的内在变革——政府职能的转变和行政权力的重构。经济体制和政府职能的转变决定了领导力量的重组和增减，这对领导干部的选拔提出了新的要求。

改革开放以来，我们在经济领域的改革已取得了突破性进展，特别是党的十四大庄严宣布建立社会主义市场经济体制，由计划经济向市场经济的转变必将引起社会各领域的深刻变革，建立符合社会主义市场经济要求的管理模式，已成为社会发展的必然。社会主义市场经济要求市场在国家宏观调控下对资源配置起基础作用，使经济活动遵循价值规律的要求，与传统的计划体制有着根本不同。国家调控与市场经济相结合资源配置手段对领导力的要求相对全面，既要有宏观的指导思维，又要有市场经济的竞争意识，这对竞争性选拔的设计机制提出了高标准的要求。

国家选拔的领导干部在其职能形式上有其共同性，在满足市场在资源配置中起基础作用的这个平台上，平衡社会资源、协调社会矛盾、维持社会秩序的正常运行，其运作形式有相通之处，因为它们都是在"市场经济"这个经济范畴的质的规定性内，但因政府面临的国情与特定任务不同，尤其是制度不同，我们是社会主义国家，其政治范畴与社会主义制度相适应。领导职能是具体的，不仅不同社会制度的国家领导职能不完全相同，即使是同一社会制度的国家，经济发展的不同时期的领导职能也是不同的。也就是说，由于不同的社会制度和同一社会制度的国家在不同的社会发展阶段，生产力结构、市场发展程度、所有制结构即市场经济的发达程度是不一样的，其市场经济体制必然受本国国情所制约，竞争性选拔领导干部受特定历史阶段各种条件的制约。尤其是我国这样一个脱胎于半殖民地半封建社会，建国后又极力排斥市场经济而长期实行高度集中的计划经济的大国，法制结构、市场经济秩序、社会主义精神文明建设均处于逐步完善的过程中，政府职能转变也处于过渡时期，我们必须紧紧围绕市场客观条件，研究竞争性选拔领导干部时代需求的转变，以便形成合理、科学、可行的竞争性选拔领导干部的程序、测评方法以及考核标准等。

目前，我国不仅处于由计划经济向市场经济的过渡时期，同时又处于传统农业社会向现代工业社会转型期，这两方面的压力加在转型期的中国身上，极为艰难与沉重。计划经济向市场经济的过渡与传统社会向现代社会转型是两种不同的历程，但却由于历史的原因纠缠在一起，产生错综复杂的关系。我们必须考虑发达国家为适应新的社会——后工业社会而进行的人事制度改革，对我们这样一个尚在工业化道路上负重前行的国家到底有多大启示作用。选拔领导干部方式转变离不开我国所处的历史发展阶段，只有从这一现状出发，才能给竞争性选拔以准确切实的定位。

### 二、认识局限

#### （一）单一分数观

在竞争性选拔领导干部工作中，反映比较突出的一个问题，就是有的地方出现了"高分低能"、"会干的不如会考的"的现象。解决这个问题，最根本的就是要创新考核机制，使考试更加贴近领导职务素质的要求，贴近行业特点，贴近参选人员的整体水平，让干得好的考得好，能力强的选得上，作风实的出得来。一是要降低准入门槛。竞争性选拔领导干部应坚持"入口宽、出口严"的原则，适当放宽报名条件。除有些特殊岗位需要有明确的年龄和学历等要求外，一般性的领导岗位可以适当放宽对年龄、学历的要求，让更多的人参加到竞争性选拔活动中来，尽量减少一些领导能力强的同志因学历、年龄等原因排斥在公选大门之外。二是要注意人岗相适。在确定公选对象时，一定要认真分析参选对象与所报职位的适应情况，尽量做到所学、所干和所报的职位特点相衔接，让参选对象最大限度地发挥自己的优势和特点，考出更好的成绩。三是要科学设置程序和比例结构。程序设置和比例结构对参选人员的影响很大。在工作程序上，要坚持先易后难的原则，科学安排活动次序，实行逐步淘汰。在比例结构上，要合理确定笔试和面试分数的比例，尽量让较多的人员入围考察。四是要改进考试方法。考试必须严格规范，但考试的方法可以不断改进。在考试的内容上，要克服重知识、轻能力的倾向，重点安排一般型基础知识、岗位需要的专业知识和分析解决实际问题的领导能力知识三个方面的内容。特别是要充分考虑成年人的记忆特点，尽量减少死记硬背的机械考试方法，使参选人员无法通过考前集中复习备考或押题提高成绩，减少应试的准备效应。五是面试要突出能力测验。在一定程度上，面试比笔试能够更直接准确地反映参选人员的能力水平。面试重点是考测参选人员分析解决问题的能力、战略决策能力、应对突发事件的能力、综合归纳能力、人际沟通能力、语言表达能力和心理承受能力等。面试的形式可以采用演讲答辩、主持会议、接受媒体采访、无领导小组讨论、实地调研、现场模拟、心理测试等多种形式。不同的职位可以重点选择不同的面试方式。六是考察要注重能力和业绩。考察要重点突出参选人员的德能勤绩，把考察同平时考核结合起来，采取查阅档案、群众评议、个别座谈、领导谈话、定量考核等多种形式，弄清楚参选人员会不会干、肯不肯干的真实情况。七是要实行试用制度。试用期是对参选人员能力素质的实践检验，能者上，庸者退，从而保证竞争性选拔领导干部工作的实效性。

**（二）单用绩效衡量能力**

绩效是现在评价竞争性选拔领导干部成绩的主要标准，但是绩效评价具有一定的局限性，难以全面反映竞争性选拔的实际效用，单用绩效去衡量一个领导干部的能力是认识局限的表现，要坚持以实绩为依据，将干部平时的工作能力和业绩表现作为参加竞争的重要门槛。根据选拔的需要可把民主推荐和民主测评的环节前置，让广大干部群众来推荐筛选参加竞争的人员，真正让德才素质优秀，工作业绩突出的人参与考试选拔，让干不好的人"望考兴叹"，真正让干得好的才有机会考。试行人岗相适度评价。首先列出与职位匹配所应具备的学习经历、工作经历、领导经历等要求，然后将这些要素设置不同分值、权重进行量化计分，只有达到一定分数才有资格参与竞争，并将人选得分情况作为最后任用的重要依据。考核领导干部时，要注意从以下几个方面着手：

1. 坚持"干什么考什么"，创新考试测评方式方法，让干得好的考得好

必须紧密联系竞争职位的职责要求，科学命制考试试题，组合设计测评

方法，准确测试参与竞争者的基本素质和实际能力。一是坚持因岗设题。根据选拔职位和履行工作职责所需的理论知识、专业技能以及解决实际问题的能力等，"量身定制"考试测评内容，突出考试试题的针对性、实践性、开放性和灵活性。紧密结合选拔单位的中心工作，加大案例分析等主观性试题的比重，着重测试应试者对岗位工作的熟悉程度、对相关业务的思考深度、对实际问题的分析解决能力和发展潜力。在集中选拔多个职位时，可根据选拔职位的不同性质和特点实行分类命题，有条件的实行"一职一卷"。二是推行任职面试。任职面试不同于一般的知识性面试，把假设竞争者已经上岗作为前提条件，由此出发去完善结构化面试的内容和方式，重点测试人选与拟任职位的适应程度。同时积极探索选拔单位人员参与面试人选的办法，注意选取与岗位相关度较高的领导干部以及服务对象担任考官，让熟悉岗位职责和工作要求的人员对竞争者进行评判。三是丰富和完善考试测评方法。要加大对半结构化面试、实地调研、无领导小组讨论、履历业绩评价等成熟方法的运用力度，积极探索情景模拟、文件筐测试、心理素质测试等多种测评技术，以测评手段的多样化适应人才的多样性，科学测试竞争者的基本素质和实际能力。探索评委、阅卷人员构成模式和量分模型，规范评分的自由裁量度，最大限度减少人为因素的干扰，提高评价的科学性。

2. 根据岗位需要和选拔对象适用范围，选择合适的竞争方式和程序，让能力强的选得上

要根据岗位需要选定参加竞争人员的范围，确定竞争性选拔的具体方式，简化和优化竞争程序。一要增强竞争方式的科学性。根据地方、机关领导班子和内设机构等不同领域、不同层级、不同岗位的个性需求，区分地方与部门、党政领导班子与内设机构、正职与副职、党政机关与企事业单位等不同情况，采取竞争性选拔、竞争上岗、公推公选、公推直选、系统内差额选拔等不同竞争方式。如一些专业性较强的部门、人员较少的单位，可探索在业务相近的部门开展联合竞岗；选拔紧缺专业职位，可面向全系统或社会

竞争性选拔。二要增强程序设计的有效性。根据竞争范围、方式、人数的差异和干部队伍状况，采取先考后测、先测后考、先推后考、推荐后直接面试等不同方法设计。如系统内差额选拔单位领导班子成员，可考虑先在本系统所属各单位根据选拔职位的资格条件进行定向民主推荐，产生参加竞争的推荐人选，然后再组织考试测评，比较择优产生合适人选。这样既可以节约成本，又能增强选拔的实效性。三要增强适用范围的合理性。选人的来源很大程度上决定用人的质量。竞争性选拔取得成效的关键，是要组织有工作实绩、有实践经验、有实际能力的人参与竞争，保证最后选出的是工作的行家里手，而不是考试能手。所以竞争人员的范围并非越大越好，而应针对选拔职位特征分类设置、区别对待，面向特定群体组织开展定向竞争性选拔。如可根据需要面向组织长期培养的后备干部、在基层一线工作的干部等特定群体选拔，真正把极具发展潜质的人才选拔到各级领导岗位。

3. 发挥考察遴选把关作用，防止简单地以考分取人，让作风实的出得来

坚持考试和考察相结合，充分借鉴传统考察手段的有效做法，深入考察干部的德才表现、工作实绩和群众公认度，把考察结果作为人选任用的重要依据。一是实施正反双向测评考察干部的德。对人选按"德、能、勤、绩、廉"和"是否同意任职"等内容进行正向评价；对反向测评反映出的问题进行重点了解、认真核查。实施"生活圈"、"社交圈"考察，通过社区访谈、家庭走访等形式，了解人选"八小时"之外的德的表现。在同等条件或者才能区别不大的情况下，取品德表现更好的人选。二是探索试行经历业绩评价。通过考察分析人选的工作经历、任职经历、教育培训情况、学术科研成果、工作业绩等，全面了解人选的成长轨迹、知识结构、熟悉业务范围和工作领域，衡量其德才表现和发展潜力，预测和评价人选实践经验、工作能力、专业背景等与拟任职位的匹配度。三是探索引入半结构化面试。与考察人选面谈时，可根据考察对象的临场表现，自由、随机提问或追问，使干部

充分展示其真才实能，以获得更为丰富、完整和生动的信息，从而比较全面了解干部的思维特点和能力素质，让干部的考试成绩与平时的德才表现能够得到相互印证。

### 三、能力局限

#### （一）有效职位分析的缺失

职位分析是我国领导人才资源能力建设的基础，在党政领导干部竞争性选拔制度中是一项重要的、基础性的工作，职位分析科学有效的开展，对于提高党的执政能力和执政水平、加强我国领导人才资源能力建设，具有极为重要的意义。由中组部颁布的《党政领导干部竞争性选拔和竞争上岗考试大纲》，明确规定，公共科目、专业科目笔试的试题内容比例、难度和测评要素及其比例，必须在职位分析的基础上确定；面试的测评要素及比例根据选拔职位要求，经职位分析确定。做好职位分析，要做到以下几点：首先，明确职位的主要职责。只有职责明确，选拔人才才有明确目标，测评时才能有的放矢。其次，明确职责之内所应具备的知识能力。不同的职位，不同的层级，所应具备的知识结构和能力是不同的。再次，确定考试的主要知识点及其比重。总之，要做到无论怎么测评，都要针对性强，考察目的、内容明确。

#### （二）选拔程序设置不完善

一般来说，选任党政领导干部的原则和标准确定之后，程序就具有决定性的作用。近年来，竞争性选拔被不断推进，党政领导干部竞争性选拔方式被不断完善，选拔机制被不断健全，公众的期望值也与日俱增，他们希望看到这些制度的切实被执行，他们希望能有更多的干部通过规范的程序被选拔出来，从而看到真正的公正，但实际情况却不容乐观，程序不规范的问题依然在不少地方存在，比如，有些地方或单位基于成本、效率等方面的考虑，只执行部分程序，对一些必要的重要的程序不执行或执行不到位，这就造成了程序缺位；有些部门或单位对整个程序避重就轻，或实施时程序颠倒，这就造成了程序错位；还有些部门或单位，走程序如同走过场，程序形同虚设，这就造成了程序越位。这主要表现在：一是个别领导借正当程序之名，行个人意志之实，正当程序产生不了公正结果。二是正当程序成为个别领导推卸选人用人失误责任的"保护伞"，干部选准与否，都跟他们无关。三是个别单位视程序如儿戏，随意简化，甚至更改，严重影响选人用人工作的正常开展。这些问题的存在，都对党政领导干部竞争性选拔制度公信力产生了不良影响。

### （三）考试测评方法的科学有效性难以保证

考试是竞争性选拔党政领导干部的重要方式，也几乎是一道必经程序，这就对考试的科学性提出了很高的要求，但一方面，由于考试自身因素所限，加之考试设计者自身素质和水平对考试的影响，目前，考试的测评效果并不理想，不能很好地体现考试的信度和效度。这就难免会使公众产生质疑，尤其是"考试专业户"和"高分低能"现象的存在，更让公众对考试及考试设计者打上了大大的问号。这就说明，党政领导干部竞争性选拔制度方式的科学性在一定程度上是欠佳的，具体来说，主要是：一是职位分析的缺失。目前，各地所举行的竞争性选拔考试很多都缺少职位分析这一环节，职位定位不科学，自然很难选出合适的人来。二是笔试的局限。笔试的拟真性本就不强，再加之考试设计者的水平参差不齐，笔试的隐性缺点就会被明显地暴露出来，如果命题者再"对考试内容的把握上规范性不够和在考试的命题上科学性不够"，那么，通过考试选拔出来的干部就可想而知了，选拔结果必然得不到公众的认可。三是面试的局限。面试的显著特点就是主观性强。所以面试结果所受的影响因素就会更多，一方面是面试考官的职业素养；另一方面更是面试考官专业性问题，目前，我国还没形成专业的考官队伍，也即是，考官的职业化程度还不够，这样导致的结果是，面试测评的主观性更强，甚至很难对测评结果达成一致意见，从而使误差更难控制，加之面试时间短，更便于考生的伪饰和矫饰，从而使面试的测伪性功能进一步减弱，导致面试失真。另外，受本地经济状况影响，一些地区对面试的投入有限，致使面试方式单一，测评技术简单，这就更难保证面试的科学性。

为了最大限度地实现竞争性选拔的科学有效，许多地方政府部门根据本地的实际情况，以不同的途径和多样化的模式组合来突破困境，根据实际情况灵活运用不同的测评方法，以求竞争性选拔的科学有效。

案例①

## 推动竞争性选拔干部工作的生动实践
### ——宿州市委组织部机关全面推行竞争上岗

专稿：为深入贯彻落实中央和省委关于进一步深化竞争性选拔工作精神，进一步推动竞争性选拔干部工作，切实加强部机关干部队伍建设，近日，宿州市委组织部拿出5个正科级领导岗位、6个副科级领导岗位公开进行竞争上岗。在这次竞岗中，该部认真落实《党政领导干部选拔任用工作条例》和《党政机关竞争上岗工作暂行规定》，坚持德才兼备、以德为先的用人原则，带头贯彻民主、公开、竞争、择优的方针，整个过程始终洋溢着一股改革创新、发扬民主的清风，引起了良好反响。

**组织严密，领导重视程度高**

今年上半年，该部领导就开始谋划部机关竞争上岗工作。为做好这项工作，部领导多次在部全体人员会议上进行吹风，要求大家在抓好工作的同时，认真学习，积极准备，踊跃参与，接受挑选。9月上旬，针对部内科室长、副科室长空缺较多，配备幅度较大的实际，部务会研究决定加大力度，对空缺职位全部实行竞争上岗。为抓好这次竞岗工作，訾金雷部长和部务会提出明确要求，要求以部机关竞争上岗为契机，带头落实中央和省委关于深

---

① 《推动竞争性选拔干部工作的生动实践》，安徽先锋网，2010年10月19日，http://v7.ahxf.gov.cn/xianfeng/djgz/gbgz/1287364207060313.htm。

化竞争性选拔的指示精神，坚持从自身做起，进一步推动竞争性选拔干部工作，为全市做出榜样和示范。按照这一要求，部务会成立了竞争上岗工作领导小组，宿州市委常委、组织部长訾金雷同志任组长，副部长、科室长全部参与。纵观这次竞岗工作，整体呈现了以下三个方面的特点：一是职位多。竞争岗位包括干部教育培训科、信息管理科、公务员科、研究室、电教中心等5个正科级领导职位以及办公室、组织科、党政干部科、企事业干部科、干部监督科、远程教育办公室等6个副科级领导职位，基本覆盖了部机关的所有科室，竞争岗位之多、涉及面之大，为历年之最，充分体现了部务会开展竞争性选拔工作的态度和决心。二是节奏快。竞岗动员会后第一天即张贴公告进行报名，第二天笔试，第三天面试、发表竞争演说、进行民主测评，第四天综合各方面成绩研究确定考察人选并进行考察后，当天即研究公示，公示结束后即研究任命。从报名、笔试、面试、民主测评、考察、研究并公示7天后，前后仅用了11天时间。这样做，有利于稳定干部的思想，有利于各项工作的正常开展，也能"竞"出干部的真功夫。三是氛围浓。实施方案制定后，随即通过宿州先锋网、部内公告栏、内网办公平台视频回放，多渠道、多形式进行宣传。通过宣传动员，部机关年轻同志都把竞岗作为一次难得的锻炼和展示机会，积极参与，踊跃报名，部内5个正科级领导职位共有23人次参加竞争、6个副科级领导职位有21人次参加竞争，符合条件的同志报名率达100%，形成了良好的竞争局面。

**确保公平，竞岗操作程序严**

为确保公平公正，这次竞争上岗规定了严密科学的程序，在具体工作中，坚持严格按规定程序操作，重点把好"三关"：一是严把报名关。在报名环节，采取个人报名和组织推荐相结合的方式进行，办公室、机关党委和相关科室共同进行资格审查，报部务会审核把关。符合报名条件人员可填报两个职位，同时填写是否服从组织安排。二是严把保密关。在整个考试过程中，坚持做到三个"完全隔离"：命题者和工作人员从接到命题任务到考试开考 30 分钟前与外界完全隔离，评卷者和工作人员在评卷期间与外界完全隔离，考试试卷从考完密封到开始评卷期间与外界完全隔离。通过采取最严格的保密措施，彻底杜绝了考试中有可能出现的不公平、不公正问题。三是严把任用关。竞争者要经过笔试、面试、竞职演说、即兴演讲、民主测评等环节，最后成绩由笔试、面试、民主测评成绩按 3：3：4 量化赋分而成。实行差额考察，每一个职位取综合成绩前两名作为考察对象。经过对德、能、勤、绩、廉等方面的考察，提交部长办公会讨论后，公示 7 个工作日。

### 力求管用，笔试面试测评实

这次竞岗在试题设计上，本着干什么考什么、力求管用的原则，注重测试应试者的综合素质和处理实际问题的能力，突出实践、实用、实际，努力考"活"、考"平时"、考"基本功"，切实增强考试的针对性、科学性和实效性。一是笔试注重综合素质和业务能力。笔试依据《党政领导干部竞争性选拔和竞争上岗考试大纲》命题，采取闭卷形式，主要测试竞争者履行竞争职位职责所必备的基本知识以及调研综合、办文办事、文字表达等能力，内容包括政治理论、组织工作业务、市情等，试卷整体以主观性试题为主，占总分的 60%。客观性试题以组工业务为主，占客观性试题的 80% 以上。二是面试注重职位的匹配性。采取结构化面试方式进行，主要测评应试者在领导能力和胜任特征等方面与岗位的匹配程度。其中，竞争正科级领导职位面试采取竞职演讲和抽题答辩方式，竞争副科级领导职位面试采取竞职演讲和即兴演讲方式。面试评分采用分类和加权计分的方法计算，成绩当场公布。三是民主测评注重综合表现。面试结束后，即召开部机关全体人员会议，对参加面试人员德、能、勤、绩、廉等方面表现情况进行测评，每项分"优"、"良"、"中"、"差"四个等次，每项各 20 分，每个等次又具体细化为相应分值。测评人以无记名投票方式，填写各项得分，最终汇总计算每位竞争者的平均分数。一位参加竞岗的同志说："第一次参加竞争上岗，没想到考试命题如此规范、组织如此严密、测评如此科学，这种考评方法，我们没有想到，也让我们开了眼界"。

### 科学评判，竞争上岗效果好

为最大限度地减少在笔试和面试评判过程中的主观性与随意性，提高评判的科学性和客观性，这次竞争上岗在评判环节上进行了改革创新。一是实行大评委制。评阅笔试试卷时，把评卷人员从通常的1—2人增加到4人，将4人的平均分作为考生笔试得分；组织面试时，将面试评委人数从通常的7—9人增加到15—17人，去掉一个最高分和最低分后，将评委的平均分作为面试得分。通过增加评委人数，尽量避免主观因素的影响。二是实行独立评判。笔试评卷过程中，4名评卷人员采取背靠背评卷办法，独立评分，互不干扰，对初评结果差异较大的试卷，实行复评复核，确保评卷结果的准确性和公正性。三是降低考试分值比重。改变过去通常笔试、面试所占分值较重的做法，本次竞岗笔试、面试各占30%，民主测评分值占40%。有效避免了凭关系打分、凭印象取人情况的发生，最大限度地减少了在笔试评卷和面试评分过程中可能出现的主观偏差，最大程度地确保了竞岗结果的公正和公信。

宿州市委组织部机关干部竞争上岗工作圆满结束了。这是该部机关继2004年竞争上岗、2008年进行竞争性选拔之后，深化竞争性选拔、推动竞争性选拔干部工作的又一次生动实践。大家认为，市委组织部带头进行竞争上岗，让全市干部感受到了鼓舞、看到了希望、增强了信心，同时也体现出市委组织部带头推进竞争性选拔、科学选人用人的坚定决心。大家相信，按照中央和省委要求，宿州市改革的步履会越走越坚实，民主的氛围会越来越浓厚，开明开放、公道正派的形象会越来越深入人心。

安徽先锋网宿州分站供稿

## 四、社会环境局限

### （一）民主基础不牢固

造成现在民主状态的原因主要有三个方面：一是传统历史文化的影响。在我国长达两千多年的封建社会历史中，长期实行的是封建专制统治，没有真正意义上的民主文化。受封建旧习影响，我党的党内民主意识和民主习惯一度匮乏，在探索和实践党内民主的进程中，其间还经历了几次挫折，导致党内民主发展步伐缓慢。时至今日，落后的封建历史文化仍然时不时潜移默化地对我们的工作产生消极的影响，阻碍民主化进程，使我们在扩大干部选任工作民主方面会出现一些问题或偏差；二是现行权力运行机制的影响。虽然近年来，社会主义民主政治建设和党内民主建设取得了显著成绩，但总的来说，仍然实行高度集权的行政管理模式，过分强调"一把手"的责任与核心地位。其表现在干部选拔任用上，选人用人权高度集中于"一把手"，民主集中制和集体领导原则不能得到有效落实和执行。这样就往往造成了"在加强党的一元化领导的口号下，不适当地、不加分析地把一切权力集中于党委，党委的权力又往往集中在几个书记，特别是集中于第一书记，什么事都要第一书记挂帅、拍板。党的一元化领导，往往因此变成了个人领导"；三是传统干部选拔方式的弊端。消除"人治"因素、彰显"法治"理念，是民主政治建设一个艰巨而长期的任务。传统的干部选拔任用方式突出党管干部原则，强调的是"组织意图"的实现，其工作效率高，有利于从全局的角度优化干部资源配置，增强领导班子整体功能，但带有较强的计划经济时期的烙印。这种方式以"选人者"为主体，突出个人主观经验的作用，感性多，理性少。历史经验说明，以人治事治不好事，以人治人治不服人。从实践看，这种方式"人治"色彩较浓，当"选人者"缺乏应有的品质和素质，同时外部也缺乏对其权力的有效约束时，难免会产生"任人唯亲"、"用人失察"等问题。

案例 ①

## 佳木斯市公开选拔领导干部工作存在的问题及解决对策

佳木斯市自 1995 年开展竞争性选拔领导干部工作以来，不断在工作实践中探索新方法和新思路，并逐步形成了一套适合当地发展的公选干部的做法即民主遴选党政领导干部办法。在工作中，佳木斯市以民主和公开作为竞争性选拔党政领导干部的立足点和着眼点，把透明工作、公平选举作为公选工作的基本原则，让广大干部群众真正能够参与其中，体会到公选工作的全过程，这不仅加快了竞争性选拔任用干部的民主进程，更充分体现了广大干部群众的意愿。虽然竞争性选拔党政领导干部只是佳市公选工作中的一部分，但它作为一个大胆的尝试体现了解放思想、开拓创新的精神，对推动全市公选工作的开展起到了积极的意义。

民主遴选党政领导干部方式最大特点之一，就是在坚持党管干部原则的前提下，每个环节、每个步骤尽可能地扩大民主参与程度，落实群众对干部选拔任用工作的知情权、参与权、选择权和监督权。在民主推荐环节，市委先后组织召开了市委委员和市直属单位党政主要领导会议，有 156 名干部参与了推荐；在民主测评环节，市委组成 9 个测评组，深入推荐入围人选所在单位，组织召开 28 个民主测评大会，对人选进行民意测验和综合素质测评，有 1450 名干部群众参加了民主测评；在民主协商环节，51 名市级"两代表一委员"、民主党派人士和市级离退休老干部参与其中，进行投票推荐；在差额考察环节，考察组与 396 人（次）进行个别谈话，征求意见。据统计，在这 10 个岗位领导干部选拔中，共有近 3800 余人（次）参与了这一过程，人员涉及范围既有领导干部，又有一般干部群众，既有党代表、人大代表和政协委员，又有民主党派、无党派人士和社会各界代表。

---

① 刘宗英:《佳木斯市公开选拔领导干部工作存在问题及解决对策》，硕士论文。

扩大民主参与、充分尊重民意选干部，这是民主遴选党政领导干部得到支持和认可的根本保证。为保证竞争性选拔工作的顺利进行，达到预期目的，佳木斯市委在常委会议讨论通过《民主遴选领导干部工作方案》后，即向社会发布了《民主遴选领导干部公告》，公布了选拔岗位、选拔方式、资格条件和主要工作程序，主动接受社会监督。

在具体实施过程中，市纪检委专门派出两名监督员全程跟踪监督，并且每一轮、每一步骤遴选结果都及时通过佳木斯政府公众信息网站对外进行公布，又通过发布考察预告、对拟任用人选进行公示等形式，广泛听取社会各界意见，接受社会各届监督，揭开了干部工作的"神秘面纱"，充分体现了"阳光操作"和民主透明。在人选的确定上，采取定性与定量分析相结合的方式进行。每个步骤入围人选的产生，都由民主推荐、民主测评、民主协商和组织考察结果量化成分值来确定。每个岗位入围的两名考察人选由一个考察组统一组织进行考察，统一程序，统一标准。人选最后综合得分以民主推荐分、民主测评分、民主协商分、差额考察分，按权重折合计算形成，尽可能地减少了人为因素的影响，保证了选拔结果的公正性。这10名任用人选经过公示没有任何问题反映。对事公开、对人公正，这是民主遴选党政领导干部得到支持和认可的必然所在。民主遴选党政领导干部办法是竞争性选拔领导干部的一种形式，对以往竞争性选拔领导干部方式方法进行了有益的创新。佳市实行民主遴选党政领导干部10个岗位干部，从确定岗位到决定任用，全过程仅历时48天，市里只投入了少量的资金，这是以往竞争性选拔领导干部高成本、高投入所不可比拟的。特别是在任后走访过程中，佳市发现选任上岗的10名干部虽然任职时间较短，但都较快地进入了工作角色，各部门工作都有较大的起色，普遍得到了单位干部职工的拥护和认可。这说明民主遴选党政领导干部办法是成功的，有效地解决了以往竞争性选拔中存在的"高分低能"问题，是值得坚持和推广的。目前，佳市正在着手对民主遴选党政领导干部办法进一步规范和完善，并将在更大的范围内、更多岗位选任上积极组织实施，以此推进干部选拔任用工作科学化、民主化进程。

**（二）法制社会还未形成**

竞争性选拔要求一个法制程度比较成熟的社会环境，当前社会法制程度不高主要表现在：

1.相关的条例法规不够法定化

我国党政领导干部竞争性选拔制度自从 20 世纪 80 年代创立以来，颁布了一系列的纲要和条例等，如：《党政机关竞争上岗工作暂行规定》、《深化竞争性选拔纲要》、《公开选拔党政领导干部工作暂行规定》、《中共中央关于加强党的执政能力建设的决定》、《党政领导干部选拔任用工作条例》、《党政领导干部任职试用期暂行规定》、《关于推行党政领导干部任前公示制的意见》和《党政领导干部竞争性选拔和竞争上岗考试大纲》等，这些条例和纲要的共同特点就是它们目前尚停留在"规定"的这一层面，而且规定的还比较简单粗放。比如：竞争性选拔党政领导干部的报考资格条件，考试委员会的人员组成，考试的科目，监督机构的机构构成及监督的形式，都没有详细的规定和相对应的实施措施，缺乏一定的法律依据。如领导竞争性选拔职位就没有明确的法律法规规定，像哪些职位可用于公选，国家政策并没有明文规定，基本还是由地方党委决定，这就为公选职位带来了一定的随意性。这些明文法规的缺失，带来的结果就是领导干部竞争性选拔过程的公选程序的执行将无法可依，公选的权威性没有一定的法律保障，将受到质疑。

2."人治"的现象比较严重

在目前我国党政领导干部竞争性选拔过程中依然存在领导至上的作风，领导就是权威。如在竞争性选拔任用领导干部的过程中，一些主管部门的领导经常不按规定的程序办事，也不做好沟通交流，而是按照个人的长官意志，搞临时动议，临时召集相关人员确定人选。在报名程序上，也往往是由少数人提名，很少看到作为参与主体的普通群众举荐，最后也是由少数人随意考核、研究和任命。他们还常常逃避组织和人民群众的监督，将自己的意愿赋予法律之上，随心所欲地提拔自己的亲属和朋友，作风霸道。这些法治性的缺失，都给公选带来一定程度的消极负面影响。

在中共中央颁发的《2010—2020 年深化干部人事制度改革规划纲要》①中，提出了要"实行干部工作信息公开制度"，但在党政领导干部竞争性选拔的实践过程中，选拔任用干部的每一个步骤、环节，除了规定的必须保密事项外，其他能够公开的信息内容，并没有做到尽可能公开。据报道，湖南湘潭岳塘区，一位名为"王茜"的 20 岁女生将被提拔为该区发展改革局副局长，并将"上派到国家发改委办公厅任副主任科员，跟班学习"。不少网友质疑：按资料推算王茜应 14 岁或者 15 岁上大学。如果就王茜的学历、工作经历以及此次任用情况及时向社会公布，相信广大网友就不会持怀疑态度了②。公选的不透明性主要表现在：（1）竞争性选拔的民主推荐过程中，民主推荐的结果不公开。在民主推荐的实际操作中，民主推荐的结果基本是掌握在上级组织（人事）部门手中。像被推荐的人员和他们各自的得票情况，基本上是不会向所推荐的人员进行反馈。这样所造成的直接后果是，使考察对象的选拔任用有了"暗箱操作"的嫌疑，也违背了群众公认的原则，这样就使普通群众的知情权没有得到充分的行使，从而使民主推荐的结果缺乏了群众的有效监督。笔试和面试成绩并没有做到完全公开。在《党政领导干部选拔任用工作条例》中对笔试和面试成绩是否要向社会公开，并没有具体规定。在实际操作中，虽然各级政府在选拔各级领导干部时，发布的公告上会说选拔的全过程面向社会公布，但并非如此。比如，某县在 2008 年公开选拔 20 个领导干部，简章规定了笔试和面试及考核任用等程序，并在网络上说全过程公布，但在笔试结束后，市土地局为了使其下属单位一领导的儿子

① 《2010—2020 年深化干部人事制度改革规划纲要》，荆楚网，2010 年 9 月 8 日，http://news.sina.com.cn/c/2010-09-08/083518083402s.shtml。

② 《湘潭"90 后女副局长"提拔任用确系违规 组织部门将追究相关人员责任》，新华网，2012 年 4 月 21 日，http：//society.people.com.cn/GB/17710330.html。

上任其中的一个职位，竟公开进行干涉，自己面试，并漏题，最终该领导的儿子取得第二名，而该土地局却对成绩进行保密，这也严重侵犯了人民大众的知情权。此外，像领导干部任前公示制也不是很完善，这些都在一定程度上助长了选人用人的不正之风。

### （三）民众意识形态尚未成熟

目前，我国正处于社会主义初级阶段，所面临的经济、社会、政治环境比较复杂，社会利益结构不一，价值评价多元，再加之网络的普及，改变了影响人们参与政治生活的技术因素，诸多障碍亦随之消除，从而为人们提供了便捷的参政平台，使得人们能够更加平等地享有知情权，更加强有力地行使监督权，更加平等地维护自己的政治权益和表达自己的政治观点成为可能。公众的参与意识、民主意识不断提高，信息的透明度不断增强，使得公众对选人用人的要求也随之提高，但当前的网络媒体还不够规范，少数媒体又缺乏社会责任感，社会舆论引导和监督不可避免会出现一些偏差和漏洞，这些复杂的社会环境，都将对党政领导干部竞争性选拔制度公信力产生重要影响。此外，党政领导干部竞争性选拔制度公信力也不是一朝一夕就产生的，它跟我国的传统行政文化有着必然的、密切的联系，有着天然的传承。我国是一个长期受封建专制统治且缺乏民主文化传统的国家，尽管传统行政文化在维护统治、加强管理、规范官员及民众行为方面曾发挥过不小的作用，却也在党政领导干部竞争性选拔制度公信力的建设中带来了一些阻碍，产生了一些消极的影响。一些组织部门丧失信用、滥用权力，不对民众负责，少数党政领导干部功利思想严重，不能正确对待升降去留的思想根源就在于此。尽管，我国从来都没有停止过对党政领导干部进行思想道德教育，但"人治"、"官本位"作为一种社会心理，甚至是一种社会"痼疾"，始终存在，这才导致有些党政领导干部始终未能树立执政为民的理念，其法治意识、依法行政意识、规则意识淡漠，领导意志通常高于法律意志，始终没弄明白究竟何为法治国家，致使其做事时主观性、随意性较强，在工作中随意改变规则、越权行事的情况不断发生，依法行政尚未成为党政领导干部施政的准绳。同时，有些地方的党委组织部门，因其承担了过多社会关注度较高的工作，稍有不慎，就会成为矛头所指，公众反而忽视了其工作上取得的业绩和成就，此外，发生在个别干部身上的失误，也因牵一发而动全身，使整个组织部门受到牵连，这实际上是一种不正常的现象，但也成为影响组织部门公信力的重要因素，进而影响了党政领导干部竞争性选拔制度的公信力。

# 第四章　竞争性选拔的基本模式

## 第一节　竞争性选拔的模式结构

竞争性选拔是一个完整的系统，虽然不同的竞争性选拔模式有自己的组织特点，但是竞争性选拔的本质结构都是由三部分组成，主体、客体和考试中介，不同的模式意味着不同的测评方法和程序的组合，但是主体、客体与考试中介是所有的竞争性选拔考试必备的元素，是组成完整系统的必要条件，下面分别对这三个元素的特点做相应分析：

### 一、主　体

相对于考试系统而言，竞争性选拔第一个多环节多层次的集合体，担负竞争性选拔主考职能的考试主体，又因此是由许多履行不同职责的个人按一定形式组成的集合系统。考试主体是指具有主持考试事务能力，拥有相应职责和权力，从事竞争性选拔活动管理、设计、实施、监督的个人、群体与组织机构。从根本上讲，主考能力是构成考试主体的主观条件，主要包括主考者对考试的认识能力、决策能力、设计能力、组织实施能力和监控能力等，是考试活动效率乃至成败的决定性因素。

任何国家或社会组织在赋予考试主体某种主考职责时，考试主体也就随之对国家、社会、集团和考试客体担负了相应的责任，从而也就拥有支配其职责范围内人、财、物等资源的权力。但是竞争性选拔主体作为一种社会角色具有双重性，在其主体活动的过程中，扮演着考试认识主体和考试实践主体的双重社会角色。也就是说，考试认识主体和考试实践主体的二分，只存在于对两类主体分别进行特征考察的抽象理论研究之中。若从现实考试主体活动考察，认识的和实践的考试主体是不可截然划分的。尽管由于分工的需要对参与考试主体活动的人有身份及职责要求的不同，使主考者在两种社会角色之间常有"重心的转移和状态的变换"，或侧重于考试认识主体，或侧重于考试实践主体，但这并未改变考试主体"既是思想者又是行动者"的双重属性。

能动开拓、自主调控是考试主体的显著特征。这些特征集中体现在考试主体作用于考试客体的对象性活动中。竞争性选拔主体不是虚拟的或抽象的人，凡现实的考试主体，都是个性鲜明的、具体的人，他们既是"能动的自然存在物"，又是自主、自由的社会存在物。其主考的成败，虽受到内外环境等多种因素的制约，但主要决定于考试主体自主性、能动性、开拓性的发挥程度。

首先，竞争性选拔主体的活动必须是自主的活动。在规定活动范围内，考试主体对相关资源能实现自我作主、自由支配的权力，并具有施加影响于客体和自我调控的能力，或者说，如果考试主体没有实现自主的权力，以及与之相适应的自主能力，那么，考试主体就只能是应然的主体，进而也就不可能确立现实的考试主体地位。

正因为如此，竞争性选拔主体的自主性必须包括两方面：一是竞争性选拔主体对考试客体的自主，即竞争性选拔主体在规定权限范围内，能自由行使赋予自己的权力，可实现在正确调控自我的过程中有效作用客体；二是考试主体对自身的自主，即考试主体在相对稳定或多变的环境下，能根据职责要求及活动目的，自觉规范自身行为，从而实现在履行职权的过程中恰当调控自我，使自己的意识和行为与环境条件相适应，并符合主体活动的取向与目标。

再者，竞争性选拔主体的活动必须是能动的活动。自觉、自发、主观能动，不仅是考试主体充分发挥其本质力量的内在条件，而且是考试主体实现其主体地位的重要前提，它伴随考试主体活动的始终。无论是考试目的的确立、考试标准和考试方案的制定，还是考试的设计、实施及其监控，其客观效果均主要取决于考试主体自觉性、能动性的发挥。

更重要的是，一个具有"自觉能动性"的考试主体，还只是考试主体活动的现实适应者。尽管考试主体在履行职责的过程中有着相对稳定的环境，并须遵循一定的秩序规范，但考试主体活动的对象及条件又总是处于变化发展之中，影响活动正常运行的各种可能因素的客观存在。显然，考试主体不能仅满足于现实的适应条件，他必须针对所处环境、活动运行的趋向和变化发展的可能，进行创造性的决策与指导。否则，考试主体就不能在主体活动中充分发挥动力源的作用，实现推动主体活动发展进程的目的。

以上有关竞争性选拔主体的考察，旨在从不同角度揭示竞争性选拔主体的属性和地位。竞争性主体是制约考试主体活动效率的首要因素，无论是作为考试主体活动的动力源，还是作为考试主体活动的调控中心，它都对考试活动的成败起着决定性的作用。

## 二、客 体

竞争性选拔的客体——应试者，既是考试主体活动的作用对象，又是应试活动的主体，具有活动主体和活动客体的双重属性。如果说客观存在的纯自然事物是人类活动的"第一客体"，人造自然是人类活动的"第二客体"，观念、符号世界是人类活动的"第三客体"，那么，以应试者及其应试活动为对象性存在的考试客体，便是人类活动"第四客体"和"第五客体"的整合性客体。

考试客体有以下基本属性。

### （一）客观性

恩格斯曾在《路德维希·费尔巴哈和德国古典哲学的终结》中指出：

"在社会历史领域内进行活动的，全是具有意识的、经过思虑或凭激情行动的、追求某种目的的人；任何事情的发生都不是没有自觉的意图，没有预期的目的的。但是……它丝毫不能改变这样一个事实，历史进程是受内在的一般规律支配的。"① 竞争性选拔考试也不例外，它作为一种对象性的活动，其客体是独立于考试主体主观意志的客观存在。考试客体的客观性，不仅表现为充当客体的人是客观的生物存在物，而且其社会关系、思想观念、应试行为等社会存在，也同样是不以考试主体主观意志为转移的客观存在。考试活动的设计与实施，只有坚持从考试客体的客观存在出发，严格遵循考试客体本身所固有的规律，才能形成正常的交互关系，维持考试活动的协调运行，从而取得预期的考试活动成效。

### （二）能动性

能动性是考试客体的根本属性。现实考试活动中的客体——应试者，无论是作为考试主体活动所指向的对象，还是作为应试活动的主体，都始终保持着能动性的本质。尽管充当考试客体的应试者是考试主体活动的对象性存在物，其言行要受到考试活动规范的制约，在应试过程中的能动与创作，是以作为应试主体对施考主体的受动和适应为前提条件的，但他毕竟是独立、自主、具有丰富个性和复杂思维意识的社会存在物。其应试活动是主体意识支配下的自主活动，他对应试活动客体的诸种因素拥有独立决断和自主支配的权力。为取得竞争状态下的活动成效，能动性、创造性的发挥不仅是应试主体的必然，而且是应试主体在应试活动实践中反观自身、不断充实和完善自身的必需。

一方面，应试者作为考试主体的作用对象，他要成为应试活动的主体，首先必须从受控条件下主动取得对象及活动对象所处环境施加影响的可能性。这种可能性的获得，既是应试主体主动发挥能动性所创造的成果，也是应试主体能动驾驭应试活动的首要条件；另一方面，即使社会承认应试主体

---

① 《马克思恩格斯选集》第 4 卷，人民出版社 1972 年版，第 243 页。

在应试活动中有自主发挥能动性的权力，也必须依靠应试主体能动发挥自己的本质力量，并将此种自觉能动性贯穿于应试活动的全程，才能合理设计行动计划，有效利用相关资源，实现对活动客体施加影响的自由和对自身应试行为的自主，真正把应试活动中客观条件对自己的制约因素变为自己可以能动控制的因素。

### （三）可控性

考试客体的可控性，是指作为客观对象的考试客体具有接受考试主体控制的本质属性。这种属性为考试客体自身和与之相对应的考试主体所共同决定，既是考试主、客体彼此形成对象关系的必然要求，又是考试主、客体交互作用的结果。其原因在于：

考试客体在未与考试活动系统发生关系之前，他只是作为客观存在的个体而分布于其他社会系统之中，相对于具有特定交互关系的考试活动系统而言，他仍是无序化的单独存在，仅有被控制的可能，以及某些相互的关联性。要使这些具有可控性的单独存在的个体成为现实的控制对象——充当应试主体的考试客体，就必须以组织手段将其进行有机组合，使之与考试活动系统产生特定的物质、能量、信息的联系，形成被组织化的有序受控状态，进而构成与考试主体具有直接交互关系的现实受控客体。

据上所述，我们认为，考试客体的可控性，不仅决定于考试客体本身的客观属性，即考试客体作为一种客观存在的所具有的可控性，而且决定于与之相对应的考试主体的性质，即只有考试主体能正确把握考试客体的本质及规律，并具有采用科学有效的手段将客体组织化、对象化的能力，才能把考试客体变为作用对象进行控制。或者说，"对象如何对他来说成为他的对象，这取决于对象的性质，以及与之相适应得本质力量的性质"。[①]

---

① 《马克思恩格斯全集》第 42 卷，人民出版社 1972 年版，第 125 页。

### 三、考试中介

考试中介是构成考试系统的三大实体要素之一，为任何完整意义的考试活动不可或缺，在竞争性选拔中，考试中介对考试主体和考试客体的活动效率均有直接强化或削弱的影响。同时，考试中介又是在一定的考试活动环境中形成的，是一个由实体和非实体要素集合而成的系统，有其特定的结构和互动机制，以及自身运行的特点与演变发展的规律。

考试活动的中介系统主要由两类要素组成，其具体要素（或谓子系统）有四种，即组织要素、工具要素、方法要素和信息要素。

**（一）组织要素**

组织要素作为考试活动的表现形式，它以考试目的为纽带，使考试主体和考试客体结成互动关系，在考试活动主、客体相互联系和相互作用所构成的考试系统及其运行中占据特殊地位。考试组织既是考试主、客体的"矛盾统一体"，又是考试主、客体共同目标的"结合体"，同时还是考试主、客体的"功能耦合体"。

**（二）工具要素**

工具要素是考试中介系统的一个硬件子系统，来源于自然或由人们根据考试目的加工、改造、创制的自然客体，如各种考试专用工具、物品、设备、设施等，属实体性要素。人们选取相应的自然物或人造物考试活动的实体性中介，旨在延长自身的肢体和器官，使之替代考试主体与考试客体进行交互，借以减少考试主体与考试客体交互作用中的消耗，增强考试主体功能的专门化、集约化程度，提高考试主体的活动效率。此外，具有前述中介功用的还有思维工具，这是人类特有本质力量的产物，也是人类活动效率远在其他生物种群之上的根本原因。

**（三）方法要素**

方法要素属非实体性的中介要素。在考试中介系统中，方法是物质工具和思维工具的相应操作软件，它包括操作考试所用物质工具的程序、规则，思维的方法，适用思维工具的原则、方式与方法等。方法要素在考试活动的运行中有其特定的功能，它不仅直接影响着考试工具、思维工具功效的正常发挥，而且关系到施考主体和应试主体能动性、创造性的正常发挥，在一定程度上决定着考试活动的成败。

**（四）信息要素**

考试中介系统的另一种非实体要素是信息要素，即规范考试行为、导引考试方向的政策、法律、法规与规则，用于考试主、客体彼此交互的指令、口头语言、身体语言、文字符号、音像资料等。在人与人交互的考试活动中，信息是重要的中介要素，它既可借助某些实体性的物质工具载体间接作用于考试主、客体，也可直接作用于考试主、客体，是有效制导考试活动方向和提高考试活动效率的主要手段之一。而且人类考试活动的范围愈宽广，考试内容愈复杂，考试技术手段的智能化程度愈高，考试运行对人自身和活动中人与人关系自我调控的依赖性愈大，就更需要凭借信息中介的作用，更要求组织、工具、方法、信息等中介要素的紧密结合，以及考试中介系统功能与结构的优化。

# 第二节　竞争性选拔模式运作的现实考察

## 一、考任制的现实运作

### （一）一推双考

所谓"一推双考"是指依靠党组织和群众推荐，采取考试与考核相结合的办法选拔党政领导干部。其实施方案通常包括推荐、资格审查、笔试、面试、考察、任用等几个环节。体现了公开、平等、竞争、择优的原则，将干部选拔任用工作中长期沿用的以组织为主体的单向选择，转变为既以组织为主，同时又充分发挥群众和个人能动作用的双向选择；将过去的以定性评价为主的考察方法，转变为知识考试与组织考察相结合、定性分析与定量分析相结合的双重考察；将过去单纯的干部选拔，转变为选拔、任用、培养相结合的人才资源的综合开发利用。

早在 1988 年，吉林省就在中央组织部的指导和支持下，采取"一推双考"的方法，面向全省先后八次竞争性选拔副地厅级领导干部，截止到 1993 年底，共选拔了 158 名副地厅级领导干部。同时，还发现和储备了一大批年轻的后续人才。"一推双考"选拔领导干部的方法，是对我党的干部工作优良传统的继承与发扬，是对我国干部选拔任用制度的一次改革与创新。"一推双考"对于开阔知人、识人、选人的视野，创造优秀人才脱颖而出的环境与条件，加强社会主义市场经济条件下领导班子和干部队伍的建设，保证选拔任用领导干部的质量，都起到了良好的、积极的作用。

"一推双考"在新时期第一次将"推"与"考"结合起来，是将我国古代的"察举制"和"科举制"在现时代的完美结合，充分体现了"德才兼备"的选才原则，让领导干部的选拔与任用走出了神秘而封闭的神坛，大大促进了我国领导干部选拔任用制度的发展，并为我国进一步探索和完善干部人事制度提供了宝贵经验。可以说，"一推双考"的诞生在我国领导干部选拔任用史上具有里程碑式的意义。

**（二）公推公选**

所谓"公推公选"就是在较大范围内通过民主推荐和自我推荐，采用科学的方法和手段，对干部人选进行综合素质能力的全面考核评价，择优遴选，经组织考察，按法律或规定程序任命的一种干部选拔任用方式。它可说是对"一推双考"制度的直接发展与完善，也可说是对我国近年来竞争性选拔成果的综合运用，是符合我国国情与社会主义民主政治建设要求的干部选拔任用新方式，是对我国领导竞争性选拔制度选拔任用方式的又一次重大创新突破。

2003 年，江苏省常州市委组织实施了全国首次公推公选产生县级市市长的选拔任用工作。随后，全国其他省市也纷纷试行了公推公选制度。按照各省市试点、推广的公推公选实施方法或程序的差异，又表现为多种模式，如湖北模式，四川模式、贵阳模式、南京模式及江苏模式等。但从总体上看，公推公选在程序上一般主要包括四个主要环节：第一步，报名与资格初审。按照公推公选公告，所有符合条件的人员都可在公告确定的报名点自由报名。各单位党组、党委或组织人事部门对报名人员进行资格初审，并根据资格初审情况，初步确定符合条件的人员；第二步，公推与民主测评。召开民主公推会，在符合条件的人选范围内进行民主测评，确定正式参选人员；第三步，公开考试。进行笔试和面试。一般按每个职位 1：5 的比例确定通过笔试的人选，通过笔试的人选才能进入面试，然后再按 1：3 的比例确定组织考察对象；第四步，考察与任命。即按照党管干部的原则和相关规定程序确定最终人选，经过试用期考核合格后正式任命。

公推公选在重视民主推荐的基础上，加强了"选"这个环节的重要性，即采取笔试与面试相结合的方式更加全面地考察人才。如果说，通过民主推荐和测评表明某人已具备基本的群众和道德基础，那么，通过考试则是检测其是否具有基本的行政素养和专业知识。这无疑增强了该制度的科学性与合理性。此外，这项制度在扩大人民民主方面也有一定突破，正如贵阳市委书记李军在全委会上所讲，公推竞岗"不是竞选，不是直选，不是海选，是从我们的国情出发，从我们的党情出发，加速发展党内民主，以党内民主带动人民民主的一种方式。"

### （三）双推双考

所谓"双推双考"是指采取"组织推荐和个人推荐"（也有"自我推荐和群众推荐"）、"文化考试和组织考察"相结合的方法竞争性选拔领导干部的方式。其程序一般包括推荐报名、资格审查、推荐提名、面试答辩、资历评价、组织考察、差额票决、表决、任前公示和依法履行任职等。

如近年来，江苏省唯宁县采取"双推双考"措施，培养选拔党外干部，其基本程序为："1.'双推'。下发《关于推荐党外优秀青年干部的办法》，要求各基层党组织打破区域、部门、行业、身份、所有制等限制，充分发扬民主，积极推荐合适人选。并通过新闻媒体向社会公开，请社会各界推荐、自荐。2. 笔试和面试。通过笔试，取文化成绩前 60 名进入面试。通过面试，按照 1∶1.5 的比例，取 45 名进入下一轮。3. 素质考察。按照 1∶1.2 的比例，经过严格的素质考察，取 36 名报县委审定。4. 确定人选。根据培养选拔党外领导干部工作规划的职位设置要求，综合考虑年龄结构和分布的广泛均衡等因素，经县委常委会票决，最后确定党外科级后备干部，并建档立案。"另据统计，近来年，"唯宁县委先后提拔了 19 名党外后备干部，其中，1 名同志已成长为县处级领导，两名同志担任县政府部门正职"，这充分说明双推双考在发现人才和选拔人才方面具有良好的功用。

"双推双考"工作具有一系列严格的选拔考核程序作为保障。首先，是"双推"，即个人或自我，组织或群众都可推荐提名，这照顾了个人、群众和组织三方的意志，体现了较强的民主性；其次，是"双考"，即"考试"加"考察"，考试通过笔、面试层层筛选考其是否具有一定的党和管理的理论知识、基本行政素质等内在分析问题、处理问题的能力，考察则通过观察其德、才、资格、经历、特长等外在的品质；最后，任前公示，经受广泛的社会监督。这种"内外结合"全面的考察方法能有效保障选拔的效能。"双推双考"制度既可用于党内领导干部选拔，又可用于党外领导干部选拔，既可选拔较高层次的领导干部，又可选拔基层的领导干部，这表明其是一项比较符合我国国情和特色的、具有良好的科学性和社会公信力的领导干部选拔方式。

**（四）两推一考**

所谓"两推一考模式"是指两轮差额推荐、差额考察，即分别在系统内、服务对象和市委、市人大、市政府和市政协领导中进行两轮民主推荐，再通过差额考察决定人选。"两推一考"报名采取个人自荐、群众推荐和组织推荐相结合的方式进行，每位报名者限报一个职位。报名人员还需具备三个资格条件：一是职务及任职年限要求，一般需担任正科级职务（或相当正科级职务）三年以上。对具有高级职称人员可适当放宽条件；如在镇江实施的"两推一考"中，团市委副书记报名者，需现任正科级职务（或相当正科级职务），或担任副科级领导职务（或相当于副科级领导职务）三年以上；市文化局和镇江日报社报名者需要两年以上相关工作经历。现任副处级（或相当于副处级）职务人员也可报名；二是学历和年龄要求，具有大学本科以上学历，年龄在40周岁以下。其中，团市委副书记报名者年龄需在30周岁以下，中共党员；三是身份要求，须具备国家公务员身份或符合国家机关调任的有关规定（即具备国家干部身份）。其具体程序包括：宣传发动、组织报名、资格审查、民主推荐、组织考察、讨论决定、任前公示、办理任职手续、公布选拔结果等步骤。另外，对报名人数还有一定的要求，一般经资格审查，若报名人数少于8人，则取消该职位的"两推一考"计划。

"两推一考"的"两推"在各地的实施中基本一致，都是在自我推荐的基础上，实行组织和群众推荐。在"考"上有两种做法，一是差额考察；二是考核合格后任用。尽管其没有硬性的笔、面试要求，但其考察、考核从广义上讲也属于考试的范畴，因而，该制度也应被划入考任制的范畴。

### （五）三推三考

所谓"三推三考"即在选用村干部中采取"群众推荐、组织推荐、个人推荐和文化考试、组织考察、试用考验"的方法，通过"公开报名、统一考试、民主测评、择优试用、依法选举"的程序，面向社会公开选用村级干部的方式。

早在1996年，山东省单县针对村级干部队伍文化水平低、致富能力差、年龄老化及村级干部进出渠道不通畅等问题，就开始推行"三推三考"选拔村级干部。截至2002年，单县共有"12000余人报名参考，择优选用的3072名村干部中有1400名原是普通村民。全县村级干部的平均年龄比考选前下降了10岁，其中村支书的平均年龄下降了12岁。高中以上文化程度的达50%，而且80%以上的是具有一技之长的科技骨干和致富带头人。"试用对象的当选率达到99%以上"。实践证明，该制度对促进落后地区村干部年轻化、知识化起到了积极的作用。

此外，江苏洪泽县于 2008 年也采取"三推三考"的方式选拔了一批后备干部，在考的过程中，特别是面试环节做出了大胆创新，如使用了无领导小组讨论的方式，这对测评人才的随机应变能力、团结协作能力等综合素质具有良好的效果。总之，"三推三考"是一种结合地区自身特殊情况应运而生的一种基层干部选拔方式，它是对我国干部人事制度的一种有效补充。

### 二、考选制的现实运作

所谓"考选结合制"是指将考任制的"考"和选任制的"选"结合起来，综合运用于选拔领导干部人才的一种制度。其最大特点就是将"考"与"选"有机融入一种人才选拔机制之中，是一种典型的"调和式"、"折中式"制度产物。目前，该制度的创新形式还较少，并且使用范围也不是很广、主要有以下两种。

#### （一）三推三考两票决

"三推三考两票决"是在"三推三考"制的基础上发展而来，只是在最后的任命中加入投票选举的程序来加以确定。如近年来，江西遂川县采取"三推三考两票决"的办法选拔县直单位科技领导干部。具体而言，"三推"是指群众推荐、科级干部推荐和县级干部推荐。其目的是在重视党员群众四权（即知情权、参与权、选择权和监督权）的基础上推出群众公认的好干部。"三考"即通过笔试、面试和考察三道程序考出真才实学，其目的在于检验所推的候选人是否具有相关的能力素养，力图准确识人。"两票决"即重在任用干部上把好关口，"决"出用人导向。先进行县委常委会差额"票决"，常委会全体成员听取考察情况汇报，并结合三轮民主推荐和面试、调研报告成绩等情况做出最终人选。

#### （二）三推两考一选模式

所谓"三推两考一选"是指采取先通过各级领导推荐、一般干部推荐和群众代表推荐初步确定候选人，然后再经过考试与考核两个环节，最后按照

《党章》和有关法规进行选举的办法选拔领导干部的方式。该方式，在2001年4月福建省莆田市选拔乡镇领导班子成员中试行过。其"整个试点工作分为宣传发动、报名和民主推荐、资格审查、笔试、调研、竞职演讲答辩、公示、组织考察、决定提名和按章选举等10道程序"。

通过分析，公选制度的横向子制度衍生模式可如（见下图）所示：

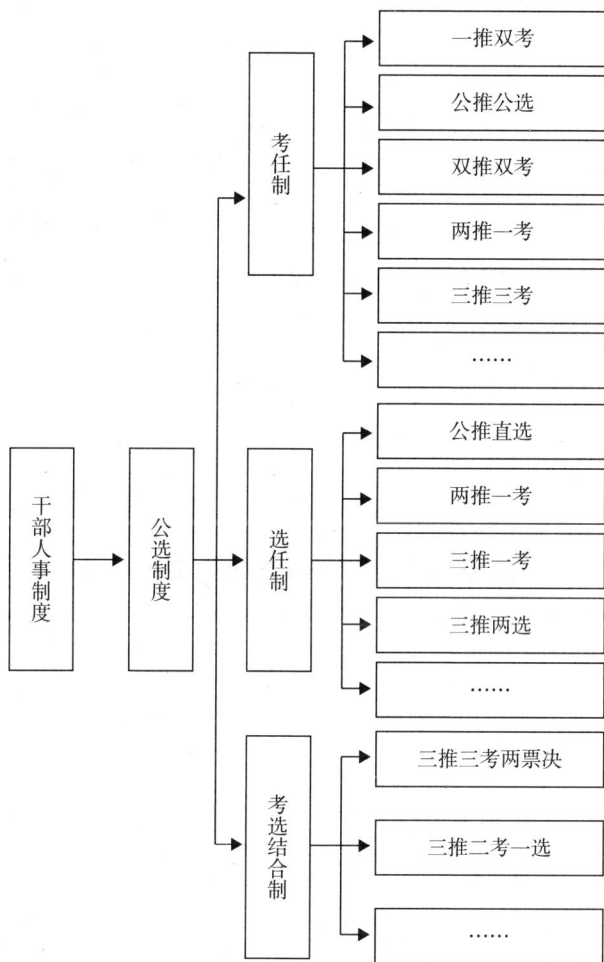

**公选制度横向创新衍生图**

当然，除上述所归纳的三大类在全国实行范围和影响较大的领导干部选拔制度以外，还包括诸如"公推差选"、"两票制"、"两推两荐"、"公推竞选"、"一推三考"、"公推竞岗"、"一推二训三考"、"三推三陪三考"、"一推两考三公示"等种类繁多的领导干部选拔方式。但探究上述种种制度之共性不外乎三点：一是领导干部选拔理念的转变，即实现了从"官选官"到"民选官"，或"少数人选少数人"到"多数人选少数人"的重大转变；二是突出选拔方式的科学化，即通过"推"与"选"（或"考"）相结合的方式选拔干部，充分体现德才兼备的原则；三是增强选拔程序的合法性，即在选拔过程中强调公开、公正、公平、竞争、择优的原则，提高了人民群众信任度和支持度。然而，"初生之物，丑陋难免"，上述种种制度只是我国干部人事制度不断探索和完善的尝试，它们也存在许多有待改善和攻克的难题。如，就"推"而论，谁来推、推谁、如何推、推多少，即在多大范围内实施民主的问题；就"选"而论，谁来选、如何选、选多少，即党员与群众的权利值的分配问题；就"考"而论，考什么、如何考、谁来考，即笔、面试试题命制的科学性、面试官的监督、考试结果的运用等问题，这些都还有很大的改进和完善空间。

## 附　表

### 竞争性选拔领导竞争性选拔制度纵横创新简析表

| 大　类 | 子制度 | 横　向 | | | 纵　向 |
|--------|--------|--------|--------|--------|--------|
| | | 特　点 | 适用范围 | 选拔层次 | 主要操作流程 |
| 考任制 | 一推双考 | 依靠党组织和群众推荐，采取考试与考核相结合 | 省、市 | 副（地）厅 | 推荐、资格审查、笔试、面试、考察任用 |
| | 公推公选 | 在较大范围内通过自我推荐和民主推荐，采用科学的方法和手段，对干部人选进行综合素质能力的全面考核评价，择优遴选，经组织考察，按法律或规定程序任命 | 市 | 县处级（市长） | 报名及资格初审、公推与民主测评、公开考试、考察与任命 |

| 大　类 | 子制度 | 横　向 | | | 纵　向 |
|---|---|---|---|---|---|
| | | 特　点 | 适　用范　围 | 选　拔层　次 | 主要操作流程 |
| | 双推双考 | 采取"组织推荐和个人推荐"（也有"自我推荐和群众推荐"）、"文化考试和组织考察"相结合 | 党内外 | 后备 | 推荐报名、资格审查、推荐提名、面试答辩、资历评价、组织考察、差额票决、表决、任前公示和依法任职 |
| | 两推一考 | "两轮推荐，差额考察" | 市机关，事业单位 | 副处、副科级 | 宣传发动、组织报名、资格审查、民主推荐、组织考察、讨论决定、任前公示、办理任职手续、公布选拔结果 |
| 选任制 | 三推三考 | 采取群众推荐、组织推荐、个人推荐和文化考试、组织考察、试用考验 | 农村 | 基层 | 公开报名、统一考试、民主测评、译优试用、依法选举 |
| 选任制 | 公推直选 | 通过个人自荐、群众推荐、组织推荐相结合的方法报名，民主公推的方式产生候选人，由党员大会直接选举产生党委领导班子 | 农村 | 基层 | 选民初选、党内差选、全体党员投票 |
| 选任制 | 三推一选 | 在"三方"推荐的前提下，进行公开选举 | 乡镇村、城市社区、事业单位 | 基层 | 公推、优推、群推、党员大会选举 |
| 选任制 | 三推两选 | 在基层领导干部选拔中，采取群众、党员和组织"三方"推荐，党组织书记、支部委员"两步差选"的方式，由党员群众公开推荐、全体党员直接选举 | 乡镇 | 基层 | 宣传、多方推荐、差额直选 |
| 选任制 | 三推三考两票决 | 在"三推三考"的基础上进行投票选举任命 | 县直 | 基层 | 群众、科级干部和县级干部三方推荐、面笔试考察、两票 |

### 三、竞争性选拔和竞争上岗两种基本模式的确立

#### （一）竞争性选拔模式与竞争上岗的异同

竞争性选拔是中央、国家机关和省、区、市、县党委、政府工作部门，以及事业单位、国有和国家控股企业在一定范围内面向社会，采取公开推荐与考试考核相结合的办法选拔领导干部的一种干部选拔任用方式。

竞争上岗是各级党政机关工作人员在职务晋升、轮岗交流过程中，通过一定范围内的公开竞争、群众评议、组织考察等环节，确定拟晋升或留任、轮岗、交流人选，然后按干部管理权限决定任命的一种干部选拔任用方式。

两者都是新时期干部选拔任用方式的重要改革，都具有明显的公开性、平等性、竞争性、择优性等方面的共同性。公开性方面：竞争性选拔和竞争上岗都有面向一定范围公开职位资格、公开报名推荐和公开考试考核程序，都是在社会监督、舆论监督、群众监督下进行。将坚持党管干部原则与充分走群众路线结合起来，能够拓宽识人选人视野，扩大择优用人范围。平等性方面：竞争性选拔和竞争上岗无论其考试、考核、考察方式如何，都是在一个统一的、平等的环境、程序和内容要求下运作，使组织者依据统一的尺度，对众多竞选者做出公正的评价和筛选；给竞选者提供一个充分表现才华能力和施展素质优势的均等机会。有利于扩大干部工作中的民主性与科学性，加强民主监督，防范选人用人上的不正之风。竞争性方面：竞争性选拔和竞争上岗中的笔试、面试、演讲、答辩、民主测评等方式都是一个竞争取胜的过程。在自由选择和被选择之中变"伯乐相马"为"赛场赛马"，塑造科学的用人导向，提升干部队伍建设质量。优选方面：竞争性选拔和竞争上岗都是以全面实现干部队伍革命化、年轻化、知识化、专业化为方针，以客观准确地掌握干部德才表现为原则，以

严格执行《党政领导干部选拔任用工作暂行条例》和《国家公务员暂行条例》等有关规定和政策性文件为依据，营造优胜劣汰环境，让优秀人才脱颖而出。有利于促进干部人才资源的优化配置，有利于加强领导班子和干部队伍建设。

竞争性选拔和竞争型上岗也有区别之处：

适用对象不同：竞争性选拔主要用于选拔党委、政府工作部门的领导干部和事业单位、国有和国家控股企业的领导干部；竞争上岗主要用于党政机关内部中层及以下领导职位的选拔任用、轮岗交流。

适用范围不同：竞争性选拔是公开面向社会一定范围施行，包括市内、省内、国内甚至跨地区、跨国家。在年轻干部比较少的地方，在群众关注的热点部门和任职专业性要求较高的部门，在出现领导职位空缺比较多的时候，要积极主动地开展竞争性选拔；竞争上岗主要是在党政机关内部进行，特别是在机构改革过程中要充分运用这种方式，搞好机关人员的选配定岗，推动机关干部的合理分流，对某些专业性较强，本机关无合适人选的职位，也可在本系统或跨部门以及面向社会公开竞争。

考察方式不同：竞争性选拔由于主要选领导干部，且具有较大的社会公开性和参与性，一般情况下，参选者有许多来自非本单位人员，存在较大的不熟悉性，因此，组织考察过程更多地需要通过严格的外调政审方式进行；竞争上岗一般来说是在同一单位内部进行，在一定意义上对参与竞岗人员都会有一定程度的熟悉和了解，组织考察过程可通过民主测评，让群众通过无记名投票等方式进行。

参与资格条件不同：竞争性选拔主要是从选领导干部的需要出发，其对职位资格的任职经历、知识水平、专业能力等各方面要求较高、较具体，一定范围内的参与条件较高；竞争上岗主要是选中层及以下干部，其职位资格有一定普及性，职位数量相对较多，基本上是在本单位内部开展，一定条件下的参与程度比较高。

### （二）竞争性选拔模式

竞争性选拔领导干部的形式自 20 世纪 80 年代初期孕育、产生以后，至今已经过了近三十年的探索历程。这个过程可以划分为试验探索、发展改进、经验推广和制度推行等四个阶段。至 1995 年底，全国已有 22 个省、自治区、直辖市在不同范围内使用公开推荐与考试考核相结合的方式选拔领导干部。据不完全统计，1993 年至 1997 年 6 月，全国有 29 个省区市开展竞争性选拔领导干部工作，竞争性选拔县处级以上领导达 4774 名，其中，副处级干部 414 人。1999 年初，中组部下发了《关于进一步促进竞争性选拔领导干部工作的通知》，之后，全国竞争性选拔领导干部工作深入开展，各省市县以上党委、政府都不同程度地开展竞争性选拔，逐步走上科学化、规范化的道路。2000 年，中组部印发了《全国竞争性选拔党政领导干部考试大纲》，标志着全国竞争性选拔领导干部考试的科学化进入了一个新阶段。

案例材料

2000 年 11 月，广东省面向全省竞争性选拔省委办公厅副主任等 14 名省直机关副厅级领导干部。为做好这次竞争性选拔工作，由省委、省纪委、省委组织部和有公选任务的 14 个单位的领导组成联席会议，协调竞争性选拔的有关工作。这次竞争性选拔明确规定参加选拔人员的资格条件是：（1）思想政治素质好，事业心强，开拓进取，群众观念强，作风正派，团结同志，遵纪守法，廉洁自律，政绩突出。（2）大学本科以上学历；报考党委部门职位的须是中共正式党员。（3）现为正处级或已任副处级 3 年以上的干部；具有副高以上职称、任现职满 2 年的副处级干部或硕士研究生以上毕业、任现职满 2 年的副处级干部也可参加。（4）正处级干部年龄在 42 周岁以下，副处级干部年龄在 40 周岁以下。（5）身体健康。此外，还公布了 14 个职位各自所应具备的特殊条件。竞争性选拔严格按照如下程序和方法进行：

1. 大会动员，发布公告

省委召开竞争性选拔副厅级领导干部动员大会，进行广泛动员，同时，在《南方日报》等报刊上发布公告，形成有利于竞争性选拔的良好社会氛围。

2. 推荐报名、资格审查

报名采取组织推荐、群众举荐和个人自荐的形式。资格审查按照专门制定《公选干部资格审查原则和方法》，先由省直单位和各市委组织部对本单位、本地区报名人员进行初审，然后上报省公选办进行复审。报名者可主报一个职位，同时辅报一个职位。

3. 笔试

笔试包括公共科目和专业科目。公共科目重点考察应试者对领导干部应具备的基本理论、基本知识和基本方法的掌握程度，其成绩占笔试成绩的60%；专业科目重点考察应试者担任拟任职务应具备的综合分析、逻辑思维、文字表达和解决实际问题的能力。这四种能力共分为9个要素，每个要素都有具体的评分标准，其成绩占笔试成绩的40%。按照笔试成绩的高低，取前10名体检合格者参加面试。笔试成绩占总成绩的30%。

4. 面试

面试以结构化面试、无领导小组讨论、工作情景模拟三种测试方式，侧重了解和评价应试者在更为逼真的现实工作环境中所表现出的综合分析能力、组织协调能力、决策能力、应变能力、领导气质与举止仪表等多项综合素质。面试成绩由三项测试成绩按4：3：3的比例合成。面试成绩占总成绩的30%。每个职位按笔试和面试合并后的总成绩前5名确定为考察对象。一是资格要求；二是选拔领导干部的具体职位要求。从确定资格条件的内容来看，主要包括参与竞争选拔的年龄条件、资历条件、学历条件和范围等。资格条件的确定一是要按照人职匹配的原理，符合领导班子建设的需要；二是要坚持从效益出发，即用最小的成本获得最大的效益，合理地确定选拔人才的各种条件和地域范围，资格条件过高或过低都不利于经济有效地发现和选拔人才；

三是要在调查研究干部队伍状况的基础上，根据不同层次、不同类别、不同职位领导干部的选拔标准要求，按照干部管理权限，确定适宜的资格条件。

5. 组织考察

组成 14 个考察组，每组负责 1 个职位的考察工作。运用量化考察技术进行量化考察。重点考察竞争者的思想政治素质、能力水平、勤政廉政、工作实绩，特别是考察与拟任职位相关的素质和能力。考察量化的分值占总成绩的 40%。

6. 研究决定

省委组织部根据总成绩研究提出人选报省委研究决定。

7. 任前公示

任职人选经省委研究决定后按《省管干部任前公示试行办法》公示。

8. 任前培训

通过公示后，按干部任用有关程序办理手续，同时进行任前培训。向社会公布考试与考察的成绩及选拔结果。

9. 试用和任命

竞争性选拔上岗的干部实行一年的试用期。试用期满后考察合格者办理正式任命手续，不合格者按原职级回原单位或由省委组织部另行安排工作。这次竞争性选拔经过精心组织和动员，报名参加公选的 846 人，经审查 790 人符合条件，参加笔试 754 人，140 名优胜者进入面试，其中 70 人确定为考察对象，最后有 14 名同志通过竞争性选拔走上了领导岗位。


## （三）竞争上岗模式

竞争上岗是适应社会主义市场经济发展需要的一种干部选拔任用方式。它是在一定范围按照一定资格要求通过公开竞争的形式实现人才选拔的一套方法和技术。这种选人用人方式的特点在于：第一，体现了公开、平等、竞争、择优的原则，做到公道、正派。这是坚持党管干部原则，改进党管干部方法的积极探索，贯彻党的德才兼备、任人唯贤用人原则的有效形式。第二，拓宽了选人用人的视野。打破了论资排辈，有利于优秀人才脱颖而出。第三，坚决避免在用人上一个人说了算，尤其是防止一把手说了算，要走群众路线。第四，克服"在少数人中选人、由少数人选人"的缺欠，接受群众监督。第五，用一个人就是一种导向，提倡什么，要凭实力、凭政绩、凭本事；而不是靠拉关系、找门子。能激发广大干部奋发进取的精神，把心思用在个人素质和能力的提高上。要晋升，就要刻苦学习，努力工作，增长才干，参与竞争。

竞争上岗的公开报名和荐任、委任方式一样，都是有任职资格条件的，这一点两者也没有本质区别。真正的区别就在于笔试、面试。通过笔试、面试，考察干部的理论水平和知识水平、分析问题和解决问题的能力，以及反应能力和语言表达能力。因此，认真贯彻落实《党政领导干部选拔任用工作条例》，进一步推行竞争上岗制度，重点在于完善程序，提高其科学性和公平性，尤其是提高考试的科学性和公平性。

案例材料

7月12日，沈丘县莲池乡在全县率先启动乡机关中层干部竞争上岗，涉及此次中层干部竞争上岗的乡团委、乡农业发展中心、乡妇联、人口和计划生育办公室等8个中层岗位面向全乡机关干部实行公开竞争上岗。

广泛性动员。为营造敢于竞争、善于竞争的良好氛围，该乡召开机关干部会进行动员，明确推行竞争上岗的目的、意义和方法、步骤，保证了机关竞争上岗的顺利进行。

全方位监督。该乡不仅将岗位条件、程序步骤公开，而且实施现场演讲，参加中层干部竞岗的13名人员抽签决定出场顺序，在干部会上进行演讲，介绍本人参加竞争的优势和工作思路，乡领导班子成员和乡机关、事业单位5个系统中层正职干部从演讲内容、演讲形式、演讲效果三个方面进行现场评分，最后由乡党委集体讨论决定干部的任用。

该乡实施中层干部竞争上岗进一步推动了乡干部的岗位交流与优化配

置，使该乡选拔任用干部进一步民主化、科学化、规范化，营造了"让想干事的人有机会、能干事的人有舞台、干成事的人受器重"的良好氛围，为全乡又好又快地发展提供了坚强保证。

### 领导干部竞争性选拔程序表

| | 步骤 | 原则 | 内容 | 方法 | 目的 |
|---|---|---|---|---|---|
| 考察对象的产生过程 | 确定选拔标准 | 党管干部人职匹配 | 主要解决领导人才的选拔标准问题 | 统一管理上级负责 | 联系各地的实际和岗位的要求，确定拟选的职位的标准 |
| | 公开报名资格审查 | 公开公平人岗相适 | 面向社会发布公告，根据干部管理权限确定拟任职位，接受报名，进行资格审查 | 群众推荐组织推荐个人推荐 | 扩大报名范围，保证拟选职位的选拔基础 |
| | 笔试 | 平等竞争 | 公共科目笔试专业科目笔试 | 统一组织 | 按照一定的比例确定进入面试的人选 |
| | 面试 | 竞争择优 | 进一步测评应试者的能力与素质 | 标准化面试无领导讨论演讲答辩角色扮演等 | 以一定比例确定考察对象 |
| 职务人选的决定过程 | 考察 | 德才兼备群众公认 | 考察对象在单位的德、能、勤、绩 | 四步考察法 | 全面、准确地了解考察对象的表现情况 |
| | 公示任用 | 党管干部政务公开 | 在民主集中的基础上决定人选 | 民主评议群众参与 | 确定拟选领导职位的人选 |

**四、按照竞争职位级别划分：副科级选拔模式、副处级选拔模式和副厅级选拔模式**

**（一）不同层级干部竞争性选拔的特殊性**

我们这里主要分析副厅级、副处级和副科级三个层次干部竞争性选拔的各自特殊要求及其相适应的竞争性选拔模式需要。这主要是基于突出岗位特点，注重岗位要求的差异性来考察竞争性选拔不同模式形态的。

不同层级的干部的能力素质特点是不同的。厅级领导干部应着力培养战略思维、谋划发展、科学决策、带好队伍等能力。厅级领导干部是干部队伍的中坚力量，在制订和执行政策、协调各方面关系中具有重要作用。首先需要较强的战略思维能力和想问题、办事情要有大局观念，要多一点远见、少一点短视，避免各自为政、因小失大；培养谋划发展能力，把更多的时间和精力放在推进工作和事业发展上，深入研究如何创新发展思路、转变发展方式，把握发展的主动权；其次需要科学决策能力，坚持以人为本、求真务实，把维护人民群众的根本利益作为决策的出发点和落脚点；第三需要带好队伍能力，提高识人用人的本领，坚持关心人、培养人、激励人、团结人，积极为下属创造学习的机会、提供干事的舞台，努力带出一支过硬的队伍。

处级领导干部应着力培养决策参谋、组织执行、应对复杂局面等能力。处级领导干部是中央国家机关干部队伍的骨干力量，在工作中既是指挥员，又是战斗员。应着力培养决策参谋能力，积极出主意、想办法，科学拟订决策方案，当好上级领导的参谋助手；培养组织执行能力，坚持真抓实干、依法办事，善于运用法律手段处理各种事务，不断提高执行能力，认真抓好工作落实；提高应对复杂局面能力，不断增强政治敏锐性、政治鉴别力和政治坚定性，在原则问题上头脑清醒，在急难险重任务面前勇于担当。

科级干部应着力培养坚定的理想信念、扎实的业务能力、良好的工作作风。科级干部是机关工作的具体执行者，是中央国家机关积极活跃、富有生气的基础力量。应注意打好三个基础：一是坚定的理想信念。坚持用中国特色社会主义理论体系武装头脑，以理论上的清醒保证政治上的坚定，把个人成长和党的事业发展紧密结合起来。二是扎实的业务能力。认真钻研本职业务，掌握政策法规，提高工作质量。三是良好的工作作风。谦虚谨慎而不盲目自大，脚踏实地而不心浮气躁，联系群众而不脱离群众。

针对不同层级领导干部的竞争性选拔也形成了不同的特色。这是竞争性选拔模式与所选拔领导干部层次的特殊性相匹配而形成的。以下通过竞争性选拔的具体实例来揭示不同层级领导干部竞争性选拔模式的特色：

### 1.副科级干部选拔模式

案例材料

2011年9月山东省巨野县竞争性选拔镇（区、街道）副科级领导干部20名，根据巨野县本地的具体情况和国家规定，在其选拔人员范围和条件上做了以下要求：

选拔范围：全县党政机关和全额事业单位中在编在岗人员，具有公务员、参照管理公务员身份或干部身份（不包括执行职称工资标准的一线专业技术人员）。

资格条件：

1.思想政治素质高，实绩突出，群众公认，有较强的组织协调能力，品行端正，遵纪守法，廉洁奉公。2.年龄在45岁以下（1966年1月1日以后出生）。3.具有大专以上文化程度。4.参加工作时间4年以上（时间计算截止到2011年12月31日）。5.本人1993年8月16日以来没有违法生育现象。6.热爱基层和农业农村工作，有组织和领导能力。7.身体健康。

为进一步改善领导班子结构，巨野县县委研究决定，竞争性选拔部分年轻副科级干部。根据《党政领导干部选拔任用工作条例》、《竞争性选拔党政领导干部工作暂行规定》、《菏泽市市直部门（单位）副县级领导干部选拔任用工作试行办法》等有关规定，选拔的具体程序如下：

1.发布公告。

2.报名。报名采取个人自荐和单位党组织推荐相结合的方式进行。

3.资格审查。依据竞争性选拔资格条件，县委组织部会同有关部门对报名人员进行资格审查。

4.竞职陈述。根据竞职陈述情况，推荐出参加演讲答辩的人员25名。

5.演讲答辩。组织竞争人选演讲答辩。每位人选演讲答辩时间为10分钟，其中演讲时间5分钟，答辩时间5分钟。评审团成员以无记名投票方式推荐差额提名人选20名。演讲答辩成绩当场公布。

对每个竞职人员的演讲答辩全程录像。

6. 推荐考察差额提名人选。到差额提名人选所在单位进行民主推荐和考察。

7. 酝酿差额提名人选。根据演讲答辩和组织考察情况，由县委书记、副书记、纪委书记、组织部长，酝酿提出差额提名人选建议名单。人选名单按姓名笔画排序。

8. 票决拟任人选。召开县委常委会议，票决产生拟任人选17名。

10. 发布任前公示。公示后未发现影响任用问题的，按有关规定和程序办理任职手续。

11. 任用和管理。竞争性选拔的干部实行一年的试用期。试用期满后，经考核胜任的，正式任职；不胜任的，免去试任职务，一般按试任前职务层次安排工作。不适用试用期制的干部，任职一年后经考核不胜任的，提出免职意见。

### 2. 副处级干部选拔模式

案例材料

为深入贯彻落实科学发展观，进一步深化竞争性选拔，加大竞争性选拔领导干部工作力度，提高选人用人公信度，加强干部队伍建设，为推进三明市在加快福建发展和海西建设中更好更快发展提供组织保障，根据《党政领导干部选拔任用工作条例》和《竞争性选拔党政领导干部工作暂行规定》，经中共三明市委研究，决定面向福建省竞争性选拔18名副处级干部。

福建省各地具备《党政领导干部选拔任用工作条例》规定的领导干部任职的基本条件，同时符合下列资格和条件者均可报名：

1. 身体健康。2. 报考副县（市、区）长的，年龄须在35周岁以下（1975年1月1日之后出生）；报考市直部门副职的，年龄须在40周岁以下（1970年1月1日之后出生）。3. 具有全日制普通高等院校大学专科以上学历。4. 在机关、事业单位担任副科级职务（含非领导职务）4年以上或正科级职务（含非领导职务）1年以上或现任副处级干部；担任国有（国有控股）大、中型企业相当行政副科级 4 年以上或正科级 1 年以上。上述任职时间计算至 2010 年 4 月 30 日。5. 报考市委办副主任、市政府办副主任的应具有较强综合文字和组织协调能力；报考市建设局副局长的应当为建筑工程类专业毕业；报考市城乡规划局副局长的应当为规划建筑类专业毕业；报考市审计局副局长的应当为审计类或财会类专业毕业；报考市国资委副主任的应当为财经类专业毕业。按公开报名、资格审查、统一考试、组织考察、决定任用的方法和程序进行选拔。聘请有关人员担任监督员，对本次竞争性选拔工作进行全程监督。1. 公开报名。凡具备报名条件的人员均可报名，每个报名者可选择 4 个意向职位，报名时还应明确是否愿意服从组织安排，以作为组织分配时参考。具体职位人选根据考试成绩、考察情况和个人意向、所学专业等情况，由组织具体分配。2. 资格审查。经资格审查符合报名条件的，发给准考证。如经资格审查合格的报考人数不足 180 名，则根据资格审查合格的报考人数，按 10：1 比例重新确定实际选拔人数。3. 统一考试。考试分为笔试、能力测试和面试。笔试和面试不分职位采用同一试卷，依据《党政领导干部竞争性选拔和竞争上岗考试大纲》命题。笔试采取闭卷方式进行，主要测试应试者对领导干部应具备的基本理论、基本知识、基本方法等掌握程度，特别是运用理论、知识和方法分析解决领导工作中实际问题的能力。根据笔试成绩，从高分到低分按面试人选总数与选拔职位总数 5：1 的比例确定面试人选。领导能力测试采用人机对话的方式进行，主要测评应试人员的分析判断能力和决策能力。面试主要测试应试者领导能力素质、个性特征等内容。4. 组织考察。根据考试综合成绩，从高分到低分按考察人选总数与选拔职位总数 3：1 的比例确定考察对象。组织考察对象进行体检，并对其德、能、勤、绩、廉等进行全面考察。5. 决定任用。根据干部考察情况、考试综合成绩、个人意向、体检结果以及个别专业性较强岗位的实际工作需要，中共三明市委研究确定拟任人选。经集体讨论认为无合适人选的，该职位选拔可以空缺。拟任人选进行任职前公示，任用结果向社会公布。

### 3. 副厅级干部选拔模式

案例材料

为深入贯彻省委五届七次全会关于"深化竞争性选拔，为国际旅游岛建设提供强有力的组织保证和人才支撑"精神，进一步拓宽选人视野，加强省政府工作部门专业技术领导力量，优化省直单位领导班子结构，经研究决定，面向全国和全省竞争性选拔部分省直单位副厅级领导干部，要求符合以下资格条件：

1. 面向全国选拔职位的任职资格

（1）现任党政机关正处级领导职务，企事业单位相当于正处级领导职务。担任以上职务的报考者须任职满3年（时间计算截止2011年3月31日，下同）。（2）具有相关的高级专业技术任职资格或职（执）业资格，近三年以来从事相关专业技术工作，且累计满3年以上。（3）大学本科以上文化程度。（4）年龄一般在50周岁以下。属国家级专家的，年龄一般在55周岁以下。

2. 面向全省选拔职位的任职资格

（1）现任党政机关正处级领导职务，企事业单位相当于正处级领导职务。担任以上职务的报考者须任职满3年，一般应当具有两个以上职位任职的经历以及两年以上基层工作经历。（2）全日制大学本科以上文化程度。（3）年龄一般在50周岁以下。

案例材料

海南省竞争性选拔副厅级干部的程序大致如下：

1. 发布公告。

2. 推荐报名。

报名方式分为单位推荐、他人推荐和个人自荐三种。省外人员在网上报名；本省人员，均需各单位推荐，报省竞争性选拔工作办公室。

每一位报考者只能报考一个目标职位。省内人员可报考面向全国竞争性选拔的职位。选拔职位与参加笔试人数的比例一般不低于1∶10。因报名人数不足而被取消该职位竞争性选拔计划的，该职位报考者可于4月26日前改报其他职位。

组织推荐、他人推荐和个人自荐的，均须按报考职位相应填写《海南省竞争性选拔专业性较强职位领导干部报名表》或《海南省竞争性选拔副厅级领导干部报名表》，并提供身份证、工作证、毕业证、学位证、专业技术资格证、职（执）业资格证、任职文件等材料复印件以及大1寸同一底片正面半身免冠彩色近照4张。其中，单位推荐的，还需提供加盖公章的现实表现材料（1000字左右）、业务考绩档案、学术科研成果及相关证明材料；个人自荐或他荐的，需提供个人学术科研成果和专业管理业绩报告（1000字左右）及相关证明材料。

3. 资格审查。由省竞争性选拔工作办公室负责。其中，专业技术任职资格、职（执）业资格的审查会同省人力资源和社会保障厅共同进行。

第一轮资格审查时间为4月24日至27日，主要审查报考者的任职条件、专业资格和成果业绩。单位推荐的报考者由所在单位党组（党委）负责初审，再报省竞争性选拔工作办公室审查。他人推荐和个人自荐的，由省竞争性选拔工作办公室负责审查。经资格审查，符合条件的报考者发给准考证。

第二轮资格审查时间为5月3日至6日。根据笔试成绩，按从高分到低分的顺序，每个职位确定6名审查对象人选。审查对象须提供本人身份证、工作证、毕业证、学位证、专业技术资格证、职（执）业资格证、任职文件、奖励证书等证明材料的原件，原件丢失的须提供有效证明。审查对象通过第二轮资格审查后获得面试资格。审查对象未通过资格审查的，不得参加面试。补充的审查对象根据笔试成绩，按照从高分到低分的顺序，在同职位的考生中递补产生。

4. 笔试面试。

对专业性较强职位的报考者主要进行专业科目考试，重点测试其专业素养、技术管理水平和解决本专业领域内关键、复杂疑难问题的实际能力。

对不定向选拔职位的报考者主要进行公共科目考试，重点测试其运用理论、知识和方法分析解决实际问题的能力，同时测试其对基本理论、基本知识的掌握程度。

从高分到低分、经资格复审后按1∶6的比例确定进入面试人选。面试时间另行通知，采取"实地调研＋无领导小组讨论"方式进行，综合测试应试者的专业实践能力、组织管理能力、沟通协调能力、决策应变能力和表达能力。

笔试、面试成绩通知本人。

5."履历＋业绩"分析。入围专业性较强职位的面试人选，对其学历、职称、工作经历、专业成就、学术成果和工作业绩等进行定量分析。

6.确定差额考察人选。专业性较强职位，按照笔试成绩占30％，实地调研论文成绩占30％，无领导小组讨论成绩占30％，"履历＋业绩"分析成绩占10％，从高分到低分按1∶3的比例确定差额考察人选。

不定向选拔职位，按照笔试成绩占40％，实地调研论文成绩占30％，无领导小组讨论成绩占30％，从高分到低分按1∶3的比例确定差额考察人选。

7.组织考察。考察组到考察对象所在单位进行考察，采取个别谈话、发放征求意见表、民主测评等方式，了解人选的德才素质、现实表现和工作实绩。对入围专业性较强职位的考察人选，还要侧重了解其综合管理能力，科研、专业技术管理工作的实例，力求做到好中选优。

8.确定差额票决人选。考察组向省委组织部汇报考察情况。省委组织部根据综合考核评价结果，按每个职位1∶2的比例提出建议人选名单，经省委组织部部务会票决后，提请省委常委会差额票决。

经组织考察无合适人选的，可放弃该职位的竞争性选拔。

9.省委常委会差额票决。常委会成员听取省委组织部有关各职位差额人选的情况汇报，现场票决确定拟任人选。

10.任前公示。在海南日报、海南电视台和海南省政府网、海南党建网等新闻媒体对拟任人选进行任前公示，公示时间为7天。

11. 办理任职手续。经公示无异议的，按有关法律程序任命，并实行任职试用期一年，试用期间按规定享受相应待遇。试用期满后，经考核合格的，办理正式任职手续；不合格的，按干部管理权限和原职级另行安排工作。

# 参考文献

1. 王奇：《论竞争性选拔干部的科学内涵与基本理念》，《南京社会科学》2010 年第 12 期。

2. 胡宗仁：《竞争性选拔的制度属性、逻辑起点及效用分析》，《江海学刊》2009 年第 2 期。

3. 龚永爱：《竞争性选拔干部的实践探索》，《重庆社会科学》2011 年第 1 期。

4. 梁俊杰：《竞争性选拔干部方式研究》，《领导科学》2011 年 9 月下。

5. 杨雪东、〔美〕托尼·赛奇：《从竞争性选拔到竞争性选举：对乡镇选举的初步分析》，《经济社会体制比较》2004 年第 2 期。

6. 凌文辁、袁登华、杨海军：《公平性、有效性与可操作性，竞争性选拔该何去何从？》，《现代管理科学》2011 年第 7 期。

7. 斯鑫良：《提高竞争性选拔干部的科学性》，《求知》2009 年第 4 期。

8. 江西省九江市委组织部课题组：《竞争性选拔干部工作的困境与创新》，《组织人事报》2011 年 6 月 28 日。

9. 孙泽兵：《党政领导干部竞争性选拔考试制度创新研究》，博士学位论文。

10. 徐峰：《新形势下干部竞争性选拔制度化研究》，硕士学位论文。

# 第五章　竞争性选拔主要程序研究

## 第一节　选拔程序的概念、特点和功能

### 一、竞争性选拔程序的概念

#### （一）程序的定义

随着电子计算机的日益普及，在崇尚和尊重个性、自由和创新的同时，管理、学习、生活、娱乐等越来越程序化，以电子计算机为核心的信息时代，渐趋成为程序主宰的程序化时代，各种组织（如国家、政党、大学、企业、法律机构）中存在着各种管理程序或操作程序。管理程序是作用于人的程序，操作程序表面上看来作用于物，实质上仍然是通过对人的直接作用来实现的，所以说，组织中的管理程序和操作程序的作用对象都是人，都对人发生着无孔不入的作用。程序的计划性特别强，当对步骤的设定更为严格、程序性更高的时候，作为程序之构成要件的人就有点不像人，而更像机器了。

"程序"一词，顾名思义，指的是：事情发展的过程和次序。但是过程和次序有主观和客观之分。所谓主观的过程和次序指的是人为安排的过程和次序，如会议程序、缔约手续、办事仪式等，都是根据人们的主观需要、方便和习惯自主安排的；而客观的过程和次序指的是事物本身不以人的意志为转移的过程和次序，如万物生长、昼夜更替、潮起潮落等。前者才是我们通常意义上的程序，而后者我们通常称之为规律。"程序"是人为安排的，这

种意义从英文的构词法上我们可以看出。在英文里，"程序"是 procedure，根据英文的构词法，pro—的意思是"在前"，ced 的意思是"走"，二者合起来即是"走在前面"，亦即"事先安排的"意思。查我们中文权威字典关于"程序"一词的释义，《现代汉语词典》的释义为"事情进行的先后次序"，《辞海》的释义为"按时间先后和依次安排的工作步骤"，与西文的解释异曲同工。

根据"中国近代思想史数据库〔1830—1930〕"的统计，中国从程式到程序的初期转变，发生于 19 世纪末到 20 世纪初西学东渐、变法维新的时代背景下。颇有象征意义的是，在民国时期，使用"程序"一词最多的，正是维新派核心之一、被后世称为大思想家的梁启超，他在《进步党拟中华民国宪法草案》、《辞司法总长呈文》、《条陈改良司法意见留备采择呈》、《中华民国之新体制》和《盾笔集》等书文中多次用到"程序"。

中文所谓程序，有泛指和特指之分。按照《辞海》的解释，它一般是指"按时间先后或依次安排的工作步骤。如工作程序；医疗程序"。在计算机科学中则特指"为使电子计算机执行一个或多个操作，或执行某一任务，按序设计的计算机指令的集合。"后一释义内涵明确，反映计算机程序的特有属性，较易界定外延；前一释义的外延则宽泛得多，所有预先安排或设计好的"工作步骤"，都可以称为程序。而《辞海》对步骤的解释则又回到了程序："今指事情进行的程序、次第。"显然，该辞书关于程序和步骤的解释是同语反复。而人们在日常生活中使用"程序"一词时，则更为随意多变、歧义含混："在汉语中'程序'这一名词尤其缺乏严格的定义。事件的展开过程、节目的先后顺序、计算机的控制编码（program）、实验的操作手续、诉讼的行为关系都统称为程序。"其实，语言哲学家如维特根斯坦和塞尔早就指出过，语词与思想并非严格的一一对应关系。这样，语言的模糊性和语言磨损，在日常语言中就是一个很正常的现象，它既是语词发展的表现，也是语词演变的动因，不足为怪。不过，在以廓清概念为本分的学术界，则有责任厘清某些重要术语的历史脉络，尽其所能地明确概念所指。为此，有必要先将程序与程式、过程和规律等相近概念进行比较分析，在对比中获得清晰的语义认知，这是进一步探讨程序及程序化哲学蕴含的必要基础。

综上所述，程序是指为了完成某一任务，对要完成这一任务所要做的事情的进程和要件事先做出的明确的、合理的、有秩序的、指导性的计划和安排，以及按照该计划和安排所实施的一序列实际的行为步骤。与形式化的、框架性的和刚性的程式不同，程序是一种有内容的、选择适应性的和弹性的机制，此所谓指导性程序。与对事物发展进行一般性描述的过程不同，指导性程序的实施，外在表现为一种特殊的进程和步骤，此所谓步骤性程序。与认识论范畴中的规律不同，程序的合理性不是事后的总结，而首先是与理性思维具有一体性的事先安排，它是一种实在的方法。以方法论的视角来看待指导性程序，它就是具有自反性的程序方法，其功能为使程序性低者具有更高程序性。

**（二）关于程序的区分**

1.区分程序与过程

与"程序"容易混淆的另一个词是"过程"，混淆的原因仍然是这个"程"字。与程序和程式将"程"理解为规约不同，人们很容易想当然地把它看成"过程"的缩写，而把"序"理解为"次序"或"秩序"的缩写。这样一来，程序就被理解成了"过程的秩序"或"过程和秩序"，或"过程和次序"。按照牛津词典"order of doing things"的解释，程序的确可以被理解为"过程的秩序"。不过这里的过程不是泛泛的过程，而是特指做事情的过程。做任何事情都需要一个过程，我们通常称之为"进程"。"完成某事或某行为"、"一系列步骤"，都是对"进程"的描述。一般来说，过程的指称范围极其广泛，它既可以指自然事物的演变过程，也可以指事件的发展过程，还可以指认知过程。而程序中的进程，则特指人为事件的发展过程，它是过程之一种，是一种特殊的过程，非指所有的过程。这是程序与过程的第一个区别。

程序与过程的第二个区别更加明显，那就是过程中没有明确的"序"的含义而程序则必须强调"序"，这是程序之为程序的根本所在。所谓程序，就是对人为进程的序列性描述或安排。而所谓秩序（order），可以理解为一种特殊的路线，程序就可以进一步理解为"完成某事或某行为的特殊方式"。在这个基本理解的基础上，程序还可以理解为"程序中的一个步骤"、"遵循规整的、明确的秩序的一系列步骤，如法律程序、医疗程序"、"做事情的传统或固有方式"和"能使计算机产生动作的一套指令"，最后一个释义与"机器（如计算机）的编程设计计划"极为相似，是计算机诞生后信息时代的产物。

2. 程式与程序

现代汉语中的"程序"与"程式"，在很多情况下是可以互相替换着使用的。其中的主要原因在于，汉语的"程序"原本就是由"程式"发展演变而来的。正是由于有这种历史渊源，两个概念在很多内容规定上是相同的。这个相同之处，外在表现于它们共同含有的这个"程"字。

就构词而言，程式与程序的区别在于"式"与"序"，这一区别大致表达了两者在内涵上的差异。综合《汉字大字典》、《辞源》和《辞海》等辞书，汉语的"式"从"工"，而"工"有"矩"的意思。矩，就是曲尺，是画直角或方形的工具。这样，式在一开始就被赋予了框架的形象。这个框架施之于可视物，就框定了静止物体的样子、式样；用于不可视的对象，就是对事件发展的一种看来无形、但在思维中却仿若有形的规约和限定；当这种样式和约限被赋予"常"性，即具有更高的普遍性的时候，就会成为具有模范性的事物，如人中模范、物中范式、祭奠仪式、制度的法度和法式等。这些模范的"式"在一开始产生的时候，积极作用多于消极作用；但如果一味因循守旧，随着社会历史环境的变化，这些固化的模范也会渐渐丧失先进性，日趋僵化。而古代汉语的"序"，原本指房屋的东西墙，暗含有空间的次序性。现代程序中的"序"，主要指的是"次第。引申为按次第区分、排列"。这种明确的次序、顺序，在外显形态上与静止僵化的模式不同，具有队列性、纵向性，也具有一定的运动性。由于"序"较"式"少了一些固定的约束，所以与程式相比，程序的强制性意味要稍微弱一些，弹性、能动性和灵活性意味要强一些；又由于序是在运动中形成和发展的，式是对事物的静态描述，所以程式中基本没有时间观念，而程序则对时间和时限有较高的诉求。

3. 规律与程序

上文谈到，从字面上理解，程序很容易被想当然地理解为"过程的秩序"或"过程和次序"。现在来分析后一种理解。在唯物主义看来，世界是物质的，物质是运动的，运动是有规律的。过程和次序，都是对物质运动的某种表达，都遵循或表达着一定的规律。对自然界过程和次序的归纳，就是自然科学规律；对人类社会过程和次序的总结，就是社会规律；对认知过程和次序的表征，就是思维规律。考察过程和次序，其实就是在寻求规律。在这个意义上，过程和次序就是规律，故而程序就是规律。程序和规律的相同之处就在于两者的考察对象的确都是某种过程，是对一种在时空上具有先后关系、前后关系、次序关系的过程集合体的表征或设计。但两者的不同之处更加明显：

（1）虽然同以过程为对象，但规律的描述对象更为宽泛一些，它包括自然界、人类社会和思维中所有事物的发展过程。而程序的指称范畴要小得多，它指称一种特殊的过程，即一种人为的过程；它将自己的视野聚焦于人类社会，关注的是人为事物，即程序具有"人为性"（artificial）。如有学者称"程序是人为安排的"。不过，该学者把规律仅仅看做是"万物生长、昼夜更替、潮起潮落"等自然现象，笔者以为这种对规律客观性的理解略显褊狭。事实上，人为事物的过程和思维过程都是有一定的规律可寻和可循的，马克思主义哲学认为，规律广泛存在于人们对自然、社会和思维的认识之中。

（2）虽然都考察过程中各要素之间的一致性关系，但一般而言，规律所欲探求的关系是具有本质性和必然性的真理。它一般被理解为一种"不以人的意志为转移"的知识，对普遍性和重复性有很高的要求。程序则主要是一种设计安排，它具有"为人性"，即刻意针对某个（些）程序对象或程序主体的。它可部分"以人的意志为转移"。

（3）规律可以对事物整个发展过程的种种现象和关系都进行归纳总结。按照预设主义认识论的观点，规律乃过程集合体本身所固有的属性，它与过程同在，有过程集合体的发展，就有规律的作用；按照约定主义认识论的理解，规律是人们对过程集合体各种关系的一种事后约定，发生于过程集合体的发展之后。无论采用何种认识论，规律都没有像黑格尔的绝对精神那样跑到过程集合体的前面。但一般来说，规定性、指令性程序却是先于过程集合体的发展进程就存在了的，"完成某事或某行为的特殊方式"，都是在进程展开之前即已预先作好的安排。而引申出来的步骤性程序，如"遵循规整的、明确的序令的一系列步骤，如法律程序、医疗程序"则是与实践的进程同时展开的。无论采用哪种解释，程序都不会跑到过程集合体的后面。

① 程序以过程为对象。程序中的过程是一种特殊的过程，是过程集合体的展开过程，是事件的演进历程，是做事情的进程，是一种人为过程、人为事物。

② 程序首先是对过程的规定，其次也可以是过程的一部分。程序的首要含义是对事件进程的事先设计和安排，这种设计安排见之于实践的具体步骤也可以被称为程序。本文把前者看成"作为指导的程序"，把后者看成"作为步骤的程序"。指导是对步骤的计划，步骤是对指导的实施，两者密切相关，都是人为事物，都是实体性程序。作为步骤的程序与过程容易混淆，在使用和翻译过程中应加以区分。

③ 作为指导的程序，还包括"作为规定的程序"和"作为制度的程序"。后者是前者指令性程度不断提高的结果，在范畴上隶属于前者。指令

性程度提高的同时，其内在秩序性应该相应地提高。

④ 程序规定的过程具有形式性，但又不限于形式性，它还有对内容的规定。强调形式的规则是程式，形式与内容兼具的制度和步骤是程序。程式是一种静态的范型和范式，具有平面化、横向化倾向，是一种框架性约束；程序是一种动态的规定性步骤，具有纵向化倾向，是一种合乎事件发展规律的有条理的、有序的队列性步骤。程序具有一定的程式性和形式性，但程式不等于程序，程序主义不等于形式主义。

⑤ 随着历史的演变，静态的、僵化的、指令性的程式渐渐被动态的、权变的、指导性的弹性程序机制所代替。程式到程序的嬗替发生于科学、法制、理性开始复兴的背景之下，在这一转变过程中，随着科学理性的不断浸入，程序的合理性、正当性蕴涵被进一步强化，程序的科学性日益增长。

⑥ 现代程序和科学规律都以过程集合体的关系为对象，都具有或少或多的合理性。但规律主要是一种事后的归纳总结，属于追求客观真理的认识论范畴；程序则主要是一种事前设计安排的制度及其衍生物，基本上属于人为事物的本体论范畴。

⑦ 在认知领域中，对程序指称的辨析更加困难。为研究方便，本文在基于①—⑥的理解上，将认知程序中具有明确秩序者称为一般思维程序，将暂时无法清晰、公开表达者称为原始程序。

⑧ 汉语的"程序"，英译时应为 procedure，在计算机科学中则为程序性更高的 program，除此之外不宜再用其他英语单词表示中文的"程序"。反过来，在英译汉时，建议 procedure 译为"程序"，program 译为"程序"或"计划程序"，process 译为过程，proceedings 译为进程，step 译为步骤，serial 译为系列，sequence 译为序列。

作为一种人为事物，程序既表现为一种细则性的规定和步骤，它外显于"序"及其手续；也表现为一种特殊的工作方法，它内含于程序的设计与实施之中。实体性程序如"鱼"，方法性程序如"渔"。"鱼"和"渔"的区别不仅在静止或灵动，而且在本体与方法的不同视角。所谓实体性程序，是指为了完成某一任务，对要完成这一任务所要做的事情的进程事先做出的明确的、合理的、有秩序的、指导性的计划和安排，以及按照该计划和安排所实施的一序列实际步骤。计划和安排，具有一定的规定性和指令性，是谓指导性程序，其具体实施则为步骤性程序。以方法论的视角（perspective）来看待指导性程序，它就是程序方法。

### （三）程序的意义

它是解决问题的一种特殊手段，也是一种特殊的、强调秩序的途径。从外部属性讲，程序方法表现为一种不易完全描述的、特殊的工作方法的程序。从内在表现上讲，程序方法"不是表面的规范形式"，而是促使体制发生根本变化的深层条件和功能性方法，是"根据具体情形进行选择和调整的弹性的结构性机制"。

而所谓"一般"，有两层意思：一是指程序方法的普遍性，它并非局限于某一特殊领域；二是指程序方法的普通性，它并非某些个特异人士拥有的某种神秘的特殊技能，而是普通人在日常生活中经常用到的普通的方法，只是还没有自觉地进行系统整理而已：程序方法的适用范围极其广泛，凡属人为的进程，皆可使用程序方法。比如，人们常说的法律程序，说到底就是程序方法在公共治理中的一种运用。公共管理的其他领域，也都十分注重程序方法：从宏观调控到微观实施，从制定政策方针到应对突发事件，从思想意识到具体的媒体宣传，从政党建设到市民社会，处处都需要程序管理方法。在企业管理中，程序方法也极为常见：从研发到生产，从车间到市场，从战略计划到审计控制，从项目的可行性分析到设计、施工和验收，从成本核算到财务分析，从人力资源规划到员工的招聘、选拔、培训、晋升、考核和激励，处处都离不开程序方法。可以说，程序方法是组织系统管理的基本进路。

程序化对现代社会的积极作用，生动地体现在集科学活动与管理行为于一身的科学管理中。泰罗科学管理及其系统集成的程序化方法，对管理实践和理论、对 20 世纪的现代化进程，产生了重大的影响。科学管理提示了科学与程序化方法的辩证一体关系：这不仅是说，科学规律来自具有一定程序性基础的生产和管理的实践，它反过来又通过程序化的方法去规定科学的操作程序、建构系统的管理程序，提升生产效率和管理水平，指导实践；进而言之，科学管理之所谓科学性，就是程序性。当代的知识管理和学习理论中出现了隐喻和类比等方法，但并没有否定科学管理所体现的程序精神（对过程的秩序性予以明确表达的诉求）和形式化、结构化和编码化等程序化的基本形态。科学管理在实践上表明：程序化已经参与到科学规律形成过程当中，程序与规律具有内在的一体性。这一观点被布里奇曼通过操作观明确而尖锐地在理论上揭示出来。有感于相对论和量子论对经典物理概念的冲击，其研究具有"技术先于理论"特点的物理学家布里奇曼提出了"概念的操作特征"（概念与相应的操作同义，一个概念的恰当定义并非源于其属性而源自实际操作）和"意义的操作标准"（概念的意义取决于相应的操作，操作的可行性与否，成为概念意义的判断标准）。这样，操作就具有了实在论属性，作为科学操作的基本方法，程序化成了获得明晰有效知识的最好的办法。操作观表达了科学活动的程序化诉求，懵懂地蕴涵了"程序化即科学"的科学哲学倾向。

公开选拔和竞争上岗，以公平为基本价值标尺，以竞争为主要行为手段，既坚持和继承了传统干部选拔任用方式的基本原则和基本要求，又不断扩大民主，赋予了干部选拔任用新的内容，而其全部工作的起点和基础，则是程序公正。公正的程序蕴涵着公平价值。公平，是法治社会追求的一种重要价值目标，也是衡量法治社会文明进步程度的价值尺度。因为在法学领域内，越来越难以确认什么在实体上是正确的，在民主制度下，多数决定原则成为判断实体正误的唯一标准，虽然这一标准并不可靠。没有人能及时说明我们运用公开选拔和竞争上岗工作程序任用某一位干部是对的或是错的，也许历史最终会告诉我们，但那已经是很久以后的事了。然而，我们可以说任用这位干部是公平的，因为他是通过一个具有非针对性的、事先设计好并被全体角色成员知晓和认可的公正程序任用的。也就是说，人们认可结果是因为先认可了产生结果的程序，公平的结果是由公正的程序来实现的，二者存在理论上的因果关系，程序公正化的程度与结果公平的程度是成正比的。公正的程序彰显出民主精神。没有民主就没有社会主义，就没有社会主义的现代化。扩大民主是建设社会主义政治文明的内在要求，也是干部人事制度改革的基本方向。在更一般的意义上，公开选拔和竞争上岗的程序本质上是为了扩大民主，既通过公正的程序保障公民权利；又通过公正的程序限制行政权力。例如，公开选拔和竞争上岗倡导在多数人中选人，只要符合资格条件，无论是组织推荐、群众举荐，还是个人自荐，都可以参与竞争；再如，公开选拔和竞争上岗也坚持由多数人选人，它公开拟选岗位、任职条件、工作程序，使群众拥有了知情权；它面向群众，凡是群众可以直接参与的，尽可能地组织和动员群众参与，使群众拥有了参与权；它坚持群众公认原则，由群众民主推荐他们信得过的人选，使群众拥有了选择权；它全程公开，任前公示，使群众拥有了监督权。公正的程序体现着竞争品质。竞争是市场经济的固有属性，只要市场存在，竞争就时刻存在，且不仅存在于经济领域，同样存在于受经济基础决定的文化、政治等意识形态领域。把竞争引入干部管理，是市场经济的内在要求，也是干部人事工作中一个重大的突破。公开选拔和竞争上岗通过公正的程序，引入竞争机制，变"伯乐相马"为"赛场选马"，让更多的优秀人才进入党组织的选拔视野，对干部人选的素质进行比较，择优任用，不仅有利于建立能上能下、能进能出、有效激励、严格监督、竞争择优、充满活力的选人用人机制，促进优秀人才脱颖而出；而且，为从源头上预防和治理跑官要官、买官卖官、造假骗官、许愿封官，甚至害命谋官等歪风弊病提供了有力武器。

### 二、程序的特点

#### （一）主观性与客观性

主观性是人区别于动物的本质规定。主观性与客观性相反。主观性以主体自身的需求为基础去看待客体，对待客体。客观性即客观实在性，指事物客观存在。衡量竞争性选拔成功与否的标准是党政机关等用人单位欲选拔的优秀领导干部是否与竞争性选拔的结果相一致；竞争性选拔的结果与参与竞选者所具有的实际水平是否一致。选拔程序的客观性历来为社会所期求，也为一切选拔工作者长期追求。一套缺乏客观性的选拔程序，必然标准混乱、结果失真、信息有误。它所造成的损失是多方面的，可谓遗害无穷。首先是社会受害，即因选拔程序不当而使庸才得用、良才闲置。二是给育才以不良影响，甚至将后继人才引入背离社会所期望的发展方向。三是阻碍各类确富才能的人尽其智慧于社会。四是妨碍人类社会的正常竞争。选拔程序的客观性，即判定参与竞争性选拔人员的程序设计必须客观，能准确反映参选者被测方面知识、技能或能力的实际。除此之外，选拔程序的客观性还包括三方面的内容：选拔程序的依据应是客观的，应根据社会的客观需求，而不可单凭主观确定；选拔程序的制定标准是客观的，就是说，度量考生素质与智能个别差异的量尺应标准、客观，不能因命题者或主试者的更替而改变量尺标准。选拔程序的内容是客观的，所测内容必须是应试者理应掌握、且已学过、而又具有科学价值的内容，并依据可靠、正误分明。选拔程序的客观性是以上四个方面的有机统一，其中任何一种因素不客观，都会影响考试的客观性。

在竞争性选拔中，选拔的目的是根据用人单位的需要和参与竞选者的自身情况特征由用人单位所确定的，用人单位对人才的需要和参与竞选者的自身情况特征是客观的，而对这两者的认识和选拔程序的确定则是主观的；通过竞争性选拔所选拔出来的优秀干部是主考官与参与竞选者两种主体交互作用的产物，它是客观的，但对选拔结果的解释却又渗入了主观的因素。如果竞争性选拔的程序、选拔的结果、参与竞选者被测方面的真实水平三者一致，则达到了主观性与客观性在竞争性选拔中的辩证统一，这就说明竞争性选拔是成功的。

### （二）有限性与无限性

有限与无限相对，组成辩证法的一对哲学范畴。有限指有条件的、在空间和时间上都有一定限制的、有始有终的东西。而无限指无条件的、在空间和时间上都没有限制的、无始无终的东西。无限只能通过有限而存在，但它不能归结为有限的简单的量的总和，而有限中则包含着无限。有限和无限的关系是辩证的，是对立的统一。在一定意义上说，每一物质客体既是有限的又是无限的，是有限和无限的统一。恩格斯在《反杜林论》中指出"人的思维是至上的，同样又是不至上的，它的认识能力是无限的，同样又是有限的。按它的本性、使命、可能和历史的终极目的来说，是至上的和无限的；按它的个别实现和每次的现实来说，又是不至上的和有限的。"竞争性选拔的程序也具有有限和无限的基本特点。 ．

程序方法的人为性，指的是程序（方法），是"可在一定程度上以人的意志为转移"的人工物（artificial，人为事物）。除了无意识（或下意识）状态下是否存在思维程序以及这种思维程序是否能被视为理性选择之外，其它程序（方法），如程序性学习方法、法律程序（方法）和管理程序（方法），都是人类活动的理性选择。理性选择的人为性，是程序方法的内在属性，具有很强的科学性。这种理性选择，放到适应性进化这样一个语境之中，则表现为一种权变性。权变性也是灵活性，确切说是柔性与弹性，它们可以与形式主义导致的结构化刚性相冲突。认识这一点非常重要，它有助于我们跳出形式主义的窠臼：程序方法并不是僵化的程序，向内看，它应该是一种张弛有度的、井然有序、容有变化的、受控的适应性机制；向外看，大多数程序方法都不可能服务于所有人，它仅事功于一定类属的人群；达致某一目的的程序方法也具有多元性，究竟选择哪一种程序取决于其时的情境，对程序方法的理性选择是一种有序的、具有为人性的适应性选择。

### （三）社会性与独立性

社会性是生物作为集体活动的个体，或作为社会的一员而活动时所表现出的有利于集体和社会发展的特性。是人的不能脱离社会而孤立生存的属性。选拔程序是以人的个体或团体为客体的社会活动，其社会性是客观存在的。选拔程序的社会性的含义是：在社会中，选拔程序的社会性体现为全民性。其对象是社会全体成员，目的在于对社会成员的素质和能力进行甄别和测度，为各类社会人员的选拔和评价提供依据，以求社会人力资源得到合理的开发和利用，使社会不同素质和智能的人，都可各尽其才，成为推动社会前进的一份力量。

选拔程序又有其独立性。它的发生、发展有其自身的规律，不为阶级意志所左右；它的功能的正常发挥，必须遵循其原则与规范，任何随意性都会导致功能走向反面。也就是说，选拔程序的社会性虽然随社会性质的变化而有所改变，但其内在规律和固有功能，却不随人们的意志而改变。

### （四）公平性与效益性

公平就是公正，不偏不倚的意思。其含义有二，一是指按照同一原则或标准对待处于相同情况的人与事，亦即通常所说一视同仁，包含平等的含义；二是指所获得的与所付出的相称或相适应，如贡献与报偿、功过与奖惩之间，相适应即谓之公正，亦即所谓得之所当得。现代社会和道德提倡公平，公平也是各项竞技活动开展的基础。

竞争性选拔的选拔程序是一切有社会实际劳动能力的成员通往与其相适应的工作职位的中介。选拔程序是否公平，对于一个国家或民族来说，将直接影响人们的向心力，以及劳动积极性的调动和生产的效率与效益。选拔程序的公平性原则含有三方面的要求。其一，选拔程序必须公平合理，凡参加同次竞选的人，应有基本相同的答题机会和条件。其二，凡与实施竞争性选拔对象条件相符合的人，都有参加考试的权利，不受种族、出身、居住地区、宗教信仰、风俗习惯等方面的限制。其三，竞选成绩面前人人平等，凡成绩相同的考生，应享受同等待遇，而不能因人而异。

### 三、竞争性选拔程序的功能

#### （一）设计功能

将做事的进程分解为一个一个的步骤，也将程序的参与者分离为一个一个独立的程序主体。步骤分解和主体分立的结果，最终导致决定权的分解。结构和功能的分化，是程序方法的基本特征之一。就作为独立体系的程序方法与周边环境的关系而言，程序并没有抑制决策过程与外部环境的关系，而是以自身具有弹性的选择机制控制着这种关系——"各种宏观影响和微观反应要经过一定的过滤装置、通过适当的途径反映到决策中去。"这就使得程序具有了相对分离于外部世界的特征，使程序具有了一定的中立性，程序方法因之具有了限制恣意的实践意义，具有了一定的正当性。科学的分析性，可以论证中立性，从而论证正当性。

为了构建一种有秩序的体系，程序方法的原则和实施过程，也以某种明确的秩序为律令。秩序性包含次序性，它不仅要求程序按次第进行和展开，而且要求程序本身表现为从无序到有序的发展过程。这样，程序就"以法定时间和法定空间方式作为基本要素"，具有了"时限性"和"规范性"。规范性将抽象的、比较难以捉摸的秩序以某种重复性的、一致性的具体方式予以固化，作为有一定强制性要求的典范或范式要求程序主体遵照执行。秩序性要求规范性，规范性产生一致性，这是程序方法的科学性对正当性的另一类论证。

选拔程序是一种计划、规划并通过视觉的形式传达出来的活动过程。人类通过劳动改造世界，创造文明，创造物质财富和精神财富，而最基础、最主要的创造活动是造物。设计便对造物活动进行预先的计划。

### （二）保障功能

程序主义不是形式主义，但形式性确实是程序方法的一个重要属性。究其根本，形式是对认识对象的一种主观抽象，它抽离出形式要素而使认识对象从形态上与其他事物划清界限。所以，就程序方法而言，形式性在某种程度上也具有分析性的特点。在讨论法律正当过程时，法学家没有不关注程序的形式性的："法律思维的理性建立在超越具体问题的合理性之上，形式上达到那么一种程度，法律的内在因素是决定性尺度。"在法律程序的意义上，形式性具有超越性；对于其他程序方法而言，也是这样。形式性对程序理念的产生有过孕育作用，在近代则有稳固程序概念之地位的作用，在形式主义泛滥的时候则使程序方法的结构化特征过分张扬，刚性有余而柔性不足，缺乏张力。

众所周知，程序无处不在、无时不有。比如结婚，西方人在教堂举行婚礼，有一整套富于宗教色彩的程序；中国人举行婚礼，也有自己一整套富于中国特色的程序。学界公认，权力制衡和严格程序是法治的两大支柱。程序是法治的题中应有之义，也是法治的基本要求。所谓依法治国，从某种程度上说，就是要求按规则、按程序办事。市场经济是法治经济，法治是市场经济自由而有序运行的重要保证，政府管理市场经济包括对市场经济宏观调控和必要时进行的微观干预，都要充分尊重市场经济规律，严格遵循法治的原则，都要讲程序。从这个意义上说，驾驭市场经济的能力，从很大程度上就是按程序办事的能力。加入 WTO 也一样。WTO 规则本质上就是一部国际行政法典，加入 WTO，就意味着我们在承诺逐渐开放市场的同时，承诺按照 WTO 规则办事，也就是依法办事。WTO 规则有大量的用于约束各种政府的规定，包括程序性规定，目的是减少政府对经济和对外贸易的干预，实现经济市场化和贸易自由化，并由此推动经济全球化。从这个意义上说，学会按程序办事，是加入 WTO 后政府面临的一个新的重大课题。

党的十六大提出要加强党的执政能力建设，十六届四中全会把提高依法执政能力作为加强执政能力建设的重要内容。而严格遵循法定程序，正是依法执政的主要要求之一。实行依法治国，建设社会主义法治国家的治国方略，要求我们从过去那种单纯依靠政府政策、依靠行政命令、依靠群众运动的方式管理经济、管理社会，过渡为更多地运用法律的手段和方法管理经济、管理社会，而这些法律的手段和方法，在很大程度上，就包括各种各样的法定程序。党的十六届四中全会还提出了构建社会主义和谐社会的目标。从根本上说，和谐社会就是法治社会，是一个讲规则、讲秩序的社会。在构建和谐社会的过程中，协调各种社会关系，化解各种矛盾和纠纷，协调各方面的利益关系，要靠法治，要讲秩序，要遵循各种程序化的制度渠道。

从微观角度看，改变政府过去对经济和社会管理中"重实体，轻程序"的习惯，是当前法制建设发展的重要特点。从《行政诉讼法》到《行政处罚法》，再到《行政许可法》，国家法律对程序合法的要求越来越严格，"按程序办"不再仅仅是一个作"陪衬"的条件，而已成为行政管理活动合法性的重要支撑。从行政诉讼的司法实践看，"违反法定程序"已成为政府及其部门在行政诉讼中败诉的主要原因，强化程序观念、养成严格按法定程序办事的习惯，成为政府及其部门贯彻依法行政原则，建设法治政府的当务之急。从这个意义上说，卢展工同志强调"程序的意义"，切中现行体制本身的弊端和当前行政管理中存在的主要问题，特别有意义、有针对性。

### （三）标准化功能

程序方法是一种动态的方法，程序是对发展中的过程集合体的规定，它们都具有变动不居、较难捉摸的特点。而我们要对之进行科学分析，首先就是要抓住其中相对稳定的因素，并且把它们确定下来，是所谓确定性。不是所有的程序都是清晰可描述的，而我们要表达它的形式，就必须对其不清晰之处清晰地显现出来，是所谓明晰性。有了确定性和明晰性，程序方法就具有了明确性特征，程序的规范有序性才有了保障，知识才能够在公开透明的状态下被人们平等地分享和交流，人们的知识和生活才能得以不断增长和提升。隐性知识转化为显性知识，就是构建明确性的过程，就是知识由封闭走向公开和开放的过程。所以，在这个意义上，野中郁次郎的知识创造模型，固然对传统的程序性（如形式性、结构性）有所批评，但就其系统地提升明确性、公开性而言，也可以看做一种程序方法。程序方法的明确性在当代主要表现为公开性、透明性和平等性。

为在一定的范围内获得最佳秩序，对实际的或潜在的问题制定共同的和重复使用的规则活动，称之为标准化。它包括制定、发布及实施标准的过程。标准化的重要意义是改进产品、过程和服务的适用性，防止贸易壁垒，促进技术合作。选拔程序的制定为竞争性选拔提供了一套标准的程序，使选拔可以有秩序地进行。通过制定、发布和实施选拔标准，达到统一是选拔程序的实质。为了选拔出德才兼备的人才，获得最佳秩序和社会效益，促进选人技术的进步，对选拔程序需要有统一的技术要求。

**（四）对象化功能**

对象化是标志人类有目的的对象性活动的过程及其结果的哲学范畴。马克思用这个范畴揭示劳动的实现、劳动物化为对象的事实。劳动的实现意味着创造一定的产品，而劳动的产品就是固定在某个对象中物化为对象的劳动，这就是劳动的对象化。对象化表明作为主体的人的能动的、本质的力量由活动（运动）的形式转化为物质存在形式，创造出一定的客体。

# 第二节　竞争性选拔程序目前存在的问题

## 一、配套程序不完善

竞争性选拔方式的制度配套较为滞后，如对体制外报考体制内职位未有明确规定，破格标准不一；各个环节没有相关配套制度规范，尤其对公选入围对象的储备开发，公选干部的后管理以及不适岗公选干部的调整等缺乏明确规定。

配套程序的完成率低，不同主体的配套完成情况不一，不同类别的配套完成比率有异，不同部门的配套完成程度不同；制定配套程序的期限较长；配套程序的主体时常易人，程序实际由一个或数个部门制定，多主题共同配套，但实际由一主体单独制定。

竞争性选拔干部方式多样、涉及面广、工作量大、社会关注度高，再加之各级、各部门各自为政，容易造成竞争性选拔干部工作的标准不一、随意性强、成本过高等实际问题，这就要求要探索上下结合、多部门联动等竞争性选拔方式，要建立健全形成由党委统一领导，组织部门牵头负责，相关部门共同参与的工作运行机制，可由省、州市分别统筹本地厅级、县处级、乡科级干部竞争性选拔工作，由省、州市委组织部按照干部管理权限，统一组织一次竞争性选拔干部工作，通过统一组织领导、统一动员部署、统一公告宣传、统一报名、统一程序、统一命题和测试、统一公布结果等方式，充分整合资源。注意报名、笔试、面试和考察等关键节点的衔接、重视发挥州县和州直单位、新闻媒体等各方面的作用、形成竞争性选拔工作的合力，充分运用现代信息技术，所有报考人员都实行网络报名，进行网上资格审查、成绩公布、准考证下载，通过统筹联动选拔，尽量降低竞争性选拔干部成本，扩大社会影响力，提高竞争性选拔干部工作的综合效益。

构建竞争性选拔制度体系不能局限于竞争性选拔活动本身，同时还应考虑到竞争性选拔与干部人事制度其他改革之间的总体协调，尽量避免出台制度规范之间的矛盾冲突，要着重做好公开考选领导干部和公开考录公务员制度的衔接配套，做好竞争性选拔与现有选举制度法规的衔接配套，做好与传统选拔干部方式和其他干部人事制度改革配套衔接。要建立工作责任目标考核制度，加强对竞争性选拔干部工作的领导、指导和督促，检查通过建立和完善配套制度体系，使竞争性选拔干部工作能在制度下有效运行，从而提高工作的科学化水平，促使竞争性选拔干部工作经常化、制度化、规范化开展。不断创新党管干部的具体形式，不同历史时期、不同发展阶段，党管干部具有不同的实现形式，竞争性选拔制度要求党管干部逐步实现由操作性管理向导向性管理转变，由过程管理向结果管理转变，由直接管理向间接管理转变，从而在干部选拔权力不断开放和多元的前提下，确保党管干部原则的有效实现。

当前竞争性选拔干部机制还不完善，没有一套完整的适用于各领域、各行业、各级别的竞争性选拔干部体系，对此项工作的目标任务、责任要求、考核督查等没有明确的规定，致使工作忽冷忽热，竞争的范围、时机、方式、命题等针对性不强，操作随意性大。对是否采取竞争性的方式选拔干部，既没有刚性的要求，也没有相关的激励措施和惩罚措施，导致竞争性选拔干部虚化，流于形式。同时，竞争性选拔干部方式的制度配套措施也比较不配套。

## 二、后续程序缺位

竞争性选拔干部虽然激发了干部队伍活力，但要真正选拔出与岗位相匹配的最佳人才却是不容易的。竞争性选拔一般都要首先公布竞争性选拔的职位，设定竞争性选拔职位的报考条件，对那些权力大，发展潜力大，待遇好的部门的职位，报考的人员肯定相对较多，这就容易出现所谓的不良竞争，大量的干部挤一个独木桥，难免会把最适合这个岗位的人员挤下去，虽然《公开选拔领导干部工作暂行规定》明确规定：党委（党组）集体讨论认为无合适人选的，该职位选拔可以空缺。在实际操作中，2009 年云南省面向全省公开选拔厅级领导干部，其中几个职位就采取了空缺的方式，这也说明，经组织考察，考出的人选与职位的匹配程度较差。当然也还存在一些职位，吸引力不大，报考人员较少，普遍素质相对较低，但考虑到竞争性选拔的公信度，还是在"矮子中拔将军"，把本不胜任的干部推上了竞争性选拔的岗位。

按照干部管理权限，把通过竞争性选拔出来的干部纳入正常的干部管理范围，实施岗位培训，让其尽快熟悉选拔职位。建立竞争性选拔干部退出机制，试用期满经组织考核不能胜任考选职位的，不再保留现任职务及职级待遇，回原单位或按原任职务就近安排工作。对进入面试和考察程序没有被录取的优秀人才，充实到后备干部队伍中，在合适的时候给予提拔使用。另外，对通过竞争性选拔走上领导岗位的干部，除组织调整外，担任副职的，一般应在该岗位工作 2 年以上；担任正职的，一般应在该岗位工作 3 年以上；不满上述期限的，除组织上明确要求报名参加外，一般不接受其再次报考，防止出现少数干部不安心本职工作、热衷于短时间内多头参加竞争性选拔造成的"考试能手"、"考试专业户"现象，增强竞争性选拔的严肃性。

### 三、程序执行乏力

竞争性选拔干部往往要经历笔试、面试、推荐、考察、讨论决定等过程，程序较为复杂，同时整个选拔工作需耗费大量人力、精力、财力和物力，选拔成本一般较高，时间上，从前期筹备到决定任命，历时近半年；人力上，组织人事、纪检相关部门全体人员全程参与，投入大量精力；经费上，包括试卷订制、笔试面试组织、面试入围人员考察的车旅费等都是一笔不菲的开销；加之一些地方招考一个科、处级干部动辄面向全国、全省，选拔成本更高。以楚雄州 2009 年招考 10 名处级领导干部为例，以上费用就超过 10 万余元。另外，有些地方将竞争性选拔作为干部选任工作创新与试点的重要领域，为了保证选拔质量将选拔程序一再地精细化、复杂化，导致整个竞争性选拔程序繁多、时间长、成本高，这也使得一些决策者认为竞争性选拔干部方式不如传统的选拔方式来的快捷、方便，加之用竞争性选拔干部的费用与传统选拔干部的费用进行简单的比较，认为竞争性选拔干部成本较大，还是采用传统的选拔干部的方式较为经济简便。

部分领导干部思想还不够解放，对竞争性选拔的重要性和必要性认识不足，有求稳怕乱和本位主义思想，认为不如直接考察任命来得快；一些干部群众对竞争性选拔不了解，认为只是走形式、做样子，对其公开、公正和公平性持怀疑态度；一些符合资格条件的干部思想上有顾虑，缺乏参加公开竞争的勇气和信心；还有的干部本身在热点岗位上，对竞争有抵触情绪。

自《党政领导干部选拔任用工作条例》、《干部人事制度改革纲要》颁布实施以来，尽管各级都先后开展了竞争性选拔领导干部工作，但力度不够大、效果不明显，还没有真正成为干部选拔任用的一种常规手段。开展竞争性选拔的次数不多、通过竞争选拔走上领导岗位的干部比例较小，各地情况参差不齐，有的地方开展得好，有的地方不开展，即使开展了，也是应付上级组织的要求，工作随意性较大，难以取得实际效果。调查研究显示，楚雄州所辖十个县市在差额选拔干部方面的进度也出现发展不平衡的情况，全州十县市只有楚雄市已实行常委会差额票决任用重要干部，其余九个县市尚未实行；而实行全委会差额票决任用重要干部的则只有楚雄市和姚安县两个县，从 2009 年和 2010 年全州十县市开展竞争上岗的情况来看，双柏县、牟定县、大姚县没有开展竞争上岗工作，其余 7 个县市都以竞争上岗的方式选拔了干部。就近几年公开选拔领导干部的情况看，十县市的发展情况也有很大区别，如禄丰、大姚、姚安、双柏等几个县基本每年都会开展公开选拔领导干部，而其他县市则主要在省州的要求下分别于 2009 年和 2010 年开展了两次。

程序化方法似乎在物质生活领域对效率提升的作用较为明显，但在非物质生活和非经济活动领域——如公共管理或文化生活领域，则由于人们片面地将他理解为形式化和官僚化，将它变成了与效率相对立的因素。程序化方法基本目的是为了提高效率，但一个组织的制度体系发展到最后却会由于对强化和固化的强调，而产生出很多束缚生产力的实在程序。这就需要管理者认真思考罗纳德在 1995 年对程序（procedure）的辩证认识——他既认识到正式程序可以捕捉到学习过程，也认识到随着时间的推移，程序可能变成阻碍该企业创新活动的"核心僵化"（corerigidities）——从而需要适时地对程序化做出柔性变革。程序化并不必然导致高效率。最后，程序化本身也并不必然成立，比如，并不是所有的理性思维和管理行为都能以合适的算法表达。由于满意的算法并不是总能找得到，这就会最终导致找不到有效率的解决办法。

## 四、可操作性不强

"城市规划的问题，既是理论问题，更是实践问题。从根本上说，城市规划并不是为了'纸上画画'去编制文本，而主要的是付诸实施，它是一个从编制到管理、再到实施和反馈的连续过程"。这一论断从一个侧面反映了城乡规划的本质，也揭示了规划编制与实施之间的关系。规划只有实施才能体现价值。不能实施的规划不能算是合格的规划。同时，实施可以反馈规划中的一些问题，以便于更好的编制规划。然而，由于存在规划的可操作性不强，导致目前很多情况下规划与实施的脱节，规划成果成为"图上画画，墙上挂挂"的摆设。规划的可操作性成为规划工作者的软肋，究其原因，主要有以下几个方面因素：

1.偏重对空间形态等"硬"规划的研究，缺乏对实施机制等"软"规划的认识。规划的实施分析需要实施机制的强力支撑，而实施机制往往涉及各级政府的各个部门。由于受传统"技术工具型"规划编制技术路线的影响，规划设计人员往往偏重对空间布局、空间形态等"硬"规划技术的研究，而对实施机制等"软"规划的认识不够。而一个规划的实施与政府的财政体制、行政体制、社会保障体制等实施机制关系密切，如果规划编制不能与现行的实施机制有效衔接，规划的可操作性就无从谈起。

2. 缺乏对实施路径、建设时序的考虑，使规划缺乏弹性。发展的不确定性和复杂性都要求规划方案有一定的弹性，以应对不断变化的情况。然而，目前"静态蓝图式"的规划模式，使规划人员往往忽视对实施路径和建设时序的考虑。不能帮助实施者对规划实施的路径、时序做出较为明确和清晰的把握。现实情况稍微有点变化，规划就无法应对，导致规划应变性差，操作性不强。

3. 规划方案的唯一性，使规划缺乏科学性。事物发展存在多种可能，然而，目前规划过程中往往是强调规划方案唯一性，把事物发展存在的多种可能方向，最终规划成一种发展可能，对规划的实施发展诉求存在的更多的可能条件分析不足，这使规划缺乏一定科学性。也就降低了规划的可操作性。

4. 规划设计过程中没有充分反映民意，闭门造车，缺乏民意基础。我国规划师往往存在一种观念，认为规划是一项需要复杂技术的职业，甚至受计划经济时代自上而下观念的影响，视为技术官僚和技术精英。在内容上往往偏重建设形态，空间形态的研究，缺乏对多元化的社会利益平衡的考虑。对规划受外部各种变化的力量所作用的连续进程这一点，漠不关心。对民意诉求和社会各界其他的意见吸纳不够。使规划不能体现多元主体利益的要求和充分反映民意，缺少可操作性的基础。

5. 对实施主体认识的缺位，缺少与大部分实施主体的沟通。

目前，规划阶段对实施问题研究的偏少，跟广大的实施主体之间缺乏必要的沟通，也是导致可操作性不强的一个重要原因。规划人员往往偏重与规划编制组织主体的沟通联系，在城乡规划领域内规划编制组织主体一般是规划建设部门，但是在现行的体制背景下，建设规划部门不是一个综合、全局的部门，她仅仅被赋予了一个专业部门的职权，只承担了规划实施一部分职能。这种工作方法导致规划与相当多的实施主体的沟通不足，在规划编制阶段没有充分暴露矛盾，揭示问题，没有提出有针对性的对策。方案的可操作性也大打折扣。

## 第三节　竞争性选拔程序设计

建设有中国特色的社会主义民主政治，是我们全党、全国人民的共同理想，而"民主政治理性的表现，就在于程序的理性；而民主的可贵，尤其表现在程序的正义上。如果程序不周密或者有违正义，就无法达到真正的民主政治，因此，民主社会特别强调程序的价值，而程序的优先性及程序公平也成为法治极其重要的原则。"程序公平和实质公正是一个问题的两个方面；可以说，程序公平是手段，实质公正是目的，即通过公正的程序运作达到实质公正的最终目的。

程序开始于申请，终止于决定。整个进行过程有一定的条件、方法、步骤和仪式。程序参加者的活动相对隔离于生活世界的因果链。对于程序来说，不存在既定的判断，漫无边际的价值之争也被暂时束之高阁。复杂的社会状况在这里被简化了，所考虑的是要件事实。当事人的行为按照一定的功能原理进行编排。从实践的角度来看，在正式做出决定之前，当事人的主张和行为赋予相当的自由；程序的展开过程同时也是当事人言行的可能性缩减的过程。在理论上说，在正式做出决定之前，选择的机会是无限的；决定的做出使其他机会统统归于泡影，这就是程序的直观性的素描。

程序通过规则而明确，所以它是可以设计的。程序通过当事人的相互行为和关系而实现，所以它又是自然发生的。历史的经验反复证明，理论上很完美的制度并不一定可以付诸实施，而行之有效的制度却未必是事先设计好的。设计合理性与进化合理性的接合部即是程序。在这里，社会现实中的各种行为可能性都汇聚一堂、交互影响，但却并不杂乱无章。程序使社会的自发有序化机制得以定向运作。因此，程序结构的妥善性就是一个关键问题。在这一意义上，进化合理性也并非不可预知、不可操作。中国经济学者所讨论的市场活动的制度条件，其实有相当一部分不妨转换成程序设计的问题。

设计的标准主要有两个，一个是正义，另一个是效率。以下主要从设计作业的立场上考虑程序的结构部件。

现代程序坚持正当过程、中立性、合理化等基本原则。让我们对这些原则逐一作些扼要的说明。

20世纪60年代，美国法进行了一场空前的改革，其焦点是程序，被称之为"正当过程革命"：它引起了法律制度和原理的深刻变化。在德国，存在着法律程序化的现象和主张，其实质也是强调保障论证伦理和民主自治的程序正当性。程序的正当过程的最低标准是：公民的权利义务将因为决定而受到影响时，在决定之前他必须有行使陈述权和知情权的公正的机会。为此需要设立一系列关于议论答辩和推理证明的规则和义务。

中立性的原则是程序的基础。不得不承认，在社会现实中完全的中立性并非总能达成，其判断标准也并不是十分清楚的。例如，有些人说职业主义的程序设施固然精巧可靠，但其成本却未免过于昂贵，在客观上会造成对有产阶层有利的问题；但是另一些人又说，在力量对比关系中处于劣势的贫穷阶层如果连职业主义的程序的保障也没有，那就根本无处伸张自己的权利。但是不能否认，在中立性的判定有些最基本的因素是可以取得共识的。例如，双方在程序中应有同等的发言机会，任何主张和判断都必须以事实为根据、以法律为准绳，同一条件下不允许出现不同的结果，等等。中立性的原则需要通过一系列的制度来保证。

合理化的原则要求把理性和经验结合起来，是程序效率的保障，它要求程序的安排能使阻碍和浪费最小化、效果和支持最大化。同时，合理化也意味着要对决定的动机和根据给予一个最适当的理由说明，使之得到社会承认。在社会变革时期，很难确立一个为人民所普遍接受的思想目标，也很难提供一套肯定行之有效的法律命题：但是司法机关和行政机关在日常工作中又必须不断做出各种决定。对于这种场合，程序及其合理化原则具有重要的意义。它使决定者可以从经验中寻找调整利害关系和解决矛盾纠纷的适当方法，并使之得到合理发展。在一定程度上可以说，新的社会秩序正是由这种程序性活动而逐步形成的。

选举程序与立法程序一样，都是所谓"人民意志"的形成和贯彻的方式，都是条件导向较弱的选择过程。它与政治的民主化有直接的关联。从权威主义的领袖禅让和平过渡到民主主义的选举领袖只有一条道路，这就是先缩小领袖的活动范围，逐步削减其大权，扩大民间社会的自治空间。操之过急，则会引起激烈对抗，徒给"打天下'式的人物以新的夺权机会，其结果依然不会脱出易帜革命的窠臼。另一方面又须看到，在一元化的统治秩序崩坏之后，过去通过权威中心而协调统一的复合结构再也不能一如既往地得到有效的整合，从而必然要出现复数的既得利益共同体。这些分化现象为日后政治改革埋下了更多的复杂变数，并会加深转轨期的混乱。不过局部结构的自我成长和相对独立的各种利益集团的关系调整，也可能提供从制度上进行处理的机会和条件。为此需要巧妙的法律程序设计。

选举固然会刺激人们参与政治的热情和欲望，但在现代的自治组织条件仍不成熟的社会，往往还可能出现人民因选举而情绪化、造成社会不安定的问题。事实上，在大国的选举中，一个人要想通过全民直接选举一次获得大多数的选票的可能性是微乎其微的；对于一个志在改革而白手起家的新人，这种困境尤其难以克服。而如果各地方势力坐大抬头，则中央领袖的选举战无疑会更加白热化，在一定条件下甚至导致分裂。因此，选举程序设计的中心课题是寻找一种适合国情的、既能反映民意又能维持安定的选举方式。为了避免民主选举的上述问题，例如美国采取了临时设置代表人民的、以选举总统为唯一目的的选举团的二重选举方式，而日本采取了以一党优越和促进党内竞争为特征的中选举区制。无论何种方式都必须遵循现代选举的三项基本原则：（1）选民权的普遍性；（2）一票分量的平均性；（3）投票的匿名性。自由竞选的程序也具有矛盾的制度化、平等议论的状况设定、不确定性的收缩、公开的听证和决定、不满的吸收等与其他程序所共有的机制。

公开选拔、竞争上岗是今后及至相当长一段时间内我党干部工作的重要举措，其成败得失直接关系着我党干部路线的贯彻执行和整个干部队伍的稳定。中央一再强调，组织（人事）部门要切实加强自身建设，充分发挥职能作用，坚持照章办事，严格履行程序。其实，任何一项法律制度，如果没有执法者的严格实施和全面落实，它再完美再公正，也只能是一纸具文，公开选拔、竞争上岗同样如此。

## 一、公开选拔的基本程序

公开选拔模式分为公开选拔党政领导干部、公开选拔事业单位领导成员和公开选拔企业领导人员三类，这三类竞争性选拔模式的基本程序没有大的分别，主要体现为：

按照中组部《公开选拔党政领导干部工作暂行规定》，公开选拔领导干部工作应当经过以下 6 大程序，即：发布公告；报名与资格审查；统一考试（包括笔试和面试）；组织考察，研究提出人选方案；党委（党组）讨论决定；办理任职手续。具体而言：

### （一）组织领导

根据《公开选拔暂行规定》的要求规定，公开选拔工作程序必须在由组织（人事）部门负责具体实施的条件下，由党委（党组）统一领导进行。在公开选拔工作展开时，应成立公开选拔工作领导小组，以此来加强选拔工作的指导与协调。公开选拔工作领导小组，一般由党委（党组）的有关负责同志来担任组长，并由组织（人事）、纪检（监察）等相关的职能部门负责人共同组成。也可吸纳选拔职位所在单位的主要负责人或主管部门为领导小组成员。领导小组一般需下设办公室和公开选拔工作监督组，办公室可下设一些临时机构并承担相应职责，监督组一般由纪检监察、干部监督等部门的有关人员组成，对公开选拔领导干部的工作进行全程监督。

## （二）制订方案

根据实际情况，公开选拔的工作需制定合理的方案，以提高公选的科学化的水平。方案的具体制定措施如下：首先应确定公开选拔的职位。"公开选拔主要适用于选拔地方党委、人大常委会、政府、政协、纪委工作部门或者工作机构的领导成员或者其人选，以及其他适于公开选拔的领导成员或者其人选。涉及国家安全、重要机密等特殊职位，不进行公开选拔。"其次是制订工作方案。工作方案是顺利开展公开选拔工作的行动指南，其主要内容一般应包括：指导思想、选拔职位与选拔的职数、报名资格条件与选拔范围、选拔的工作程序、组织领导和选拔的时间安排等等。最后是制订实施方案，这是工作方案的进一步分解和细化。

## （三）发布公告和招考简章

公开选拔应当根据选拔面向的幅度，在相应范围内发布公告。可通过报刊、电视、广播、网络等方式向社会发布公告。公告内容包括选拔职位以及职位说明、选拔范围、报名条件与资格、选拔程序和遴选方式、时间安排等。公开选拔应当在调查研究和分析预测的基础上，根据选拔职位的层次、人才分布情况和国家有关政策，合理确定报名人员的范围。

## （四）报名与资格审查

根据发布的公告和招考简章的规定，符合条件的人员可进行报考。报名人员应当符合《党政领导干部选拔任用工作条例》规定的基本条件和任职资格。在国有企业、事业单位工作的报名人员，应当具备与所报职位要求相当的资格。报名采取网上报名或现场报名方式，报名人员通过组织推荐或者个人自荐等方式报名，并填写报名登记表。报名登记表一般应由所在单位组织（人事）部门审核。组织（人事）部门按照公布的报名条件和资格进行资格审查，审查合格者准予参加笔试。经资格审查合格参加笔试的人数与选拔职位的比例一般不低于10：1。资格审查贯穿公开选拔工作全过程。报考时提供虚假材料的，伪造、变造有关证件、材料、信息骗取考试资格的，以及在综合测试、经历业绩评价、能力测试、面试和体检中作弊，在考察中进行非组织活动的，一经查实，立即取消参加公开选拔资格。

**（五）统一考试与测评**

考试分为笔试和面试，在命题前应当进行职位分析，增强命题的针对性。依据《党政领导干部公开选拔和竞争上岗考试大纲》的规定，笔试主要测试应试者对领导干部应具备的基本理论、基本知识、基本方法和专业知识的掌握程度，特别是运用理论、知识和方法分析解决领导工作中实际问题的能力。面试主要测试应试者在领导能力素质、个性特征等方面对选拔职位的适应程度。笔试分为公共科目考试和专业科目考试，采用闭卷方式进行。根据笔试成绩，从高分到低分确定面试人选。面试人选与选拔职位的比例一般为5∶1。在面试环节中，一般采用结构化面试方法。根据需要也可选用或综合使用无领导小组讨论、角色扮演、公文筐测验等其他测评方法。面试由考官小组负责测试和评分。考官小组由有关领导、专家、组织人事干部等人员组成，一般不少于7人。同一职位的面试应由同一考官小组负责测试和评分。考官小组成员应当具有较高的思想政治素质，公道正派，并熟悉人才测评工作。考官小组中应有熟悉选拔职位业务的人员。考官小组成员要实行回避制度，面试实施前应对考官小组成员进行培训。根据笔试、面试成绩确定应试者的考试综合成绩，并及时通知应试者本人，且在适当范围内公开。市（地）、县（市）公开选拔党政领导干部，条件允许时可以由上一级党委组织部门统一组织考试。人机对话、履历分析与评价技术、半结构化面试、工作调研与问题答辩等，也属于考试与测评的范畴。

**（六）组织考察**

根据考试与测评的综合成绩，从高分到低分确定考察人选，其中考察人选与选拔职位的比例一般为3∶1。组织（人事）部门依据干部选拔任用条件和选拔职位的职责要求，坚持德才兼备原则，对考察对象的德、能、勤、绩、廉进行全面考察，对是否适合和胜任选拔职位做出评价，要注重考察工作实绩和群众公认程度。在考察前，应将考察对象的简要情况、考察时间、考察组联系方式等，向考察对象所在工作单位或者向社会进行预告。考察采取个别谈话、发放征求意见表、民主测评、实地考察、查阅资料、专项调查、同考察对象面谈等方法进行。为保证考察的尺度一致，同一职位的考察对象，应当由同一考察组考察。

**（七）研究决定拟任职人选**

组织（人事）部门根据考察情况和考试成绩，研究提出任用建议。按照干部管理权限，由党委（党组）集体讨论做出任用决定，或者决定提出推荐、提名的意见。

**（八）任前公示与办理任职手续**

对党委（党组）决定任用的干部和决定推荐、提名的人选进行公示。公示后，未发现影响任用问题的，办理任职手续或者按照有关规定推荐、提名，并向社会公布选拔结果。对决定任用人员，按照有关规定实行试用期，试用期为1年。试用期满后，经考核胜任的，正式任职；不胜任的免去试任职务，可自主择业，也可由组织按试任前职务层次安排工作。

以上是公开选拔领导干部模式的一般性程序设计。在具体的竞争性选拔业务运作中，也可根据选拔职位的层次和行业要求，对选拔程序做出相应调整。这种情况多出现在公开选拔副县处级领导干部工作中。由于公选副县处级领导干部报考对象的地域性限制较为明显，可以在报考与考试环节增加组织推荐或群众推荐程序，如公推公考、双推双考、公推公选等。但这种推荐介入程序，除了考虑考选职位的层次之外，还要注意做到既重群众公认，但不简单以推荐票取人。

## 二、竞争上岗的基本程序

竞争上岗模式分为党政机关中层领导干部竞争上岗、企事业单位中层领导干部竞争上岗两类，这两类竞争性选拔模式的基本程序没有大的分别，主要体现为：

按照中组部《党政机关竞争上岗工作暂行规定》，领导干部竞争上岗工作应当经过以下7大程序，即：制定并公布实施方案，报名与资格审查，笔试、面试，民主测评，组织考察，党委（党组）讨论决定，办理任职手续。具体而言：

**（一）制定并公布实施方案**

与公开选拔不同，单位或系统内部的竞争上岗应事先制定实施方案，把指导原则、竞争职位、任职条件、选拔范围、方法程序（含遴选方式）、时间安排、组织领导和纪律要求等。实施方案应当征求干部群众的意见，由党委（党组）讨论决定。实施方案确定后，应当将主要内容在本机关及所属有关单位公布。

**（二）报名与资格审查**

根据发布的竞争上岗实施方案，符合条件的人员可进行报考。参加竞争上岗人员的基本条件和资格应当符合《党政领导干部选拔任用工作条例》的有关规定以及竞争职位的要求。报名参加竞争上岗的人员，自愿填报竞争职位，可只报一个志愿，也可兼报其他志愿。报名时应填写是否服从组织安排。在报名过程中，应当允许报名人员查询各职位报名情况，报名人员可在规定时间内调整所报职位。仅有个别人报名，形不成有效竞争的职位，可不列入本次竞争上岗的范围，允许报考该职位人员改报其他职位。干部（人事）部门按照竞争上岗实施方案规定的条件，对报名人员进行资格审查并公布结果。

**（三）考试与测评**

竞争上岗应当进行笔试、面试并量化计分，在命题前应当进行职位分析，增强命题的针对性。笔试、面试可依据《党政领导干部公开选拔和竞争上岗考试大纲》命题。笔试、面试结束后应将成绩通知本人。笔试主要测试竞争者履行竞争职位职责所必备的基本知识以及调研综合、办文办事、文字表达等能力，一般由本单位组织实施；有条件的地方，可由党委组织部门和政府人事部门统一组织。面试主要测试竞争者履行竞争职位职责所必备的基本素质和能力，应当根据需要采取适当的测评方法进行。面试由面试小组实施。面试小组一般由本单位领导、干部（人事）部门和相关单位领导及专家组成，一般不得少于7人，其中外单位人员应占一定比例。面试小组成员应当挑选公道正派、政策理论或者专业水平高、熟悉相关业务的人员担任。面试小组成员要实行回避制度，面试前应当对面试小组成员进行培训。面试实施过程中，应当允许本单位人员旁听，也可根据安排由旁听的本单位人员对应试者打分，并按一定比例计入面试成绩。需要指出的是，考试与测评的方法选择有一定的自由度，根据竞争上岗组织单位的实际情况，笔试和面试可只选其一。

### （四）民主测评

与公开选拔的最大不同，竞争上岗强调内部民主测评，坚持工作实绩与群众公认的结合。在程序设计上，竞争上岗选拔工作必须对参加竞争上岗的人员进行民主测评并量化计分，且民主测评结果应当通知本人。民主测评主要对竞争者的德才表现及其对竞争职位的适应程度进行评价，其内容包括德、能、勤、绩、廉等项，每项可细分为若干要素，每个要素划分为若干档次，每档确定相应的分值，由参加测评人员无记名填写评价分数，由干部（人事）部门汇总计算每位竞争者的平均分数。从范围上看，中央、国家机关一般以司局为单位进行；地方党政机关一般在机关全体工作人员中进行，单位规模较大、竞争者所在内设机构人员较多的，可在该内设机构中进行。按照充分发扬民主的原则，参加民主测评的人数必须达到应参加人数的80%以上，做到重干部政绩，但不简单以一时一事的数字取人。需要指出的是，民主测评可以在考试之前举行，也可以在考试结束之后举行。从测评的主体上看，可分为群众民意测验，即由单位或系统的工作人员进行投票打分；班子成员测评，即由单位领导班子成员对参加竞争上岗者进行投票或打分。

**（五）组织考察**

竞争上岗的考察对象一般通过综合遴选的方式择优确定，即竞争者参加笔试、面试、民主测评各个环节的竞争，依据总分高低，按照一定比例择优确定考察对象并公布名单以及最低入围分数。笔试、面试成绩和民主测评结果应当按照一定比例计入总分。参加竞争的人数较多时，可通过逐轮遴选的方式择优确定考察对象。采用逐轮遴选方式，应当公布每轮遴选入围者的名单以及最低入围分数。民主测评在笔试、面试之后的，可与组织考察结合进行。确定考察对象时，可适当考虑竞争者的资历、学历（学位）及近年来年度考核情况等因素。对民主测评分数过低的人员，可不列为考察对象，列入考察对象的人选数，应当多于竞争职位数。但如果民主测评在笔试、面试之前，则对民主测评分数过低的人员，可取消其参加笔试、面试的资格。考察工作由干部（人事）部门组织进行。考察要坚持德才兼备的原则，考察内容包括考察对象的德、能、勤、绩、廉情况及其政治业务素质与竞争职位的适应程度，注重考察工作实绩和群众公认程度。同一职位的考察对象，应当由同一考察组考察，以保证考察的尺度一致。

**（六）研究决定拟任职人选**

单位党委（党组）根据参加竞争上岗人员的笔试、面试、民主测评的结果和考察情况，集体讨论决定拟任人选。决定人选拟任职位，应当尊重本人所报志愿。必要时，在听取本人意见的基础上，可由组织统一调剂。对没有合适人选的职位，党委（党组）可决定暂时空缺。

**（七）任前公示与办理任职手续**

对党委（党组）决定的拟任人选，要按照任前公示的有关规定进行公示。公示后，未发现影响任用问题的，办理任职手续，并在单位、系统内公布选拔结果。对通过竞争上岗任职的人员，需要进行任职试用的，按任职试用期的有关规定办理。

较之于公开选拔，竞争上岗的程序设置较为灵活，尤其是民主测评与考试环节的关系处理上，民主测评既可以放到考试之前进行，也可以放到考试环节之后举行。参加竞争的人数较多时，可通过逐轮遴选的方式择优确定考察对象。民主测评在笔试、面试之后的，可与组织考察结合进行。如果民主测评在笔试、面试之前举行，则可以根据民主测评结果确定进入笔试、面试的人选。需要指出的是，采用逐轮遴选方式，应当公布每轮遴选入围者的名单以及最低入围分数。

公开选拔党政领导干部制度自建立到如今发展已有 30 多年，期间虽经历坎坷，出现了一些问题，但更多的是取得了一系列瞩目的成绩，是其他干部人事制度比如委任制、聘任制无法超越的。随着经济社会不断向前发展，大家对党政领导干部公开选拔的要求也越来越高。现阶段我国正处于社会转型期，公选的合法性、有效性、透明性、公正性等都出现了一定的缺陷，就要积极探索一条新的路径来提高公选过程的效能性。

# 第六章　竞争性选拔考试与测评的主要方法

## 第一节　竞争性选拔测评方法的内涵和特点

### 一、概　念

领导人才问题是关系党和国家的事业发展的关键问题。培养和造就大批的高素质的领导人才干部，是一个长期、艰巨的工程。采用考试与考核的方法公开选拔领导人才，是新时期我们党大力推进政治体制改革的一项重要成果，是干部选任制度的探索创新，它有利于形成公平、公正、公开、竞争择优的用人环境，建立健全科学的用人机制，促使优秀人才脱颖而出，防止和克服选人用人上的不正之风。

考试测评是公开选拔领导人才的一个重要环节，考试测评的科学化水平直接关系到选拔人才的公正性和准确性，胡锦涛同志提出，"必须建立一整套科学合理的制度、标准和方法，形成科学的评价体系，全面准确地评价干部的工作成绩，为正确识别和使用干部提供科学的依据。"建立和健全科学的领导人才测评机制对于建设人才强国战略，推进干部工作的科学化、民主化、制度化进程，建设高素质的领导队伍具有重要意义。我们在这一章节着重介绍的领导干部考试测评方法的基本原理和方法技术，有助于建立健全科学的领导人才测评工作体制，提高领导人才能力素质测评的科学化水平，确保领导人才考试测评的工作质量，推动中国领导人才测评事业的发展。

## 二、特　点

### 1.民主性

党政领导干部考试制度，作为一种新机制，在制度设计和安排上，较好地体现了民主性的要求和原则，主要表现在：报名者可以根据自己意愿，即符合有关资格条件的人员，完全可以依据个人意愿或推荐参与考试；参加考试与测评的对象除本单位人员外还面向全社会招聘；在考试的面试、评价中心等测评环节中，由多位考官实施测评，强调考官的代表性，确保测评结果的公平性；考试的活动过程接受干部群众的监督，因此充分体现民主。

### 2.竞争性

只有竞争才有活力。竞争性选拔通过笔试、面试及其评价中心技术、民主测评等方式的选拔考试，给干部提供了展示自己的公开竞争的平台，通过公平的能力素质竞争，使选拔上来的干部从传统的"伯乐相马"转至"赛场选马，"拓宽了识人、用人的视野，形成了公平竞争促使优秀人才脱颖而出的良性机制，改变了以往"由少数人选人"、"在少数人中选人的局面，树立了凭德才用干部的良好用人导向。"

### 3.择优性

干部选拔任用的内在要求是择优，也就是要将合适的人才选拔到有关领导岗位上来，党政领导干部通过考试与测评，在制度上要求对选拔岗位进行职位分析，明确岗位的职责任务，任职资格条件和能力素质条件，然后根据对报名进行资格审查和有针对性的考试测评，在实施过程中对拟选拔职位提出要求，通过合理的考试测评内容、严格规范考试测评程序、科学选用考试测评方法，切实发挥考试测评的筛选、检测和把关功能，保证选拔干部的质量，由于在考试测评中强调提出职位特点，注重能力素质的选拔，能较好地做到人职匹配，将最优秀、最合适的人选选拔到领导岗位上。

### 4.公开性

公开是民主的前提，民主促进公开。这主要表现在：报考资格条件是公开的，选拔职位是公开的、考试的程序和方法是分开的；考试结果是公开的，结果通过社会媒体，较好的把选人用人标准交给干部群众，把用人选人的方法公示给领导干部，使干部群众对干部选拔任用工作更为了解，确保选人用人在阳光下运行。

## 第二节　竞争性选拔具体测评方法

### 一、履历分析技术

履历（资历）分析技术既是领导人才选拔把关的起始环节，又是现阶段其他人才测评活动中经常采用的一种人才评价技术。

**（一）履历分析的概念**

履历是对应聘者生活经历——包括学历、工作学历、奖励情况等的反映，主要包括姓名、年龄、籍贯、地址、联系电话、家庭情况、受教育和培训情况、以往的工作经历等个人基本信息。

履历分析法又称资历评价技术，是通过对评价者的个人背景、工作与生活经历进行分析，来判断其对未来岗位适应性的一种人才评估方法，是相对独立于心理测试技术、评价中心技术的一种独立的人才评估技术（杨鹏、胡月星，2006）。履历分析是根据履历中记载的事实，了解一个人的成长历程和工作业绩，从而对其人格、兴趣等背景有一定的了解。表格内容常涉及：（1）个人的基本信息：如，个人自然特征、受教育程度与家庭背景等；（2）个人的工作经历：包括职业训练与工作技能发展情况、职业期望、工作变化情况、工作表现及奖惩情况等；（3）个人的生活状况：包括家庭情况、个人及家庭经济状况、主要社会关系、人际关系与社交情况、个性、兴趣爱好等。

通过履历中记载的事实，了解一个人的成长历程和工作业绩，从而对其人格、兴趣等背景有一定了解。因其测量的范围很广泛，集合了定性分析和定量分析的优点，可提供更为广泛、全面、细致的应试者的信息而广受广大研究者和管理者的青睐。

将履历分析运用到干部选拔中，就是按照党政干部任职条件和领导人才选拔政策法规，根据履职要求，对报考公开选拔和竞争上岗人员的资格条件进行审核、认定或对其资历进行量化测评的方法。在公选中，资历测评的个人背景资料是公选其他测评方法如笔试、面试、组织考察等难以测评的，由于领导者经常需要面对错综复杂的局面和各种突发事件，那么丰富的领导经验和社会阅历对领导者解决问题和妥善处理矛盾至关重要，而笔试、面试、民主测评、组织考察等评价方法难以准确、全面的对报考者的经验和阅历给予测评。所以，公选资历测评从多角度测评应试者，全面考察应试者的能力素质和个性及其岗位的相适性。

### （二）履历分析的特点

#### 1. 地位功能的特殊性

从操作流程来看，现阶段资历评价是选拔领导人才的第一步。如果这一关把握的不好，可能会有两种结果，一是使本不该通过的人获得了竞争资格，增加了后续环节的工作流量，也增加了使用不适当人员的可能性，而那些本该通过的人则被筛选出去，不但剥夺了某些潜在领导人才的入选机会，也会使组织失掉对优秀人才资源的占有权和使用权。越是要求高的领导职位，资历评价越是能有效阻止不合适的人员进入，这样就为领导人才的选拔工作节省了大量的人力、物力和财力，从而推动领导人才的选拔的效率。

#### 2. 普遍性

履历分析的适用范围非常广泛，几乎适用于所有部门和岗位，尤其适用于某些实践性较强的岗位。由于招聘选拔过程中，对于特定的岗位而言，知识性或技能性的考试不能完全预测或代表应聘者在实际工作中的表现，而应试者的个人经验和工作经历则能部分地体现出个人的实践工作水平的高低。

因此。履历分析法可以应用于各个岗位的应试者的初步筛选。

3. 真实性

由于履历是过去发生了的事情。这些情况是无法改变的客观事实。因此一旦履历分析测评系统结构设计确定以后，测评结果也会随之确定，这样一来，就可以有效地避免某些人为因素的影响。同时，履历分析中包含的信息比较广泛，包括成功的或者失败的工作经验、工作业绩等内容，也避免了在人才选拔中出现"高分低能"的情况。

4. 多维度

履历分析不是单纯从知识、能力等横向方面对应聘者进行考察，而是包含了对个人历史的纵向考察，即对个人工作实践的整个过程进行了历史的、全面的评价。这就突出了对个人的既定行为和实际业绩的评价，避免了从单一角度评价应试者，从而有助于全面的多角度地分析应试者。

**（三）资历评价的内容和方法**

领导人才资历评价的内容应根据领导干部选拔任用的条件和领导职位履职需要确定和选择，并用科学、客观、高效的方法对选定的内容进行审核、甄别和认定。

1. 党政领导干部应具备的基本条件

根据《党政领导干部考核工作暂行规定》，领导干部的定期考核包括思想政治素质理论素养和思想水平、组织领导能力、工作作风、工作实绩、廉洁自律等五方面内容，经过述职、民主评议、个别谈话、调查核实等程序，形成考核材料，综合分析后评定考核结果。因此在定期考核材料中，能比较全面地反映被考核是否具备《党政领导干部选拔任用工作条例》规定的各项基本条件，而在资历评价中，就可以通过审核报考者近期年度考核材料，来确定其是否达到参与领导职务竞争的基本条件。

2. 党政领导干部的任职资格

《党政领导干部选拔任用工作条例》规定了提拔党政领导干部应当具备

的任职资格，除健康状况不在资历评价阶段进行认定外，任职资历、学历、培训经历、党龄等资格条件都必须在资历评价阶段进行认定。

3.拟选拔职位的具体要求

资历分析要体现干部职务、层次、具体条件的不同，依据职位分析的结果，遵循与其他测评方式互相配合和补充的原则，确定具体职位的评价内容和标准。具体有：年龄、党龄、相应级别的任职资历、学历学位、专业、特定的经历、科研成果、奖惩情况，以及组织推荐意见等方面的内容。在资历评价中，应该按照选拔职位的需要确定。

资历评价的常用方法：

（1）材料审核甄别法

这种方法是现阶段我国公选中履历分析技术常用的方法。通过填写求职登记表内容包括姓名、性别、出生年月、民族、学历、政治面貌、学位、专业、婚姻状况和本人照片、报考职位和部门、现任职务及所在单位、担任各级领导职务的时间、学习经历等。同时报考者还必须出示身份证、工作证、学生证、学位证书、获奖证书等原件及复印件，选拔高校及科研机构领导的还需要提供科研课题研究的证明与科研成果的材料。报名的受理机构还要对其进行审核甄别，确认报考资格。需要指出的是，对于材料的审核、甄别工作要贯穿领导人才选拔工作全过程。

（2）分项等级评分法

该方法被辽宁、河南等地公选工作所应用，但是具体时间具体对象不同。辽宁省是在笔试考试过后划定进入履历评价的分数线；河南省是采用在由应试者提供的证书材料文件原件进行整理、分类、分级和初步核实后，分学历学位、任职资历、工作经历、荣誉称号、科研成果等要素确定记分原则交由资历评价专家组进行最终审核和记分。应用该方法要根据职位要求选择测评的要素，确定各个要素的权重，并给每个要素划分出等级，制定出各等级的赋分原则。根据确定的权重、等级、赋分原则逐人打分，最后将各要素得分相加得到资历评价的总成绩。

## 附 表

### A1 干部履历表

现所在单位：

现任职务：

姓名：

填表日期：

| 姓　名 | | 性　别 | | 民　族 | | 照 |
|---|---|---|---|---|---|---|
| 曾用名 | | 出生日期 | | 出生地 | | 片 |
| 健康水平 | | 最高学历 | | 学　位 | | |
| 政治面貌 | | 婚姻状况 | | 血　型 | | |
| 身份证号 | | | | 宗教信仰 | | |
| 何年何月加入中国共产主义青年团 | | | | | | |
| 何年何月加入中国共产党，何时转正 | | | | | | |
| 何年何月何人介绍加入何民主党派 | | | | | | |
| 何年何月出国参加重大国际性活动 | | | | | | |
| 何时何处参加何种反动组织、何职务、有何结论 | | | | | | |
| 何时何处参加社会团体，任何职务 | | | | | | |
| 何时经何机关审批何专业技术职务或任何职务 | | | | | | |
| 掌握何种外语或少数民族语言、程序如何 | | | | | | |
| 何年何月至何年何月参加单位举办的政治理论学习、培训 | | | | | | |

## A2 一般背景

<table>
<tr><td rowspan="5">18岁之前</td><td colspan="5">家庭结构</td><td colspan="3"></td></tr>
<tr><td colspan="5">收入水平</td><td colspan="3"></td></tr>
<tr><td colspan="5">家庭生活稳定性</td><td colspan="3"></td></tr>
<tr><td colspan="5">个人与家庭成员的亲疏关系</td><td colspan="3"></td></tr>
<tr><td colspan="5">本人在家庭中的责任</td><td colspan="3"></td></tr>
<tr><td rowspan="20">18岁以后</td><td rowspan="20">家庭主要成员情况</td><td rowspan="3">配偶</td><td colspan="2">姓名</td><td>出生日期</td><td></td><td>民族</td><td></td></tr>
<tr><td colspan="2">工龄</td><td>政治面貌</td><td></td><td>出生地</td><td></td></tr>
<tr><td colspan="2">学历</td><td colspan="4"></td></tr>
<tr><td colspan="3">专业技术职务</td><td colspan="2">工资情况</td><td></td></tr>
<tr><td colspan="3">毕业院校及专业</td><td colspan="3"></td></tr>
<tr><td colspan="3">工作单位及职务</td><td colspan="3"></td></tr>
<tr><td rowspan="3">父亲</td><td colspan="2">姓名</td><td></td><td>出生日期</td><td></td><td>政治面貌</td></tr>
<tr><td rowspan="2">目前职业</td><td>工作单位</td><td></td><td rowspan="2">职业变化情况</td><td></td><td rowspan="2">职业成就</td></tr>
<tr><td>职务</td><td></td><td></td></tr>
<tr><td rowspan="3">母亲</td><td colspan="2">姓名</td><td></td><td>出生日期</td><td></td><td>政治面貌</td></tr>
<tr><td rowspan="2">目前职业</td><td>工作单位</td><td></td><td rowspan="2">职业变化情况</td><td></td><td rowspan="2">职业成就</td></tr>
<tr><td>职务</td><td></td><td></td></tr>
<tr><td rowspan="3">兄弟姐妹</td><td rowspan="2">关系</td><td rowspan="2">姓名</td><td rowspan="2">政治面貌</td><td colspan="3">目前职业</td></tr>
<tr><td>工作</td><td colspan="2">职务</td></tr>
<tr><td></td><td></td><td></td><td></td><td colspan="2"></td></tr>
</table>

其他成员

## A3 教育背景

| | | | | | |
|---|---|---|---|---|---|
| 父母对自己在读书期间的资助情况 | | | | | |
| 中小学期间成绩优异的课程 | | | | | |
| | 学校名称 | 学校类型和规模 | 最喜欢的课程 | 在班级学习成绩和排名 | 参见各种活动的名称 |
| 初中阶段 | | | | | |
| 高中阶段 | | | | | |

| | 学校名称 | 学校类型 | 所学专业 | 最喜欢的课程 | 担任的角色 | 奖学金情况 |
|---|---|---|---|---|---|---|
| 大学阶段 | | | | | | |

| | 自修方向 | 以达到的水平 | 学习时间 | 就读学校 |
|---|---|---|---|---|
| | | | | |

## A4 就业经历

<table>
<tr><td rowspan="3">第一次就业经历</td><td>单　位</td><td></td><td colspan="2">职　务</td><td></td><td>就业途径</td><td></td></tr>
<tr><td>就业时间</td><td></td><td colspan="2">职业与所修专业是否一致</td><td></td><td>职业与个人兴趣是否一致</td><td></td></tr>
<tr><td>工作成绩</td><td colspan="6"></td></tr>
<tr><td rowspan="7">职业变更情况</td><td>次数</td><td>变更时间</td><td>变更理由</td><td>就业途径</td><td>单位</td><td>职务</td><td>职业与所修专业是否一致</td><td>职业与个人兴趣是否一致</td><td>工作业绩</td></tr>
<tr><td></td><td></td><td></td><td></td><td></td><td></td><td></td><td></td><td></td></tr>
<tr><td></td><td></td><td></td><td></td><td></td><td></td><td></td><td></td><td></td></tr>
<tr><td></td><td></td><td></td><td></td><td></td><td></td><td></td><td></td><td></td></tr>
<tr><td></td><td></td><td></td><td></td><td></td><td></td><td></td><td></td><td></td></tr>
<tr><td></td><td></td><td></td><td></td><td></td><td></td><td></td><td></td><td></td></tr>
<tr><td>时间</td><td>就业途径</td><td>单位</td><td>职务</td><td colspan="2">职业与所修专业否一致</td><td colspan="2">职业与个人兴趣是否一致</td><td>工作成绩</td></tr>
<tr><td rowspan="2">特殊工作经历</td><td></td><td></td><td></td><td></td><td colspan="2"></td><td colspan="2"></td><td></td></tr>
<tr><td></td><td></td><td></td><td></td><td colspan="2"></td><td colspan="2"></td><td></td></tr>
</table>

| 何年何月 | 会议名称 | 身份及职务 |
|---|---|---|
|  |  |  |
|  |  |  |
|  |  |  |
|  |  |  |
|  |  |  |
|  |  |  |
|  |  |  |

| 其他需要说明的情况 |
|---|
| 填表人签名或盖章<br>年　月　日 |
| 审查机关盖章<br>年　月　日 |

资料来源：刘文丽：《履历分析法在新式干部履历表设计中的应用》，东北大学硕士学位论文，2004 年。

## （五）履历分析的一般步骤

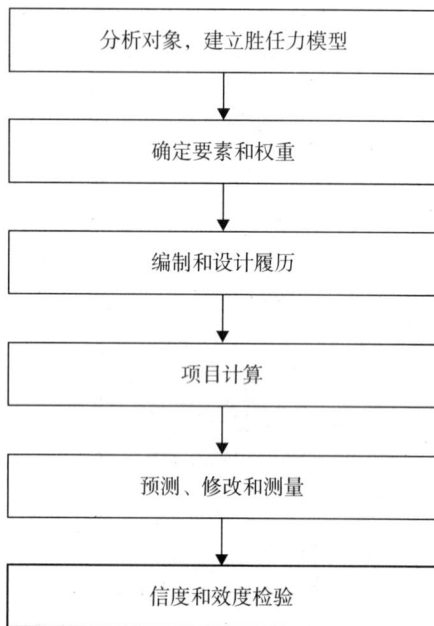

1. 分析对象，建立胜任力模型

进行履历分析第一步就要分析拟聘职位，根据工作分析的结果建立相应的胜任力模型，不同岗位的胜任力要求不同，胜任力模型不仅可以为招聘者在编制和设计履历时提供必要的理论基础，而且胜任力模型与员工个人的工作绩效紧密结合，基于胜任力的履历分析的预测效度也会大大提高。

2. 确定要素和权重

根据拟岗的要求选择测评要素，确定每个要素的具体构成及其之间的相互关系。在确定要素的过程中，要尽可能做到详尽、准确、针对性强、因为测评的要素直接决定着办理结果的准确性和有效性。在确定要素后，根据测评的重要性及岗位的密切性确定每个要素的权重。在计算总分时将要素分值和权重相加。

3.编制和设计履历

第一种是工作分析法。履历分析的确定以工作分析为依据，找出最主要的典型的考察维度，这些维度是拟岗对拟任者的素质和能力要求中比较典型和普遍性的内容。第二种是等级评定法。应试者提供的证书材料文件原件进行整理，分类、分级和初步核实后，分学历学位、任职资历、工作经历、荣誉称号、科研成果等要素确定记分原则交由资历评价专家组进行最终审核和记分。应用该方法要根据职位要求选择测评的要素，确定各个要素的权重，并给每个要素划分出等级，制定出各等级的赋分原则。根据确定的权重、等级、赋分原则逐人打分，最后将各要素得分相加得到资历评价的总成绩。

4.项目计算

总分的计算公式主要有三种：$P1=（A×B×C×D）×1/4$（乘法公式）或 $P2=（A+B+C+D）/4$（加法公式）或 $P3=（A+B+C）×D1/2$（混合公式）3 其中 P1、P2、P3 为录取概率，A 为个人基本情况得分，B 为个人知识与工作能力得分，C 为个人家庭与社会关系得分。D 为个人人品得分。P1、P2、P3、A、B、C、D 的值域为 0—100。当应聘者的 P1、P2、P3 落在招聘计划比例中时方可考虑录用。上述三个公式中：乘法公式是一个最严格的评价公式。这种评估方法意味着，一旦被试的某一项得分为零，则录取概率立即变为零。这一评价公式意味着被试必须全面均衡地发展。当一种岗位对人品和能力的要求都很高时，如领导干部的选拔用人，履历评价应该采用这个评价公式。加法公式是一个相对宽松的公式。这种评估方法意味着能够容忍被试者在某方面的缺陷。即使有一项或几项分值较低，也会有一定的分数，不像乘法公式那样把人"一棍子打死"。当一个组织的管理比较规范，应聘岗位的重要性一般时，可以用这个公式选人。按这个公式选人，体现的是"每个人都有可用之处"的用人理念

5.预测、修改和测量

在评价过程中，要保持与应试者持续的沟通，提高测评的信度和效度。

在进行测试之后，根据测验的结果和反馈，对履历的内容进行必要的修改，在最终确定履历内容时。要对履历内容进行反复复查，在施测过程中，还要反复辨别履历填写的真假。

**（六）对评价人员的要求**

由于资历评价涉及的内容十分广泛，其评价队伍的组成相对于笔试、面试更具多元化。对于各种资料鉴别的能力，因为其涉及的部门多，情况复杂，既需要有组织的人事工作经验丰富的管理人员又要有熟悉各行业管理业务运作的骨干。仅仅是学历问题，就涉及普通高校、党校、成人高校、自考管理部门、具备招收研究生的科研院校等，而且学历和学位证书在不同类型教育机构，不同时间颁发的样式及其内容的差别，都需要详细区分，因此需要相关部门的管理人员的参与。

笔者认为有必要推行公选资历测评师资格准入制度，资历评价项目填写和成绩计算很简单，但是鉴别其真实性和对资历评价测评量表评分标准的设计，技术要求很高。所以对测评设计者和考官的业务能力提出更高的要求。资历评价设计者和测评者除了熟悉测评方法外，还要懂得资历评价的基本原理，了解应试者的岗位要求和特征，准确把握领导干部选拔的资格条件和标准，保证资历评价测评的信度和效度。

资历测评师资格准入制度应该是一个包括资历评价或公选资历评价报名资格、考试、定期考核、培训等方面的制度。只有政治素质过硬且资历测评实践经验丰富的人才能参加资格考试。并且获得的资格证书还必须有效，逾期将重新接受考核。这样可以督促资历测评师的持续学习和提高。另外，公选应试者的职级分厅、处、科三级，资历测评师也应该根据资历和水平划分不同的等级。

**（七）履历分析的优点**

1.将传统的履历模糊评价改为定性定量评价，使其普遍的经历情况变得易于比较、分析和评判。

现阶段的公选资历评价中不仅进行定性的审核，认定资格条件或者鉴别材料的真假，更注意用于量化测评被试者的能力素质，其测评成绩以分数的形式表现出来。此时的资历评价可以像笔试、面试一样与其他的成绩计入总分，并依据成绩从高到低的次序排名确定入围入选。这样，资历评价则主要依据应试者成绩在整个应试者团体中的地位高低来判断其成绩的优劣，采用的是常模参照。所以，现阶段公选资历测评技术采用了更为有效的定性定量结合的评价方式。

2. 全方位的测评手段有利于对人才的全面把握。

它区别于其他对知识、能力的横向截面测评，即从人的纵向截面，从一个全新的视角和维度，对一个人实际工作经历，包括成功与失败的经历，工作业绩等，进行历史的、全面的评价，弥补了其他测评技术中在测评维度上的不足，减少或避免了测试中一些高分低能现象的影响，突出了对人的既定行为和实绩的评价，从而更有利于对人才素质的全面把握。

3. 测评内容设计面广，有利于对应试者的考查。

凡是与职位有关的因素都可以作为测评的要素，如家庭、社会关系、人际关系及其他测评方法无法考查的因素，甚至是一些负相关的因素也可以根据具体的需要进行设计。

4. 低成本。

虽然履历分析制作过程比较复杂，需要具有专业的人力资源和心理学知识，并要对特定的工作岗位进行调查和研究，但是一旦编制完成，履历表可以重复使用，可以节约大量、反复测量带来的人力、财力消耗、从而大大降低了招聘成本。而与其他测评方法比如评价中心或者工作样本测验相比，履历分析技术的开发成本和人力花费相对比较少。

5. 直观、简单、易于操作，对测评要素比较多的测评技术我们还可以用计算机测试，效率高。

## （八）缺点

1. 管理工作尚不规范

对于全国开展的公开选拔领导干部履历分析工作应该进行规范管理。目前许多地区和部门在缺乏专业人员主持和指导的情况下采用履历分析技术选拔各类人才由于不了解履历分析的各种要求和实用规范。导致信度和效度不高，达不到选拔人才的目的。

2. 履历填写真实性的问题

据有关专家研究结果表明，履历填写的内容仪征市的情况一致性为0.90，但是也有研究者提出了相反的结论。由于履历所填写的个人经历是建立在应试者自我报告的基础上的，不可避免的会出现应聘者为了提高自己入围的可能性而弄虚作假，或者填写不实的信息，或者编造经历，或者填写社会期许答案。因此这些弄虚作假的情况会影响评价者对应试者客观、公正的评价。

3. 履历项目设计是纯实证性

由于履历分析设计是纯实证性的，所以缺乏合乎逻辑的解释原理。研究表明，履历内容的编制会对履历分析结果产生重要的影响。在题目设计中可能会出现第五问题是：题目内容是否符合胜任力模型的要求，题目内容是否具有逻辑性，题目内容是否存在歧义，题目内容是否存在合理性等。

4. 履历分析的预测效度会随着时间的推进会越来越低

有研究证明。履历分析最初的效率为0.74，两年后将为0.61，三年后只有0.38，这说明，履历分析结果的有效性会随着时间的增加而减弱，及履历分析结果的稳定性会改变由于工作任务与工作内容，应试者的能力等众多影响履历分析结果的因素会随着时间的变化而变化，履历分析的结果必然会受到时间的影响。

## 二、笔　试

笔试的开创和运用，是人类考试史上划时代的变革。作为当今世界多数国家和地区社会选拔考试、职业资格考试、学校教育考试主体方式之一的笔试，之所以作为人类考试的基本方法一直沿用至今，就在于它在鉴别人才知识能力水平及个性特征的个体差异方面，具有突出的特点和其他考试所不具备的测评功能。如果说笔试测评功能的有效发挥取决于方法适宜、设计科学、程序严密、实施规范和评判客观，那么笔试设计、实施主体、结果评判的科学化、规范化、客观化程度，便取决于笔试设计、实施主体对笔试的内涵、性质、技术规范、运行特点、测评功能、素质外化规律、被试身心发展特征、预测内容性质特点和测评目的的认识程度以及对所处时代相关社会资源的利用能力。服务于公开选拔党政干部的笔试，因其测评对象、内容、目的和功能需求的特殊，设计和实施不能简单承继中外历史上同类笔试的模式，也不宜套用现阶段其他社会选拔考试所采用的笔试规程和方法，而要通过公选笔试的研究和实践，逐步符合自身的特点及功能需求的科学依据和运作模式。在中国领导人才测评的实践中，笔试已逐步确立了符合自身特点及功能需求的科学依据和运作模式。

### （一）笔试的概述

仅就公选笔试的概念内涵而言，它与其他笔试的概念内涵相通。是一种主试通过书面质问、考生通过书面作答的静态性、间接性测评方式。因此笔试又称为"纸笔测验"、"论文式考试"、"书面质问法"、"问卷法"等。若按照笔试施测的具体运作方式，又可分为现场交互式笔试和非现场交互笔试。

现场交互式笔试，也称"现场答卷法"、"直接问卷法"，是笔试最普遍、最常用的测评方式。现场交互笔试必须在预先设定的场所进行。施测时，主试者将试卷（或问卷）直接分发给应试者，并当面阐明应试要求；应试者在主考官的监督下，按规定的程序和时限，以文字、符号、图表等形式现场解答主试者的书面质问。

这种笔试，虽然受时空、作答方式等多方面的限制，并在主试者的监督下作答，应试环境气氛严肃，对应试者充分展现才华有一定的影响，但因其程序严密，行为规范明确，能较好防止测试无关要素的困扰，测试结果比较准确可靠。所以，现场交互式笔试在人类考试中使用极为普遍，被社会各系统广泛用于知识（各种科学文化知识）、技能（智力技能）、能力（一般能力、特殊能力、潜在能力、现实能力）、性向（职业性向、专业性向、学术性向）和个性特征的测评。同时，现场交互式笔试，也是我国现行公开选拔领导干部笔试所采用的唯一测评方式。

非现场交互式笔试，是一种主试与应试者背对背的书面测评方式。施测无固定场所，没有时间、程序的限制和主试的监督，主试将书面问卷寄送到应试者或被调查对象，应试者或被调查对象根据自己对质问内容的理解和看法，以文字、符号、图表等形式作答；答卷上既可以落名，也可以不落名。故而人们又称为非现场交互式笔试为"自陈法"、"问卷调查法"等。由于非现场交互式笔试主要作为人格测验、民意测验的基本方法，其测试内容侧重于态度、兴趣、动机、气质、价值观、信仰、道德品质、胆识等极为复杂而又易变的心理特质，应试者或被调查对象的作答有充分的自由度，既无过程约束又没有监督机制，作答中或因对质问内容不甚了解而随意填写，或因知道如何应答而改变自己的真实想法。因此，非现场交互式笔试存在测评或调查结果欠真实的可能。在较之现场交互式笔试相对省事省力的条件下，可获得大量符合测评目的的需要的反馈信息，以供评价或研究使用。

目前，我国公开选拔党政干部可以采用那些非现场交互式笔试甄别的内容，主要是通过组织考察及面试等方式进行测评，人机对话形式的现代笔试及心理测验技术还没有广泛引入。加强人机对话测评方式的研究，有针对性的增加非现场交互式笔试，将有助于提高对应试者身心素质诊断的全面性和真实性，增大人才选拔的准确性和高效率。

### （二）公选笔试的特点

作为一种相对独立的考试形式，笔试具有其他考试形式所不具备的共性特点和优点。至于笔试的个性特点，相对于领导人才测评系统的其他笔试而言，其显著特点在于应试群体、测评要素、测评标准的特殊，而运作模式（含命题、制卷、施测、成绩评定等环节的具体操作）则基本相同。但较之领导干部测评系统内部的面试和组织考察，笔试具有以下显著特点：

1. 经济高效

笔试之所以作为当今世界多数国家和地区社会选拔考试、职业资格考试、学校教育考试主体方式之一，其首要原因主要是因为它的经济高效，即笔试具有适宜群体测评，尤其是生源广泛，规模宏大的社会测评之独具优点。笔试可以在较短的时间内对大量的应试者实施测量，对应试者和主试者双方而言，在人力、物力、财力投入同等的条件下，笔试的测评成效，实为其他测评方式不可企及的。可谓是省时高效、经济易行。公选笔试也是如此，它是公选几种测评方式之中最经济又效率最高的一种。

2. 测评面宽

笔试具有测评对象广泛、测评内容多元、测评目标多层的特性。一张施测时限 180 分钟的公选考试现场交互式笔试试卷，可采用多种题型同时呈现多个维度、不同目标层次、数十个测评要素的内容，从广度和深度两个方面对应试者的知识能力、个性特征、职业倾向等，进行组合式的综合性测评，进而达到从应试群体中甄选出具有从事领导工作基本素质人才的目的。

3. 误差易控

现阶段，我国的公选笔试普遍采用的是现场交互式笔试测评。这种测评方式在考试内容取样、题型设计、标准确立、施测规范、结果评价及处理等环节均可不同程度地防止、减少或降低各种误差的产生及其影响，而且在施测、评卷、结果统计等环节可以充分利用高新技术手段进行控制和操作，最大限度的减少各种主客观因素所造成的误差，提高笔试结果的准确性及公信力。

4. 督导力强

在公开选拔党政领导干部的测评流程中，笔试位居甄选环节之首。是分级筛选的第一关。相对于其他测评环节，其应试人数最多、涉及面最广、淘汰率最高、测评的内容和要素最全，集中体现了党中央关于建设高素质领导干部队伍的要求，不仅要检测担任各级领导职务必须具备的通用性政治、经济、管理、科技、历史、国情、公文写作与处理方面的知识，以及专业性基础知识、管理知识、领导业务知识、政策法规知识和内外关系知识，而且还要重点检测从事领导工作必须具备的基础能力和核心能力。比如：记忆理解能力、分析判断能力、语言表达能力、规划决策能力、目标实现能力、开拓创新能力等，以及适合领导工作这一特殊职业要求的个性特征。所以科学的公选笔试，对整个干部队伍知识的更新、能力的发展、合理素质结构的形成，具有极其强烈的督促和导向作用，促使在任及后备干部养成自觉学习、不断研究、提高和优化自身素质的职业习惯。

### （三）笔试的测评范畴

笔试类别的划分，从宏观层面来讲，应根据并决定于中国领导人才测评的终极目的、领导人才测评要素的确立以及测评技术与方法的选择。而从中观其操作层面而言，则应根据并决定于笔试的具体目的、笔试的测评要素、笔试的功能作用以及笔试的方法技术。

笔试的目的体现在两个方面，一方面是从应试者群体中区分出具有从事领导工作的基本素质的一类领导人才；另一方面是从应试者群体中区分出具有不同类型专业素质的领导人才。鉴于此，根据领导人才测评确定的内容要素和能力要素，依据不同类别的笔试所考察的内容的深度与广度，《党政领导干部公开选拔和竞争上岗考试大纲》将笔试划分为公共科目笔试与专业科目笔试两个类别。

#### 1.公共科目笔试

公共科目笔试，是所有具备应试资格的应试者全部参加的第一类笔试。设置公共科目笔试的目的，是为了全面测试应试者从事领导工作所具备的基本素质，尤其是运用有关基本理论、知识和方法分析解决领导工作中实际问题的能力。公共科目笔试的目的，是从符合公报条件的应试群体中甄选出具备从事领导工作这一特殊职业所需要的基本素养的领导人才。根据测评目的的需要，《党政领导干部公开选拔和竞争上岗考试大纲》规定了公共科目笔试的范围，其具体测试内容范畴分为政治、经济、法律、管理、科学技术、历史、国情国力、公文写作和公文处理等几部分。这些内容不仅为公共科目所必考，同时也是各级各类领导干部必须学习和掌握的基本理论、基本知识和基本方法，是胜任领导工作应具备的基本素质条件。

专业科目考试，是所具备应试资格的应试者全部参加的第二类笔试。它从宏观层面界定为"选拔职位关系密切的专业基础知识，专业管理知识和专业政策法规"，重点检测应试者运用专业知识分析解决领导干部工作中实际问题的能力，其目的是测试应试者是否具备胜任选拔其职位的专业素质，而从中区分出具有不同类型的专业素质的领导人才。专业科目笔试的具体测试内容，中共中央组织部将按照专业分类另行公布。

根据我国不同行业三级领导职位对履职者的共性素质要求，可将两类科目笔试内容与能力的测评范畴分别界定如表：

### 公选考试公共科目笔试内容测评要素表（1）

| 类别 | 内容要素 |
| --- | --- |
| 知识 | 政治、经济、管理、法律、科学技术、历史和国情、公文写作与处理 |
| 观念 | 组织观念、法制观念、政策观念、使命观念、群众观念、团队观念、资源观念、学习观念、权利观念、信息观念、创新观念 |
| 能力 | 记忆理解能力、分析判断能力、语言表达能力、开拓创新能力、目标实现能力、规划决策能力 |

### 公选考试公共科目笔试内容测评要素表（2）

| 层次 | 类别 | 要素 |
| --- | --- | --- |
| 基础能力 | 记忆理解能力 | 记忆能力、转换能力、推理能力、归纳能力、解释能力 |
| | 分析判断能力 | 因素分析能力、关系分析能力、系统分析能力、正误判断能力、辨析能力、价值判断能力 |
| | 语言表达能力 | 言语理解能力、文字表达能力、规范使用能力 |
| 核心能力 | 规划决策能力 | 调查研究能力、政策应用能力、规划设计能力、判断决策能力 |
| | 目标实现能力 | 组织指挥能力、监督控制能力、沟通协调能力、宣传激励能力、育人用人能力、总结推广能力 |
| | 开拓创新能力 | 审势应变能力、发散思维能力、战略策划能力、机遇把握与风险承受能力 |

**公选笔试专业科目笔试内容测评要素表**

| 类　别 | 内　容　要　素 |
|---|---|
| 知识掌握 | 专业基础知识、管理基础知识、领导业务知识、行业概况知识、政策法规知识、内外关系知识 |
| 知识应用 | 分析原因、拟定方案、设计程序、协调关系、解析疑难、提出对策、推理判断、问题处理、资源利用、假设论证、模式更新、观点辨析 |

**公选笔试专业科目笔试能力测评要素表**

| 层　次 | 类　别 | 要　　求 |
|---|---|---|
| 基础能力 | 记忆理解能力 | 识记能力、转换能力、解释能力、归纳能力、推理能力 |
| | 分析判断能力 | 因素分析能力、价值判断能力、系统分析能力、关系分析能力、辨析能力、正误判断能力 |
| | 语言表达能力 | 言语理解能力、规范使用能力、文字表达能力 |
| 核心能力 | 规划决策能力 | 调查研究能力、政策使用能力、规划设计能力、判断决策能力 |
| | 目标实现能力 | 组织指挥能力、沟通协调能力、宣传激励能力、育人用人能力、监督控制能力、总结推广能力 |
| | 开拓创新能力 | 审势应变能力、战略策划能力、发散思维能力、机遇把握与风险承受能力 |

资料来源：中组部公开选拔党政领导干部笔试研究 2007。

在表 1 到表 4 中，根据我国不同行业三级领导职位对履职者共性素质的要求，将两类科目笔试内容与能力的测评要素分别界定为：公共科目内容 3 类、25 要素，能力 2 层、6 类、28 要素；专业科目内容 2 类、18 要素，能力 2 层、6 类、28 要素。

公共科目各测评要素的比重及难度系数应按选拔职位的级别确定；专业科目的测评内容要素为各类专业科目笔试通用，但是各要素具体内容应按照各类专业的特殊要求确定；专业科目的能力测评要素与公共科目的能力测评相同，此为领导能力素质结构所决定的，但各能力要素的具体测评内容则必须根据各类专业拟选拔职位对履职者的特殊能力素质要求为准。

**（三）公选笔试的试卷结构设计**

公选笔试能否有效发挥测评功能，主要取决于三条：一是量尺标准，即试卷设计科学，能有效检测笔试欲测内容的质与量；二是实施规范，即实施过程控制严密，能排除测试无关因素的干扰；三是成绩是否客观评定，所评成绩可信度高，能真实反映应试者的素质水平。其中量尺标准是首要因素，而能否制出符合公选笔试测评功能需要的标准测试量尺，又取决于量尺制作方法与技术手段的科学性，这涉及如何确定两类科目笔试的测评内容要素和能力要素，如何选择两类科目考试的题型，如何确立两类科目笔试的试卷结构，如何科学编写不同类型试题等方面的理论依据，方法、原则的问题。下面就试题的编制技术和试题结构确立进行分析概述。

试卷结构，是指一份试卷所含组成成分及各种组成部分的相互联系的方式，它由两维相交的两个向度构成，分别反映试卷结构的不同组成部分及其比例关系。通常情况下，一个向度上反映试卷的内容、题型、难度、分数、时限结构等组成部分；另一个向度上反映测试目标结构及其比例。二者互为条件、相互制约，其中任何一种要素设置不当、比例失调都将改变排列组合方式。

公共科目与专业科目试卷结构。公选笔试的试题结构同样是由内容结构、目标结构、分数结构、题型结构、难度结构、时限结构等多维、多层成分彼此关联而构成的集合性有机结构系统。真实内容的完整、目标层次的合理、题型搭配的适当、难易程度的把握符合考试标准、分数和时间分配科学，是确立试卷结构必须遵循和坚持的原则。尚需指出的是，公选笔试试卷六种要素结构的确立，切不可只注重单项要素的结构的合理。在试卷结构设计过程中，必须通盘考虑，彼此兼顾，力求整体结构的优化。否则任何一个要素结构的不合理，都将会影响到全卷结构体系内在关系的协调，进而降低考试的效能。

（1）公共科目笔试试卷结构

公共科目考试既是公选考试的重要组成部分，又是公选考试首要和关键的一环，称为公选考试的"第一道筛子"。设计科学、实施规范的公共科目考试既能够自成体系，独立完成对全体应试者初步筛选的能力，同时又与后期进行的专业科目考试、面试及其组织考察等的环节构成有机的整体，多方位立体的检测应试者从事领导干部工作的能力及其程度水平，从而达成分层筛选、考核任用的目的。

公共科目的目标结构为"二层六类"即基础能力和核心能力两个层次，六类指的是，记忆理解、分析判断、语言表达、规划决策、目标实现、开拓创新六个类别。公共科目考试的目的是测试应试者对领导干部应具备的基本理论、基本知识和基本方法的掌握程度，特别是运用这些理论、知识和方法解决领导工作中实际问题的能力。这种能力对于从事领导干部工作而言属于一般能力，也称为领导胜任能力。从领导胜任能力的内涵和构成来看，领导胜任能力可分为基础能力和核心能力两个层次。基础能力是从事一切活动的基础，基础能力的高低在很大程度上影响着领导人核心能力的形成和发挥；核心能力是指从事领导这一特殊工作所具备的能力，它包括规划决策、目标实现和开拓创新三大主体能力。在领导胜任能力中核心能力起着主导和决定性作用。因此基础能力和核心能力及其主要组成要素便构成了公共科目笔试测查的具体目标和内容。这种能力结构不同于一般潜能测试或者公务员一般行政职业能力倾向测验，它既基于它们又高于它们，是建立在一定领导管理平台之上的特殊能力。

《党政领导干部公开选拔和竞争上岗考试大纲》上明确规定：公共科目笔试范围包括：政治、经济、法律、管理、科学技术及历史、国情国力、公文写作与处理等七方面。科学完整的公共科目内容结构是由知识、观念、能力三层和陈述性知识、程序性知识两类组成有机结合。公选考试内容结构及其比例的确定，还必须考虑各级领导干部工作上的差异。如厅级领导干部主要负责政治方向和宏观管理，依法治国，依法行政，随时关注形势的变化，促进社会经济的发展。而这些基本限于概念运作层面，较少涉及科技及文化等操作层面。处级领导干部介于厅级和科级之间，尤其是那些位居本单位正职位置的人，他们的地位和作用，他们履行的职责和厅级领导干部有着许多共通的地方，只是在管理权限和社会影响上有所差别。鉴于未来个人的发展和对社会的贡献，对于科学技术不能只做常识类一般性了解，而应有相当程度的深入了解。科级领导干部存在逐渐适应逐步提升的问题，所以对于他们来说，了解熟悉领导干部工作的规章程序、规范履职行为是最首要的，也是必需的。

笔试方式和试卷结构如下：

测试方式：闭卷。

题型结构：客观性试题和主观性试题两大类，选择题、辨析题、案例分析题、申论题。

试卷分数：150分。由于公选考试时限长，测评要素多，从全卷分数结构的设置与分布来看，不宜采用百分制，而将总分值稀释，形成足够的分数空间，以达到区分功能，故厅、处、科三级公共科目试卷的满分为150分。另外的两种考虑在于，其一，试卷中主观性试题分值比重较大，若分数区间过大，则意味着人为因素影响分数差异的可能性就越大，难以保证考试的公平公正。其二，由于公选考试采取分层筛选，而公共科目考试首当其冲，若分数区间过大，易形成两极悬殊，将选拔竞争提前定位或提早结束，不利于领导干部的甄选。

测试时限：180分钟。我们认为公选考试在本质上属于难度考试而非纯粹的速度考试，必须给应试者足够的时间以真实反映其能力素质水平及其差异。这种试卷时限较为宽松，厅处科三级公共科目试卷设置为180分钟。鉴于各级领导干部年龄特征，身心素质，试题难度及职位要求的不同，考试时限的分配亦有所不同。即厅、处、科三级领导干部分为两段参考时限，领导职级越高主观性试题考试时限越长，反之领导职位职级越低。客观题越多客观性试题考试时限越长。

难度分布：试题难度分布根据领导职位对知识和能力素质的要求而定，试卷中不同难度的试题比例为：较难试题约占20%，中等难度试题约占

50%，较容易试题约占 30%。

试题类型：公共科目笔试的试题类型分为客观性试题和主观性试题。客观题包括判断题、选择题（单项选择题、多项选择题）等，主观性试题包括辨析题、论述题、案例分析题、写作题、申论题等。选拔职位越高，主观性试题比例越大。在上面我们已经简单叙述。

（2）公选笔试专业科目笔试

专业科目笔试的目的，是从符合公选报考条件的应试群体中区分出具有不同类型专业素质的领导人才。因此公共科目笔试已先行测过的内容要素，不应再列入专业科目笔试的测评范畴。专业科目笔试是在按照性质相近的原则进行专业分类的基础上，重点测度该专业领域同类领导职位履职所需要的知识、能力，着重考查运用相关专业知识分析、解决实际工作问题的能力。《党政领导干部公开选拔和竞争上岗考试大纲》明确规定：专业科目笔试范围包括选拔职位所需的专业基础知识、专业管理知识和专业政策法规知识，主要测试应试者胜任选拔职位工作必须具备的专业素质，特别是运用专业知识分析解决领导工作实际问题的能力。因此专业科目笔试的内容测评范畴应包含"知识掌握"和"知识应用"两大方面的相关要素。"知识掌握"包括专业基础、管理基础、领导业务、行业概况、政策法规、内外关系等要素，而"知识应用"则包括分析原因、拟定方案、设计程序、协调关系、解析疑难、提出对策、推理判断、问题处理、资源利用、观点辨析、假设论证、模式更新等要素。

关于内容测评范畴的界定，只是在总体上确定了专业科目笔试应针对专业职类履职需要必需测查的内容，而选拔厅、处、科三级领导干部的专业科目笔试应根据各级层的具体情况和要求予以分别确定各项内容要素在试卷中的比例。作为厅级干部，主要工作就是主持规划和政策制定、审核经费的分配、所在部门及所属单位与社会其他部门的关系协调等，基本属于概念运作，较少涉及实务操作。因此选拔该级干部的专业科目笔试在测评内容上知识运用的比例高于知识掌握的比例，两者比例以 75% 和 25% 为宜。处级干部是介于决策层和实务操作层之间的执行层，既要熟悉运作管理的实务，也要能迅速处理各种实际问题，并为决策提供及时、准确的参考意见，因此，该级领导干部知识应用和知识掌握测评比例设为 65% 和 35%。科级干部是各项政策的执行者、具体管理事务的操作者，必须具备较扎实宽厚的专业知识，熟悉管理实务和流程。该级干部专业科目笔试要注重对应试者知识基础的检测，着力于对其处理具体事务的能力的评价，知识应用和知识掌握的比例为 55% 和 45%。当然在实际上各类各级干部的专业科目笔试试卷内容结构的具体确立要依据各职类的实际需要予以适当调整。

### 公选笔试专业科目内容结构表

| 内容范畴 | | 比例构成及累积比例 | | | | | |
|---|---|---|---|---|---|---|---|
| | | 厅（%） | | 处（%） | | 科（%） | |
| 知识掌握 | 专业知识 | 2 | 2 | 5 | 5 | 15 | 15 |
| | 管理基础 | 3 | 5 | 7 | 12 | 5 | 20 |
| | 领导业务 | 5 | 10 | 5 | 17 | 5 | 25 |
| | 行业概况 | 5 | 15 | 5 | 22 | 5 | 30 |
| | 政策法规 | 5 | 20 | 8 | 30 | 10 | 40 |
| | 内外关系 | 5 | 25 | 5 | 35 | 5 | 45 |
| 知识应用 | 分析原因 | 5 | 30 | 6 | 41 | 6 | 51 |
| | 拟定方案 | 10 | 40 | 5 | 46 | 3 | 54 |
| | 设计程序 | 5 | 45 | 5 | 51 | 3 | 57 |
| | 协调关系 | 10 | 55 | 5 | 56 | 6 | 63 |
| | 解析疑难 | 3 | 58 | 6 | 62 | 5 | 68 |
| | 提出对策 | 3 | 61 | 6 | 68 | 5 | 73 |
| | 推理判断 | 3 | 64 | 6 | 74 | 6 | 79 |
| | 问题处理 | 3 | 67 | 5 | 79 | 5 | 84 |
| | 资源利用 | 10 | 77 | 6 | 85 | 5 | 89 |
| | 观点辨析 | 3 | 80 | 5 | 90 | 6 | 95 |
| 知识运用 | 假设论证 | 10 | 90 | 5 | 95 | 3 | 98 |
| | 模式更新 | 10 | 100 | 5 | 100 | 2 | 100 |

　　因为各级领导干部的工作及实际内容及其对履职者能力素质要求的不同，三级专业科目的能力构成比例也不相同。其中目标实现作为各级干部的主要工作和主要内容，所以占有相同的比例，以25%—30%为宜。语言表达能力则为各级干部开展工作所必需的，语言表达能力占5%—10%。而厅（司、局）领导干部，其主要工作内容是主持事业规划和政策制定、审核经费的分配，对所属部门和下属干部的工作进行督促和评价，对规划决策、目标实现、开拓创新等能力要求较高，而对记忆理解等基础能力要求较低。处（局）级干部在能力上则既应具备综合分析能力、价值判断能力，又要有基本的政策把握、调查研究、组织指挥、沟通协调等能力。科级干部应具有较强的识记、转换、归纳、推理能力、以及正误判断、价值判断能力、掌握调查研究、组织指挥、沟通协调、监督控制等基本技能，强化学习能力。但是在实际中，领导工作也是千差万别，具体工作中我们要视情况来定。

　　在确定具体选拔的试卷结构时要针对具体履职要求合理分配各项能力要素的构成比例，具体比例可参照下表：

### 公选笔试专业科目能力结构表

| 能力范畴 | | 比例构成及累积比例 | | | | | |
|---|---|---|---|---|---|---|---|
| | | 厅（%） | | 处（%） | | 科（%） | |
| 基础能力 | 记忆理解 | 10 | 10 | 15 | 15 | 40 | 40 |
| | 分析判断 | 10 | 20 | 20 | 35 | 30 | 70 |
| | 语言表达 | 5 | 25 | 5 | 40 | 5 | 75 |
| 核心能力 | 规划决策 | 30 | 55 | 25 | 65 | 10 | 85 |
| | 目标实现 | 30 | 85 | 25 | 90 | 10 | 95 |
| | 开拓创新 | 15 | 100 | 10 | 100 | 5 | 100 |

　　其笔试方式与试卷结构如下：

　　测试方式：闭卷。

　　测试时限：180分钟。

　　测试满分：100分。

难度分布：专业科目笔试的试题类型分为客观性试题和主观性试题。客观题包括判断题、选择题（单项选择题、多项选择题）、案例分析题、申论题等；主观性试题包括辨析题、论述题、案例分析题、申论题等。选拔职位的职级越高，主观性试题的比例越大。专业科目笔试是在公共科目笔试的基础上进行的二次筛选，要保证试卷的区分能力，难题也要占到一定的比例。为了保护应试干部的积极性，做到"考好不考倒"，也设置了一部分难度偏小的试题。各级考试各种试题难度（测评要素）的比例要按照各级应试者人数以及综合考虑能力结构、题型结构、分数结构和时限结构构成，做到相互吻合。

厅级：难题比例∶中等难度试题比例∶容易试题比例 =2∶5∶3

处级：难题比例∶中等难度试题比例∶容易试题比例 =3∶4∶3

科级：难题比例∶中等难度试题比例∶容易试题比例 =4∶4∶2

例　表：

| 级别＼题型 | 厅级 | | | 处级 | | | 科级 | | |
|---|---|---|---|---|---|---|---|---|---|
| | 题数 | 分值 | 参考时限 | 题数 | 分值 | 参考时限 | 题数 | 分值 | 参考时限 |
| 单项选择题 | 20 | 20 | 20′ | 25 | 25 | 20′ | 30 | 30 | 25′ |
| 辨析题 | 3 | 15 | 30′ | 4 | 16 | 40′ | 20 | 20 | 40′ |
| 案例分析题 | 2 | 25 | 55′ | 2 | 24 | 50′ | 20 | 20 | 50′ |
| 申论题 | 1 | 40 | 75′ | 1 | 35 | 70′ | 30 | 30 | 65′ |
| 合计 | 26 | 100 | 180′ | 32 | 100 | 180′ | 100 | 100 | 180′ |

### （四）笔试的类型和常用题型的规范、试题编制

试题是考试内容的载体、测评量具的构件和施考主体与应试主体交互的媒介。不同的试题，有不同的结构、功能和适用范围，也就有不同的编写规范和技术要领，其编写是否科学，决定考试的成败。正由于此，人们历来把编写试题看做是一种高智能型的创造性劳动，一种复杂惊喜的专业艺术，必须严守规范并高度重视不同类型试题编写的方法技巧。

笔试试题可分为"主观性试题"和"客观性试题"两大类。这种分类是

依据试题判分的性质，即考试结果判分手段的性质来划分的。

1. 主观性试题

主观性试题是与客观性试题相对应的试题类型的总称，又称为"非客观性试题"，具有与客观性试题完全相反地四大特征：第一是试题的正确答案并不是唯一的、固定的，有时一道试题有两个甚至多个正确答案；第二是更具发散性。应试者在统一试题上没有统一的作答模式，允许自由阐述，具有较高的灵活性。第三是评分标准因人而异，没有统一的标准尺度。试题可以由主考机构设计情境，使应试者自由发挥，从总体上对具体知识、能力等素质进行综合考查，应试者能充分表述自己的见解，可以了解应试者解答问题、应用问题的深度和广度。第四是侧重于对知识的运用能力进行测试。客观性试题是要求应试者写出最后结果，不能反映出应试者的思维过程，在这方面主观性试题具有优势，从被试者的回答中可以得到更多的信息，有利于组织进行深入的考查。但是如果题目所涉及的内容是应试者之前准备好的，也可能使最后的考试结果出现偏差。而缺点在于，一份试卷的数量少，考试内容覆盖面窄，不能涵盖更多的内容，另外不宜使用现代化的评分工具和手段，阅卷评分往往因人而异，因时而异、不够客观、准确。笔试中常用的主观性试题有辨析题、论述题、案例分析题、写作题、申论题等题型。

2. 客观性试题

客观题大多是"供给式"或者"固定应答式"的，只要求应试者对已给的答案的正确性做出判断，费时较短。同时，客观题的解答大多是画记号或是少量的文字，作答速度相对较快，因而可以保证较大的数量，覆盖面可以很大。客观性试题也有三大突出优点：第一是大多数试题的答案为设题者事先设计，因此评分较为容易，便于分析，特别是使用分板或机器阅卷时，尤为高效，第二是知道考试结果评价的客观准确，评分更为科学、客观。不论用何种方式阅卷，均不受评卷者主观意识的干扰，应试者的分数不会变；第三是适用面广。客观题不仅适用于测量应试者对知识与技能的记忆、理解和应用能力，当题目编制者具有丰富的想象力和较高的命题技巧时，客观题也同样可以考查应试者对知识的分析、综合和评价等较高层次的能力。而缺点在于难以考察应试者组织材料、文字表达、发散思维等高层次的认知能力，反映不出应试者解题的思维过程。而且也容易导致应试者舞弊、抄袭、猜测答案的现象发生。笔试中最常用的客观性试题有判断题、单项选择题、多项选择题等题型。

中国领导干部公共科目笔试和专业科目笔试试卷题型结构中，具有通用性质的是选择题、辨析题、论述题、案例分析题、申论题。下面依次对这五种题型分别进行阐述。

（1）选择题。

选择题在公选两类科目笔试题型结构中，不仅数量多，比例大，而且占有较大的分值比重。该题型主要用于公共科目通用性理论、知识、方法和专业科目专业知识的考查，其测评功能定位于对上述的知识掌握程度的检测，主测应试者的识记理解能力。

选择题在结构上包括两个部分：一是题干，即呈现一个问题的情境，由直接问句或不完全的陈述句构成；二是选项，即此问题的可能的回答。选项通常包括一个正确答案和若干错误答案，这些错误答案叫"诱答"，主要功能是迷惑干扰那些无法确定答案的应试者。问句式：

1.最佳选择题

陶渊明是哪个朝代的诗人？（正确答案是 A）

A 晋朝　B 宋朝　C 唐朝　D 汉朝

2.不完全的叙述的题干：

建设资源节约型、环境友好型社会要注意（B），目前要着重解决影响社会经济发展，特别是严重危害人民群众健康的水污染、空气污染加剧问题。

A 可持续性　B 轻重缓急　C 孰轻孰重　D 先后次序

3.组合选择题

在组合选择题中，题干本身有若干个命题组成，在题干后面列出选项，每个选项中包括数目不等的正确答案，要求考生在认定正确或者错误的答案后，按规定组合格式选择一个符合要求的选项。

例如：（1）比奈是智力测试之父（2）他提出了"智商"的概念（3）他的第一个智力测验量表于1905年发表；

对于这三个问题，下列哪种说法正确？（正确答案是：C）

A（1） B（1）+（2） C（1）+（3） D（2）+（3）

4.类推选择题

类推选择题主要是根据已给出的已知关系。类推出未完成的关系中的某个要素。

例如：苹果→橘子；豌豆→？（B）

A 苹果 B 蚕豆 C 果树 D 国光

5.多项选择题

在多项选择题中，题干后面有多个选项，其中正确的是：

我国三大政策性银行：（BCD）

A 中国人民银行 B 中国农业发展银行

C 国家开发银行 D 中国进出口银行

选择题的优点：

①适用范围广。选择题对于各门学科、各个层次、各种知识和能力测量，具有普遍适用性，从它的整体作用来看，是任何一种题型无法比拟的。

②评分标准的客观性。选择题答案简便，阅卷一目了然，对错分明，很少受主观判断影响，评分标准统一，客观、准确，只要是阅卷者不错批或者漏批，其评分结果与机器一致，不受主观因素影响。

③选择题的题量可以很大，考查范围很广，采样代表性更高。

由于被试者回答每道题的方法简便，所花费的时间非常少，一个小时可以回答上百道题，这就为增加试卷容量提供了条件，因而扩大试题的覆盖面，使采样比较合理，减少机遇，有利于提高考试信度和效度。

④有利于实现标准化测验。标准化测验的要点是：考试过程的系统化和程序化，评分标准的统一化和对考试的结果误差的最优化。选择题比任何一种题型都更有利于实现测试的标准化。

选择题存在的问题：

①难以避免猜测答案。选择题不能反映应试者的思维过程，它主要是一种对知识的再现过程，评分也只看到答案结果，很容易出现猜题的情况，四选一的选择题有 25% 的命中率。

②编制诱答的难度大。在给出选择题正确答案时，必须同时给出 3—4 个诱惑性答案。这些答案不仅是错误的而且还要与答案有一定的联系或者似是而非，让那些不知道答案的应试者无从选择，这就需要较高的命题技巧，在一张试卷上，需要编制出上百道甚至是更多的试题，花费的时间和精力也是相当大的，这都存在一定的难度。

（2）辨析题。

辨析题也称"判断分析题"或者"判断说理题"，其结构单一，通常是某个命题的完整陈述，要求应试者首先对所提出的命题明确判断，再根据有关科学原理指出判断结论的依据，并阐述命题正确或错误的理由。辨析题属笔试测评能力范畴，可界定为判断分析能力或知识应用能力。从辨析题在公选笔试中的比重来看，其题量远小于选择题。

优点：

①考查知识广。判断分析题作答简便，覆盖的知识面广。可以深度考查应试者对知识的掌握应用的程度。应试者能否用明晰易懂但又不乏析辨能力的语言阐述提出的问题，是对领导干部必须具备能力素质的考查，具有实际意义。

②计分客观。辨析题只有两种答案，错或者对。阅卷时少受主观因素的

影响，计分客观。

③编制试题相对简单。不用像选择题那样编制干扰的选项。

缺点：

判断题容易受应试者反应定势和猜测的影响，测试分数的可靠性不高。所谓反应定势是指应试者在回答问题时，其答案建立在题目的形式或位置上（如偏向正面回答或否定回答），而不是建立在题目内容的基础上。且试题只有两种答案，猜题命中率高达50%。

（3）论述题。

论述题又称"论文式试题"或者也称"论说题"，是我国优秀的传统试题，也是目前中外考试界普遍使用的题型之一。论述题的综合程度高，解题难度大，主要用于综合分析、推理评价、鉴赏创新、聚合与发散思维、文字表达能力等高层次能力的考查，在试题结构中属于爬坡，拉档次的试题。论述题属于单层结构试题，要求应试者对某种理论观点、法律法规、科学原理、技术规程、原则方法、现实政策、重大事件等进行分析阐述。根据论述题的作答要求的不同，可以将论述题分为限制性论述题和自由型论述题。

①限制性论述题。在限制性论述题中，对应试者的解答题的方式，范围以及答题的长度都做了较具体的要求与限制。例如：

"请用××字，根据××原理解释××现象。"

②自由型论述题。在自由型论述题中，对作答方式，答题范围等不作过多要求的限制，给应试者很大的自由发挥空间。

例如"请列出……"等

优点：

①全面、深入地考查应试者的知识水平和能力。

论述题的答案一般只要求观点正确，要点全面，说理透彻，而文字上不拘一格，这就给应试者充分发挥自己知识和能力提供了有利条件。通过应试者综合运用各方面的知识和多种方法论述问题的过程，可以从中了解到他们的理解能力、分析能力、论证能力和表述能力。

②降低应试者猜测的成功率。

论述题需要应试者对于一个问题进行明确而深入的论述。一般而言，从论述题的回答就可以反映出应试者的思维过程，通过这个过程可以准确地了解应试者对该问题的理解程度。通过猜测或简单地背诵都很难获得较好的答案。

③较容易命题。

论述题比较容易命题，采用论述题考试，题量较少，命题的准备过程和花费的时间较少，运用起来也较为方便。

缺点：

①试题采样代表性差，影响测验的效度。

论述题含量较大，在有限的时间内则不可能完成大量的考题，因此每次考试的试题是少量的，但是少量的试题无法代表学科的全部内容，每个应试者掌握知识总体的点和面都不相同，如果有应试者偶尔对某个论题碰巧很熟悉，得到"虚假的高分"，而另外的应试者碰巧不熟悉，而得到了低分，在这种情况下，他们的得分都不会是真实的成绩，因而不具有代表性，影响测验的信度和效度。

②评分不易标准化。

论述题的答案具有很大的主观性，只要答案正确都可得分，同一个论点也可以采用不同的论述和论证方法，论据可以讲两点，三点，甚至更多。而答案的确定也可以受评分者水平的不同而对标准的掌握宽严不一，因而带有很大的主观随意性。除此之外，还可能因为评分者对语言表达风格喜恶的不同，或产生不同的心理情绪等，直接影响论述题的客观评分。研究发现，不同评分者对同一答案的评分一致性相关系数仅在0.62~0.72之间，评分者在隔一段时间后再评价同样的测验，也会前后评分不一致。

③评分易受无关因素的影响。比如，卷面是否整洁，语句是否通顺流畅，书法的优劣乃至答案的长度都会影响评分者的评分。

（4）案例分析题。

案例分析题是一种主观性试题，它通过提供情景材料、图形、表格或文字资料，要求应试者针对所提出的问题，运用基本原理进行分析说明，并做出结论。案例分析题注重强调结合工作实际，追求对日常工作模拟的似真性与选拔的职位、职级的适应性，能比较有效地考察应试者认识、理解、分析及解决实际问题的能力。案例分析题是笔试的主体题型之一，题量虽然不大，所占的分值比重较大，笔试案例分析题主要是为了考查领导人才的分析决策能力、组织指挥能力、沟通协调能力、育人用人能力、监督控制能力等。所以案例分析题在笔试试卷的难度结构中，属较难层次的试题，旨在检测、鉴别应试者在实现领导工作目标方面的能力素质水平。

优点：

① 考查了应试者的综合知识水平和能力。

案例分析可以很全面的、深入地考查应试者的知识水平和其运用所学的知识的能力。案例分析题的答案一般要求观点正确、要点全面、说理透彻。说理和论证紧跟案例，这就给应试者充分发挥自己的聪明才智提供了有利条件。通过应试者综合运用各方面和多种方法来解决案例中出现的种种问题，可以测评他们的理解能力、分析能力、论证能力和表述能力。

②降低应试者猜测的成功率。

案例分析题可以避免应试者猜测得分，因为它需要应试者通过阅读案例之后自行归纳，对所出现的问题寻找解决方法，并且要说明和解释方法的可行性，这些应试者都无法通过猜测得到答案。一般来说，从案例分析题的回答中能够反映应试者的思维过程，通过这个过程可以准确地了解应试者对该问题是深刻理解还是不求其解。

③较容易命题。

案例分析题比较容易命题，其题量较少，命题的准备过程和花费的时间也少，运用起来比较方便，但要注意案例与知识点以及实际情况的贴合。

缺点：

①试题编制灵活，采样代表性差，影响测验的效度。

案例分析题的信息含量很大，应试者无法在有限的时间内完成大量的考题，这就和论述题一样，一般而言一份试卷只有一道案例分析题，在这一道试题里无法代表学科的全部内容，而且案例分析题作答费时，题量少，试题取样的代表性较差。

②评分不易标准化、客观性。

在案例分析题中，同一问题可采用不同的方案加以解决，答案的确定具有抽象性，仅提供参考答案。由于阅卷者素质高低不同，评分标准宽严不一，因此，评分就带有很大主观性。此外，阅卷者对语言表达风格的偏向性和心理情绪的不同也会影响评分的客观性。

③评分易受无关因素的影响。

案例分析题的评分很容易受到书写的整洁程度、排版是否便于评阅等无关因素的影响，这可能是评分者非客观性的主要来源之一。主要是因为评阅案例分析需要花费很长时间，对评卷者的耐心和细心是个挑战，如果应试者的卷面不整洁、字迹不清楚、排版不合理，则很容易给评卷者留下不好的印象，影响最终得分。

（5）申论题。

2004年4月中共中央组织部印发了《党政干部公开选拔和竞争上岗考试大纲》中，在笔试题型中增加了申论题，并给予名词解释。申论即申说、议论的意思。申论是分析概括、说理论证的有机整合。它既吸收了科举策论和近现代作文的合理内核，又贴近领导工作的实际运作，追求对日常领导工作模拟的似真性和与选拔职级、职位的适应性。申论题属多元结构试题、其规范性结构为三要素结构：一是提示语，即应试者答题时应注意的事项；二是材料，为应试者提供答题所依据的素材；三是答题内容即要求，即应试者根据所给材料必须解决的具体问题。申论题一般要求应试者对给定材料进行分析、整理、归纳、概括及综合，对主要问题提出意见和建议或解决的措施和办法，并进行论证。

笔试题型结构中，申论题处于高难层次，主要针对领导人才能力素质要求中的开拓能力而设置的，着重测评应试者审势应变、战略策划、发散思维、机遇把握与风险承受能力，同时也兼顾领导人才综合行政能力的考查。申论题既有别于科举的策论，也不同于公务员考试中的作文，对应试者的能力素质水平有较强的鉴别力，有利于贯彻"因虚设考"、"考用一致"、"督导学习提高"等施考原则，切实体现"考实不考虚"、"考活不考死"、"考好不考倒"的考试设计思想。

特点：

①考试试题的通用性。

申论考试是一种素质测试，要求考生具有比较丰富宽泛的知识，这些知识来自应试者日常的积累，不是突击性死记硬背就可以圆满完成试卷的。录用公务员公共科目的申论考试不向某种专业知识特别倾斜，但是领导机关内部竞争上岗与专业类别联系很紧密。基于常识判断而开展工作的能力是领导人才应该具备的基础能力。

②材料的广泛性。

申论考试所提供的背景材料范围广泛，内容多为人们熟知，社会性、现实性较强，对政治、经济、社会、文化等诸多问题均有可能涉及。例如目前人们关注的社区管理、就业问题、留学教育低龄化、群众与干部的关系、征地拆迁等多种问题都可以作为申论考试试题的选题范围。

③问题针对性强，答题路径宽广。

申论考试题目涉及的问题不管多么复杂，涉及面多么广泛，人们的见解多么莫衷一是，都是可以解决的。无论申论题的材料内容涉及面多广，结构关系如何复杂多变，其问题的设置都务必紧扣所要测评的能力要素，并顾及应试者群体的身心特征，力求做到以下两点：一是通过应试者回答问题，评卷者能够准确鉴别应试者能力要素方面的程度水平；二是问题的开放性。应试者根据材料从不同的角度进行概括、申述观点、发表见解。

缺点：

①要进行科学的分类设级。

分级考试是国外录用公务员的成功经验，也是保证考试效度的重要措施。2006年公务员法出台后，把公务员分为综合、行政执法、专业技术三类。但是领导人才选拔录用也要根据职位的不同将考试相应地建立分类、分级考试，为不同的领导岗位及不同层级的职位设立不同的考试级别，这样就可以保证职位或岗位需要什么样的能力和素质的领导人才，就可以提高考试的效度和信度。

②申论命题在形式设计上要更灵活。

申论考试的命题应当在考核目标明确的基础上有所变化。考核的形式应该是多种多样的，即不限于几个部分，也不限于某种文体，记叙、议论、说明等多种表达方式综合运用。由于公文运用的介入，也大大扩展了"申论"写作领域，公文这个概念包含了许多"文种"，可以使申论试题样式翻新。例如，2003年国家中央机关招考公务员考试的申论试题一改往日申论材料单一文字叙述的方式，同时采用文字和图形两种不同的表现形式，以增加考试的难度。申论命题在内容选择上有一定的条件，但在形式方面则可以有很多组合方式，可以充分体现灵活和变化的原则。

**（五）笔试实施规程**

笔试具有特殊的应试群体、测评要素及测评标准，但其实施流程运作模式则与其他类型笔试基本相同，笔试实施规程同样包含笔试的实施流程及笔试功能的有效发挥和测评目的的最终实现。在这里我们采用狭义的考试施测，包括笔试施测和笔试评卷。

1.笔试的施测流程及质量控制

笔试施测不仅是整个笔试活动中一个特殊的环节，其本身也是一个步骤繁多，程序严密的运行流程。在整个笔试活动中，实测这一环节是真正意义上的主体互动活动。考试的公平性、科学性、客观性、教育性和规范性在实测这一环节中得到了最全面的、最集中的体现。而笔试施测流程是否规范、科学是评判施测管理水平的高低基本标准。

第一阶段是测前预备阶段：

（1）试题准备。在实施笔试之前，要准备好笔试试卷。要将笔试试卷打印好，并与相关配套的材料放在一起进行分装、密封。同时准备好答题纸、草稿纸及其他配套的纸质材料。接受保管试卷，此项工作通常在施测前一天准备就绪。试卷保管必须达到国家保密部门规定的相应标准。

（2）设置考场和试场。此项工作必须提前进行并保证在施测前一天准备就绪。根据当次笔试的要求，应试对象、报考规模以及环境条件等因素，选择、设置考场和试场，包括购买、备齐布置好考场所需的施测物品。

（3）监考人员的管理。此项工作通常在施测前1—2天内进行。监考人员必须提前到岗，通常监考姓名第一位的为主考官，要负责领卷及考场其他事宜的安排。至于每个监考人员的具体监考试场，必须在施测前领取试卷时才能确定宣布。

（4）监考人员分别进入，监考人员领取试卷及测试用品后，必须直接到达监考试场，中途不得停留或者转换地点。监考人员在试场黑板上书写本次考试的科目、起止时间、试卷页数及试题数。

（5）分发测试用品。此项工作一般在正式施测前15分钟完成。

（6）组织应试者进入考场，此项工作一般在施测前15分钟进行，截止时间为施测前10分钟，应试者均在各自考桌坐定。

（7）宣布考场规则。监考人员于施测前 10 分钟时宣读考场规则。

（8）开始前 10 分钟，监考人员拆封试卷袋，逐步核对。考试前 5 分钟开始分发试卷，检查有无破损、缺少或打印不清晰的情况，然后要求被试者在规定好的地方认真填写姓名、考号等信息。

第二阶段正式实施阶段：

（9）发布"作答开始"指令。以考场正式作答铃声为准，考生开始答题。

（10）考试开始后，监考官开始逐个对照应试者相关证件、考号、照片、主监考则不能离开考场前方主监考岗位。

（11）观察考场动态。解答属于规定范围内的疑问，为应试者提供服务，填写考场记录单，处理实测过程中的突发事件。

（12）考试时间结束，考场铃声响，应试者停止作答。

| 时间 | 流程 | 注意事项 |
|---|---|---|
| 8:40 | 考生签到、入座 | 携带身份证、准考证、并将手机、计算器与考试无关的物品放于专门的物品存放处，根据编号找到座位 |
| 8:50 | 考前说明 | |
| 8:55 | 发放笔试试卷 | 注意将姓名、考号等信息填写完整，并认真阅读《考生注意》 |
| 9:00 | 开始答题 | 主考官宣布笔试开始 |
| 9:00—11:00 | 答题并注意时间 | |
| | 笔试结束 | 考生答题结束后向监考官示意，监考官检查其是否完成试卷及答题纸上信息是否填写完整，并提醒考生带好随身物品 |
| | 笔试结束 | 等考官将所有试卷回收并清点数量完毕之后，方可离开考场 |

第三笔试评卷：

笔试评卷是笔试活动的最后一个环节，也是笔试最终成果的集中和最高体现。尽管这一环节的工作人员涉及面窄、数量少，但由于其工作的专业性强、保密性强、社会关注度高、评卷流程及质量控制成为关乎整个笔试成败的关键与保证。

2. 笔试的评卷流程

笔试的评卷流程和常规的笔试评卷相同，可以分为两个大环节五道程序。

第一个环节是评定成绩环节，包括通过试评审核标准答案和制定细则、确定阅卷方法、正式评卷、分数转换和统计分析五道程序。

（1）审核标准答案和制定评分细则。

评分前，阅卷组应首先抽样试评，再结合试评情况仔细审核标准答案，并在此基础上制定评分细则，制定标准答案和评分标准，既要坚持客观标准又要客观认定应试者的实际水平。

阅卷评分必须集中地点，集中时间进行。评分人员应该是同专业或者相近专业的专家或工作人员，具有较高的业务水平和较强的工作责任心。评阅试卷需要做到宽严适度，执行标准始终如一，评分判分实事求是，秉公办事，不徇私情。为保证试卷评分工作达到上述工作要求，各位评分人员应事先学习评分标准。

（2）确定阅卷方法。

客观题的计分相对简单，客观。使用计算机阅卷，参与人员少，阅卷过程一经制定，就不可轻易更改，答案唯一客观，人为干预的可能性小，能在一定程度上减少偏袒、舞弊现象。主观题的计分是由人工完成的。阅卷有两种形式：一是每位阅卷者独立评阅全卷试题；二是采取流水作业方式分题评阅，这是目前较常用的阅卷方式。人工阅卷容易受到阅卷者知识水平、情感、态度等难以控制的因素的影响，评阅试卷难免会出现一些错误。

（3）正式评卷。

进入正式的判卷阶段，试卷启封前应在一定保密措施下进行，阅卷也应实行严格的程序管理。阅卷一般使用红色墨水或者红色圆珠笔。计分数字要清楚、工整。卷面整齐，只能画写阅卷的规范标记和分数，严禁涂抹试卷。为保证责任到人，通常要求阅卷者在自己改的卷子上签名。同时为保证考试的公平、公正，很多时候采取的都是匿名评审。用密封条遮蔽能够反映答卷人的身份信息。对于违反纪律、营私舞弊或因工作不负责任而造成不良后果的阅卷人员，应按照相关规定予以相应的处罚。

（4）登分、合分与核分。

试卷的每个小题、大题及全卷分数的登记、核实与统计应实行分段隔离管理，即分别由不同的人员在不同时段进行。

（5）统计分析。

对全体及每位应试者的笔试成绩，含公共科目笔试成绩和专业科目笔试成绩及其不同的测评要素的得分情况分别予以统计和分析。在获得应试者的笔试成绩后，组织可以根据自己的标准，对应试者的得分进行评价，在此基础上，从所有的应试者中筛选出符合组织要求标准的人。

第二环节为处理结果环节。

包括撰写和送交评卷总结报告。自此，一次完整的笔试就此完成了。

**（六）对考官的要求**

提高公选领导干部笔试的有效性，保证试题的针对性与科学性，使笔试的施测能够高效完成，必须建立科学规范的命题团队和高水平的阅卷评分队伍。

1.建立公开选拔笔试命题的研究团队

建立专业的高水平的命题研究团队是公开选拔笔试命题的人员保障。在笔试实测过程中，无论采用第三方命题还是实施单位自己组织的命题，都必须严格考察命题人员与之相应的专业知识和实践经验背景，一般来讲，命题研究团队主要有四个方面组成，一是长期从事公开选拔考试工作，具有丰富的组织出题、考试经验的实际工作者；二是各个专业、学科长期从事教学、科研工作的专家、学者；三是具有相应知识水平和实践经验的领导干部；四是组织部门负责人。在命题之前，对命题人员要进行系统的培训，使他们明确命题原则和标准，进行合理分工，防止重复出题和漏项。

2. 针对公开选拔的岗位级别以及选拔对象进行职位岗位的匹配能力分析

在领导干部公开选拔实施过程中，对公开选拔的各级岗位进行分类，并从中选出代表性的职位，进行职能、职权、职责等方面的系统分析，即任职者应具备的知识结构、能力素质条件。为命制有针对性的试题，提供命题的方向。

3. 实施针对性的命题

在公开选拔两类考试中，虽然命题的类别不同，但是它们存在着共同的趋势，就是随着公选职位越高，主观性题目越强，测试能力水平越明显，试卷的难度就越高。因此，在命题过程中，一是借助专家命题，二是通过调查实践，从工作实践领域中，把握专业试题的前沿与发展中面临的问题。

4. 审核制度

试卷进行整合和审核是高质量的试卷命题最后一道防线。实施依靠专家的试卷与多次审核，是保障试卷命题有效性的非常重要的步骤。其重要性在于试卷内容结构合理化、有争议的试题规避、试卷内容同测试要求的紧密性、前沿性和及时性等方面。

在试卷和答题一定的情况下，阅卷误差的控制情况主要取决于评分人员的水平和经验、心理素质和工作态度。因此建立高水平的相对稳定的阅卷队伍是控制阅卷误差、确保阅卷质量的基础。同时，一切先进的技术装备、各类行为规定、各项实施标准、都有赖于高素质的评分人员的熟练操作和严格遵守，才能充分发挥功效，给评分运行以积极地影响。所以保证高水平的阅卷队伍，势在必行。

1. 建立评分人员资格准入制度

领导人才选拔笔试主观试题评分队伍组建既要有学科专家，又要有考试专家还要有拟选职位的上级领导干部，这样有利于综合把握评分标准。

2. 建立业务培训制度

通过对评卷人员进行短期培训和长期培训相结合的方式，使其掌握评分标准和评分细则，明确评卷任务、日程、原则和要求，而且要对评分者进行各类笔试的人员进行考试学、统计学、心理学、管理学、测量学等业务能力和技术的培训，整体上增强评分误差控制的能力。

3.实施资格证书制度，实现评分队伍的职业化、专业化

对每次笔试评分者进行质量监督，在评分结束后对每位评分人员进行思想表现、业务能力等总体素质的综合评定，建立业务档案，为评分人员选聘任用的依据，建立选聘、培训、使用、奖惩等相对稳定的管理机制。

**（七）笔试的功能和局限**

任何一种测评方式的有效性，亦即测试功能的正常发挥，都只能针对某一特定的测评目的而言。不同的测评目的决定了不同的测评内容和能力要素；而不同的测评内容和能力要素，又具有不同的性质、特点，因此其测评方式也有所不同。我国现行的公选笔试的测评方式的测评目的有两个：其一，公共科目笔试的测评目的，即通过应试者对领导干部应具备的基本理论、基本知识、基本方法的掌握程度，特别是运用这些理论、知识和方法解决领导工作实际的问题，从应试群体中甄选出具有从事领导工作基本素质的一类领导人才；其二，专业科目笔试的测评目的是通过测试应试者对专业知识的掌握程度，特别是运用专业知识的能力，解决领导工作中实际问题的能力，从应试群体中区分出具有不同类型专业素质的领导人才。

凡笔试都有大体相同的基本功能。相对于应试者个体现实水平与考试目标要求而言，笔试具有检测评定功能；相对于应试者个体水平与应试者群体水平而言，笔试具有鉴别区分功能；相对于应试者个体与拟选职位的能力素质需求而言，笔试具有预测功能，相对于应试者个体现实水平的形成而言，笔试具有诊断功能；相对于社会对应试者个体发展的需求而言，笔试具有督促导向功能；相对于笔试自身的科学化而言，笔试具有反馈调研功能。

公选笔试的测评功能，也只能针对公选笔试的测评目的的需求而言。因此公选笔试测评有以下几种功能：

1. 检测功能。通过公共科目考试，检测应试者是否具有胜任领导工作的认识能力和相关的现实运作能力以及职业素质。

2. 鉴别能力。通过专业科目考试，从应试群体中区分出具有适应不同的专业领域领导工作所要求的能力素质的领导人才。

3. 预测能力。通过两类考试较准确判定笔试入选者是否具备履行相应领导职务所需的基本领导素质。

4. 督导功能。通过两类考试测评的要素，如实体现党中央建设高素质领导干部队伍的要求，给各级各类领导干部在职培训，自我知识的更新和领导能力的提高，以积极督促和指导。

而笔试也存在着一定的局限性。

1. 间接单一性

由于测评对象不可直观，且交互媒介单一，缺乏全程互动。主试者不能与应试者直接建立联系，不能直观、及时、机动、系统地收集了解所需的信息。

2. 试题可能出现不够科学的现象

如果试题中出现怪题、难题，这对应试者来说是毫无意义的题目，因此有些人考的比较好，但是并不能说明他掌握了必要的知识。而应试者的考试成绩比较差，也不能说明他必要的知识水平低，因此这本身就违背了笔试最初的目的。

3. 拟真性差

笔试测评内容拟真性、情境性不强，测评结果难以真实准确地反映应试者某些特殊能力、实际技能及显性品质等。

比如笔试难以检测人的实际能力和现实能力以及适宜领导工作的某些外显性个性特征和领导者人格感召力方面某些内隐性职业品质。笔试主要测评功能是认知能力领域，其次是情感领域，对于人的动作技能、运动技能、解决处理现实事务的能力无法检测。同时由于笔试测验的内容容易误导应试者偏重于机械记忆，不能很好地反映个人的创造性和推理能力，同时猜测的机会比较多，会在一定程度上影响个人的真实水平的发挥。

4.阅卷可能出现不统一

阅卷人员素质的高低不同，若素质较低，在阅卷时可能会出现偏差，或者评价标准不一致时，测试的结果就不准确了。

正因为如此，随着人们考试方式、测评手段的不断创新，评价中心技术、网络在线测试、资质评价等测评方式日趋兴起，人们对于笔试在人才测评中地位与作用有了新的认识。一些公选领导干部必测的能力素质、个性特征和职业品质都需在笔试测评的基础上，通过面试、评价中心和组织考察作进一步的评测。

### 三、结构化面试

面试在中国有着悠久的历史，时至今日，面试已经成为各级各类组织人才招聘，录用，特别是干部选拔，任用过程中十分常见的素质测评方法之一，面试的结果在干部选拔中具有相当重要的作用。随着西方管理学、心理学、统计学、组织行为学的兴起，改革传统的面试方法有了科学理论的指导。正是在这种情况下，结构化面试应运而生。

1915 年，美国人斯考特通过对销售人员选拔面试的实证研究发现，面试的评分者效度和信度都比较低，引发了他通过建立有效的结构来增强面试的效度和信度的构想，这一构想启发了众多的后继研究者循着这一思路继续研究。到了 20 世纪 80 年代，由于全球化竞争开始加剧，减少劳动成本、增加员工生产效率成为关注的中心，雇佣面试与相关的选拔公务员方法的预测效度引起广泛重视。结构化面试概念也在此时被提出，包括如行为描述面试，情境性面试。目前西方关于结构化面试的研究除了继续致力于对效度和信度的测量上，同时关注结构化面试的以下几个方面：一是研究者与招考单位的相互适应问题，即对两方在价值观、需要与兴趣等上的匹配程度的研究；二是在结构化面试过程中，应用计算机技术来辅助面试。计算机可能会在评估应试者精力和职位申请后，为面试考官提供一个面试建议，甚至提供一些特定需要提出的录用面试问题；三是跨文化比较，研究不同文化背景下的面试特点，为有针对性的面试设计与评估应试者的独特反应提供理论依据。

结构化面试方法引入我国也有十多年的时间，在国家成文法规考试中首次被运用则始于公务员考试。随着几年时间的发展，在 1985 年，公开选拔领导干部制度正式产生，在国内比较有影响的浙江省宁波市公开选拔局级领导干部，它标志着公开选拔领导干部制度的正式形成。为什么学术界公认此次公选是公开选拔领导干部结构化面试制度形成的标志？究其原因是：一方面本次选拔领导干部首次使用公开选拔这一概念；另一方面本次选拔干部成功地引入笔试、面试综合运用，而且此次选拔首次进行了结构化面试尝试。这两个方面和目前公开选拔制度的基本构成要素是基本吻合的。

1989 年 1 月，中组部、人事部联合颁发了《关于国家行政机关补充工作人员实行考试办法的通知》，通知要求考试的基本方式为笔试与面试。1994 年，国家人事部要求全国各地国家各部委公务员的录用与招聘，按统一的程序与标准进行面试，《国家公务员录用暂行规定》对面试的有关内容也作出了明确的规定。2000 年 3 月，中组部印发了《全国公开选拔党政领导干部考试大纲（试行）》，其中规定，"在目前条件下，以结构化面试为主，其他办法可根据具体条件酌情使用"，首次明确了结构化面试是公选面试的主体办法。标志着全国公开选拔领导干部的科学化规范化进入一个新阶段。20 世纪 90 年代中后期，我国关于结构化面试的相关理论研究开始起步，目前正处于从简单模仿向本土化的转化期。

（一）面试的定义

面试的历史源远流长，但是人们至今对面试未能形成一个统一的看法，有人认为面试就是口试，就是与考生交谈，以口头答询问题的考试形式；有人认为面试时通过对外部行为的观察和评价，来实现对人员内在的心理素质测评的目的；有人认为面试包括笔试、口试形式，口试包括抽签问答，随机问答、模拟测验等形式。这里我们采用国内最普遍认同的面试定义：面试是指在特定的时间、地点进行的，有着预先精心设计的明确的目的和程序的谈话，通过主试者与被试者双方面的观察、交谈等双向沟通的方式，了解应试者的素质特征、能力状况以及求职动机等方面情况的一种人员甄选与测评技术。

面试作为一种常用的测评方法，往往综合地采用其他手段，来实现对被试者的全面评价。如面试时还可采用一些测验题目，比如认知测验（成就测验、智力测验、能力测验等）和人格测验（用来评价、测量人的情绪、兴趣、态度、价值观、动机、性格等方面的测验）题目等。随着面试方法的不断发展，为了提高其效度，近年来结构化面试和非结构化面试越来越广泛运用在干部选拔中。

随着机关企事业单位、社会团体等各类组织对人才选拔工作的重视以及对人才的需求加剧，近年来面试评价工作也逐步趋于规范。纵观过去的面试发展状况，我们可以了解到，结构化面试以其要素确定、程序规范、评价客观成为应用较为广泛的人才评价工具，在公开招聘和选拔任用中发挥着越来越重要的作用。绝大多数委托单位在选拔人才上倾向于运用结构化面试这种方式。

**（二）结构化面试概述**

所谓结构化面试，主要包括三方面含义：第一，测评内容结构化。结构化面试的测评内容源自工作分析，对应聘同一职位的被试，测评的是同一组试题，考查的是同样的能力素质，考官应尽量用同样的语气、同样的神情对每位考生提问。第二，测评过程结构化。这体现在整个结构化面试的流程之中，比如，每人的应试时间、考官的数量、组成，事先都作了科学、严格的规定。第三，评分标准结构化。通过对测评要素的组成及权重的设置、评分等级、计分方法的规定等方法进行规范化设计，实现考试的公平与客观。面试是公开选拔党政领导干部能力素质测评的一个重要方法，是测评党政领导干部能力素质的最直接、最有效的途径。面试不是简单地面对面谈话，也不是完全拼接经验和阅历就能洞悉一切的带有神秘色彩的"相面"，它是根据对特定职位的分析，遵循固定的程序，确定面试的测评要素，在每一个测评的维度上预先编制好面试题目并制定相应的评分标准，面试过程遵照一种客观地评价程序，对被试者的表现进行数量化的分析，给出一种客观的评价标准，不同的评价者使用相同的评价尺度，以保证判断的公平合理性。它是由多名考官按照预先设计好的一套包括各种测评要素在内的试题向考生进行提问，根据考生的回答，给出考生在各个测评要素上的得分，各个测评要素得分的综合就是考生的最后面试成绩。随着时代的发展，传统面试已越来越不能适应社会对人才的需要，此时，结构化面试登上了人才测评的舞台。

在结构化面试的过程中，考官不能随意变动设问问题和面试程序，必须根据事先拟定好的面谈提纲逐项对被测者进行测试，被测者也必须严格地针对问题进行回答，要素评判必须按分值结构合成。与一般面试相比，结构化面试对面试考试的考官构成、考察要素、面试题目、评分标准、具体操作步骤等进一步规范化、结构化和精细化，并且统一培训面试考官，提高评价的公平性，从而使面试结果更为客观、可靠，使同一职位的不同受测者的评估结果具有可比性。结构化面试可综合考察被试者的各个方面，检查纸笔测验的结果，为组织高效地选择合适的人才提供充分的根据。

面试前，要根据具体职位的需要对人的素质的不同方面进行问题设计，有时还会预先分析这些问题的可能的回答，并针对不同答案划分评价标准，以帮助主试者进行评定。

在面试中，主试者根据面试提纲逐项向被试者提出问题，被试者必须针对问题进行回答。多个被试者都会面对同样的一系列问题，面试的内容具有可比性。这样，对所有面试者来说比较公平。由于被试者对同样的问题进行回答，主试者根据统一的评分标准进行评价，操作起来比较方便而且也容易做出公平公正的评判。

**（三）结构化面试常用的测评维度**

结构化面试在公共科目和专业笔试基础上，进一步测试应试者在领导能力素质和个性特征等方面与选拔职位的匹配程度。其测评能力要素主要有：

1. 综合分析能力

通过分析与综合，归纳与总结、概括与推理，提示事物的内在联系、本质特征及变化规律的能力。着重考察应试者对事物的分析是否符合逻辑，推理的前提是否成立，推理的过程是否清晰、严密，能否通过现象看本质，抓住主流，能否运用联系、发展、实际的观点看问题。

2. 语言表达能力

流畅表达自己的观点，着重考察应试者表达观点的明确度，表述思想的条理性以及语气的坚定性，语调的感召力、言语的简洁性和语速的从容性。

3. 人际沟通能力

通过情感、态度、思想、观点的交流，建立良好地协作能力。着重考察应试者能否客观考虑他人的境况，善于理解他人的思想，尊重他人的建议，能否说服他人、有效调动各方面的积极性。

4. 应变能力

面对变化的情况和突发事件，迅速做出反应，采取适当的方法和措施妥善地解决问题的能力。考察应试者面对突发事件的心理承受能力、情绪稳定性、思维反应的敏捷性、解决问题所用的适宜性、问题处理的决断力等。

5. 组织协调能力

围绕工作任务，对人、财、物等资源进行合理的配置，协调各方面的关系，保证工作任务顺利完成的能力。着重考察应试者工作中的变通能力、协调能力及凝聚力。

6. 决策能力

面临着机遇和问题，能够及时准确地进行分析、判断并快速做出科学决断的能力。着重考察应试者对重要问题进行决策时，能否及时做出科学的决策。统筹全局、分析全面、客观务实、决策果断科学，是衡量应试者决策能力水平的重要指标。

7. 创新能力

能够发现新问题、产生新思路、提出新观点的能力。着重考察应试者是否具有发散性、较强的预见性、想象力和评价、分析、解决问题的思路和方法、结论是否具有创新性。

8. 激励能力

根据人的行为活动规律，采取有效的方法、充分调动人的积极性的能力。着重考察应试者能否运用有限的资源，采取恰当的措施满足他人不同层次的需求，从而激发鼓励他人共同完成目标的能力。

9. 选拔职位需要的特殊能力

该测评要素根据拟选职位的特殊要求，经职位分析后确定。与上述 8 种能力素质不同，这些特殊要求不是所有职位、职级干部必须具备的共同品质、而是相对于特殊职位而言的特殊能力素质。

10. 个性特征

应试者表现出来的气质风度、情绪稳定性、自信心、自我认知等特征。个性是个体有机结合的、相对稳定的心理特征，这些心理特征决定着个人在不同的情境下独特的行为方式。即领导干部的个性决定着领导干部的行为风格。

**（四）结构化面试的特点**

结构化面试，要求对试题构成、测评要素、评分标准、时间控制、考官组成、实施程序和分数统计等各环节，必须事先按照结构化要求进行规范性设计。考官在与应试者以问答方式当面交谈的互动过程中，根据应试者的言语、行为表现，对其相关能力和个性特征作出相应的评价。结构化面试的主要特点：

1. 测试对象、目的要求严格限定

结构化面试作为领导人才测评中应用最广泛的面试方法，是在公共科目笔试和专业科目笔试两类笔试后进行的再次筛选，其测评对象严格限于通过笔试入选者。结构化面试的测评对象，经过了笔试的考察和甄别，证明其已经具备从事领导干部这一特殊职业的基本素质，并具有适应相关行业或专业领导职位要求的专业素质，因此，其测评的目的也就被严格限定在笔试基础上，针对具体的选拔职位的履职要求和实际工作要求，测度、评价应试者所具备的领导能力素质和个性特征是否适应具体职位的要求。正是由于测评对象和目的的严格要求，使结构化面试具有不同于其他测评方式的设计和实施规程。

2. 面试要素的结构化

根据面试的要求，确定面试要素，直接针对岗位实际要求选择对职必需的领导能力素质和个性特征作为测评要素。对各要素分配相应权重，同时在每一面试题目后，给出该题测评要素（或考察的要点），并给出答案要点（或参考答案），供考官评分时参考。

3. 面试的问题结构化

面试问题应围绕岗位的任职条件和胜任特征进行拟定，其内容包括对职位要求的知识、经验、个性、动机、技术和能力等；题型方面一般较多选择行为性题目和情景性题目；在题目的编排顺序上有严格的要求；另外，结构化面试在公选中，由于其对象已经限定为笔试的入选者，在年龄、学历、专业背景、任职经历、职业素质都基本相同，都必须按照具体选拔职位的素质要求进行测评，其测评的问题具有较强的指向性。

4. 考官结构化

结构化面试的考官一般为4—7人，依据用人岗位的需要，职位、部门、职务、年龄及性别都有科学的比例。其中主要有一名主考官，具体负责向应试者提问，并总体把握面试进程；其他考官各有分工。在公选中，结构化面试比其他结构化面试限定更严格，考官组成由选拔职位所在部门的领导、面试测评专家、组织人事干部三方面人员构成，而且都需经过严格的业务培训，甚至"持证上岗"。

5.面试评价有规范的、可操作的评价标准

其突出表现在每个要素都有严格的操作定义和面试的观察要点，并且规定了各个评分等级（如优秀、良好、一般、较差）对所对应的行为为评价标准，从而使每位考官对应试者的评价有统一标准。评价标准还规定了各测评要素的权重，使考官知道什么要素是主要的、关键的、什么要素是次要的、附属的。应试者的面试成绩最终是经过科学的方法统计出来的（即对每个要素去掉众多考官评分中最高分和最低分，然后得出算术平均分，再根据权重合成总分）。

**（五）结构化面试试题结构和题型规范**

领导人才结构化面试试题和试卷结构的设计，是结构化面试设计的关键环节。

规范化的结构化面试试题应由问题陈述、测评要素、出题思路、观察要点、评价标准五部分构成。

问题陈述，即考官所问的问题及其表述。出题思路，是对考察主旨、意图的提示。观察要点，对考官说明应对应试者回答进行观察、倾听、记录的重点。测评要素，本题主要测评的能力素质或个性特征。评价标准，一般分为好、中、差三级，并对每一级别的行为特征有较准确地描述。

结构化面试能否成功，主要受面试维度、面试题目、面试考官三个方面的影响。面试题目设计是考官根据结构化面试维度特点选择提醒的过程。面试题目的信度和效度水平对最终的面试效果具有关键性的影响，面试题目设计是面试取得成功的基本保障。

结构化面试试题共有六种类型，即背景性试题、智能型试题、情景性试题、知识性试题、意愿性试题和行为性试题。一般常用的试题类型有背景性、智能型、情景性、意愿性和行为性。

## 结构化面试类型

| 题　型 | 目　的 | 样　题 |
| --- | --- | --- |
| 背景性问题 | 降低应试者的紧张情绪，创造融洽的交流环境 | 您到这里需要多长时间？您住在哪里 |
| 智能型问题 | 考察应试者逻辑能力，综合概括能力，分析能力，观察判断能力 | 请结合实际进行阐述：领导干部首先要"堂堂正正做人" |
| 情景性问题 | 测试应试者高层次的抽象思维能力，概念运作能力和高层次管理能力 | 某县某乡长长期拖欠教师工资，大大影响了教师的工作积极性，现有部分教职工来县集体上访，要求解决拖欠的工资，如果领导安排你去处理这件事，你打算怎样做 |
| 意愿性问题 | 主要用于测评求职动机、成就动机、根据具体的岗位组合测试要素（组织、分析、沟通） | 你所在单位的正职与副职之间关系一直很不协调，一次正职领导让你去处理一件紧急公务，而副职领导让你赶写一份重要材料，这让你非常为难，你如何处理呢 |
| 行为性试题 | 用于测评应试者计划决策、组织协调、人际关系、应变能力、抗压力、以及合作意识责任力等 | 让你组织一次离退休老干部晚会，你会如何组织 |

### （六）结构化面试的操作组织实施

结构化面试的实施是一个程序化的测评过程，要求组织严密，运行规范，环境适宜。尤其是领导人才结构化面试的实施，必须精心组织、创设适宜的施测环境，严格按照设计规程次序推进。

1.确定面试官，设计评分表

结构化面试的试题编制具有很明确的考核维度，因此在选择面试官时要依据考核要素进行不同背景的考官搭配。不同的面试官之间评分的权重结构应尽量保持平衡，否则在公平性上难免有失偏颇。单独一位面试官的打分权重结构应尽量保持在 50% 以下，具体权重有具体面试要求决定。规范的评分表也是结构化面试的重要工具，需要根据面试问题进行针对性设计，并对每项标准进行明确地说明。

2.进入面试具体实施阶段

（1）对应试者进行身份确认。考务人员在候考室对应试者进行身份确认，检查身份证、准考证、面试通知书等。根据实到人数对面试工作进行调整。应试者一旦进入候考室，不得中途离开，面试结束的应试者也不得再次进入候考室。

（2）应试者抽签排出面试顺序。在考务人员组织安排下，让候考者以抽签的方式确定各自应试的先后顺序。考务人员依次登记候考者姓名和考号。

（3）应试者入场。由引导人员带领应试者进入面试考场，并通知下一个应试者做好准备。

（4）主考官宣读指导语。主考官宣布指导语，交代提问的数量，回答顺序及回答时间，使应试者心中有数。此步骤具有缓冲和过渡的作用。

（5）主考官提问，应试者回答问题。主考官逐题发问，应试者如果未能听清题意，可要求主考官重复一遍。这是面试的主题环节和关键步骤。

（6）考官追问。按照结构化面试的设计安排，考官可对应试者进行追问。追问的次数可以根据应试者回答问题的情况确定。应试者回答完毕，主考官向应试者表示感谢，应试者离场，面试进入评价阶段。

3.结果评价

在结构化面试结束后，一般要求所有面试官进行完全独立的评价，最后再将所有面试官的评价结果进行汇总，确定最终的决策。采取这种方式大大降低了评价的主观性，有多位考官共同决定的面试结果能够保证较高的公平性与客观性。最后主考官、记分员、监督员在面试成绩汇总表上签字，最后将所有记录存档。

**（七）结构化面试考官的要求**

古人曾说："一流之人能识一流之善；二流之人能识二流之善。"可见面试官素质的高低，经验的多少直接决定着整个面试的质量。结构化面试的主考工作专业性强，技术含量更高，对考官素质的要求自然也比其他面试方法更高，因此，建立一支高素质的考官队伍十分必要。

1. 根据结构化面试的要求选配考官组

公开选拔的面试小组由有关领导、专家、组织人事干部等人员组成，一般不少于七人。竞争上岗的面试小组一般由本单位领导、干部（人事）和相关单位领导及专家组成，一般不少于七人，其中外单位人员占一定比例。

考官的组成要具备良好的个人品德和修养，客观、公正、思想作风正派，这是对面试官最基本的要求。只有能严格按照要求对应试者进行评价的人，才能胜任面试官的工作。还要有执法者的使命感和责任感，掌握结构化面试主考技能，了解选拔职位的工作，对岗位工作内容与任职资格有一定了解，并由丰富的社会、工作和管理经验。

2. 对面试官进行系统培训

选择了合适的面试官，接下来就要进行培训，培训的目的是让考官更加得心应手地实施面试，也为了提高面试的有效性。面试官要进行以下三方面内容：

（1）意识培训。主要是让面试官认识到在面试过程中会涉及哪些心理活动，在评价过程中可能产生哪些偏差，在做好充分准备后，面试中认知误差会尽可能地被降低。

（2）面试工作要求及测评标准培训，学习有关规则，明确面试考官职责；了解面试工作计划；掌握面试测评所用方法的具体程序；了解选拔职位的任职条件和工作职责；掌握面试命题的基本思路；熟悉测评标准体系。

（3）施测与评判技巧培训，包括面试的导入技巧，面试提问、倾听、观察、评分的方法和技巧，以及面试气氛调节的技巧。

3. 逐步建立结构化面试考官资格证书制度

通过推行结构化面试考官资格证书制度，逐步建立一支稳定、高素质、专业化的面试考官队伍。需要指出的是，面试考官的资格证书要根据考试选拔的层级、专业、行业以及测评方式分层、分类、分级、分区建立，以求面试考官与具体选拔需要的对应性。

**（八）结构化面试的优点**

2004年刚出台的《党政领导干部公开选拔和竞争上岗考试大纲》规定，"在面试环节中，可使用结构化面试方法，根据需要也可使用无领导小组讨论，公文筐测验、角色扮演、演讲等其他测评方法……"可见，虽然公选面试的方法多种多样，但是结构化面试依然是公选面试环节的首要方法。有以下几点优点。

1.保证面试的客观与公平

在结构化面试中，在同一岗位的应试者不论面试顺序的先后，均接受完全相同条件的面试程序，这样既保证了面试过程的公正、公平，此外，结构化面试更注重通过工作分析得出与工作相关的特征，使得面试官知道应该提出哪些问题以及为什么要提出这些问题，极大程度上避免了主观上认知偏差，使每个应试者能够得到更客观地评价，从而降低了面试的随机性以及不公平性，增强了面试的准确性。

2.操作简单规范，易于人们接受

结构化面试最明显的特征是其操作的规范化，从面试的准备到结束都有一套标准的流程进行参照，因而不易引起由面试官主观造成的判断误差。同一岗位的不同应试者评估结果之间具有极强的可比性，易于被应试者接受。

3.在低成本的条件下保持面试较高的信度和效度

根据调查显示，结构化面试是信度与效度仅次于评价中心的人员测评方法。相对于评价中心，结构化面试的成本及实施人员的专业性要求低得多，因此它是性价比极高的测评方法，在组织选拔中被广泛运用。而且结构化面试的试题是基于工作分析的，针对性强，专业性强，既保证了对考生的公平，又便于考生之间的相互横向比较；基于统一量化的评分标准降低了考官之间的评分误差，有助于提高评分者一致性的信度，使评分围绕着工作分析确定的测评要素进行。据有关数据证明，结构化面试的评分者一致性信度通常为 0.61—0.82，其稳定效度为 0.39。

4. 很强的岗位针对性

进行结构化面试的第一步工作是进行深入的岗位分析，在充分了解岗位需求的基础上，确定需要考核的要素，以工作分析为基础确定测评要素，使试题与工作内容紧密结合，因此有利于人才的合理配置。

5. 考务程序初步标准化

结构化面试吸收了笔试中的一些客观化、标准化的措施，采用标准的程序，针对应聘同一岗位的不同应聘者，结构化面试的题目、提问方式、计分方式、计分和评价标准都是相同的，大大提高了面试的信度与效度。通过减少面试中的主观随意性和不一致性，结构化大大提高了面试的可靠性和准确性。结构化还有助于提升面试的公平性与合法性。面试的公平性主要靠制度、素质和程序来加以维系。而结构化面试恰恰可以从程序上为人员选拔的公平公正创造条件。以国家公务员考试为例，尽管面试设计的面越来越广，作用越来越大，尽管在组织过程中还存在很多缺憾，但是总的来说没有出现较大负面反应，面试的公平性得到了社会、特别是应试者较高程度的认可。结构化程序设计大大降低了出现不公正现象的可能性，有助于提高应试者的公平感和认可感。

6. 公平性得到明显提升

我国的结构化面试全面开展的十余年，已拥有包括国家及地方在内的法律法规，对公务员结构化面试的面试原则、面试操作程序、面试回避、监督等作出了具体要求，这些法规为结构化面试的公平性提供了坚实的法律后盾。并且，在结构化面试过程中，各考场内考官、计分人员、监督人员均由现场抽签确定，对报考同一职位的所有考生询问相同问题、按照统一标准评分，并现场公布面试成绩。大大降低了徇私舞弊的可能性。

尽管结构化面试优点突出，但并不意味着其测评功能没有局限和不足之处。有以下几点：

### （九）结构化面试的局限

1. 从测评对象上而言，测评难度最大

在人才测评活动中，对干部选拔的测评难度最大。领导工作涉及面广、综合性强、复杂多变、对个人能力要求很高。公选结构化面试的测评对象是已经具备从事领导工作所需基础知识，专业知识与基本能力素质的那部分考生，他们一般有大专以上的文化程度，很多人本身就处于领导岗位上，有着丰富的工作经验和应变能力，这既为公选考试的选材质量提供了保证。也加大了公选结构化面试的测评难度。

2. "结构化"的局限性

"结构化"是把双刃剑，一方面它严格把控面试进程，使面试始终围绕核心目的向前推进；但另一方面，由于所有面试题的题目和流程都是固定的，预先设计好的，在有限的时间内，面试官可能难以十分深入了解应试者的全面信息。从测评方法来说，单一的考试方法都不可能测出人的德、学、才、识、体这一复杂总体的质和量，必须根据预测内容的不同外化特点以及具体考试目的实际需要，交替使用多种考试方法进行综合性的素质测评，才有达到预期鉴别目的的实际需要。

3. 命题设计缺乏科学依据

从我国最初采用结构化面试发展到今天，虽然当前我国已有专门的命题小组，但是大部分情况下，命题小组的工作人员在接到任务时，在尚未与考试单位进行详细的沟通，没有对考试单位提供的资料和岗位进行详细的分析之前，就已经开始凭借自己的经验对面试的测评要素进行自行设计。这种测评要素的确定方法缺乏科学的验证，并且过于模式化。

4. 结构化面试考官实施时灵活性不够

公选结构化面试的结构化的形式限制了考官与考生之间交流的自由

程度，考官不能随意追问使这一方法操作起来不够灵活，在考生信息采集上受到一定的限制。另外，考官对一些已经有把握的方面却仍然要问问事先拟定好的问题。实施过程的呆板还会导致当应试者较多时，考官容易疲劳。

5. 区分功能有待加强

印象管理的存在使得辨别应试者真实素质的难度大大增加，加之现代互联网信息共享技术的发展，面试经验广泛流传，更是促使社会中出现一些"面试专业户"。他们非常了解怎么在面试中给考官留下好印象从而脱颖而出，但在实际工作中却可能"高分低能"，而那些有能力做好却不善于面试的应试者惨遭淘汰。这种问题不仅是结构化面试的局限，也是所有面试需要解决的问题。

## 四、半结构化面试

由于结构化面试随着在国家公务员招考中的广泛使用已经日渐成熟，因此以结构化面试作为党政领导干部选拔面试的一种形式也是相对成熟和客观的。但是结构化面试虽然具有规范性强、标准客观的优点，但是其缺点也十分明显：在面试测评中缺乏灵活性。结构化面试由于对于试题的编制十分规范严格，使得考官在面试过程中的主动性大打折扣，这对于党政领导干部这样高素质的人群测评来说难以保证其能力的充分测评。针对这个特点，半结构化面试应运而生。半结构化面试是介于非结构化面试和结构化面试之间的一种形式，它结合了两者的优点，有效地避免了单一方法的不足。

换言之，结构化面试是根据对职位的分析，确定面试的测评要素，预先编制好题目并制定评分标准，对面试者进行量化分析，而半结构化面试是在结构化面试的基础上，主考官和其他考官就考生答题中涉及的有关问题或者疑问的问题进行进一步的追问，问题的数量要由面试时间决定，与结构化面试相比，形势更加灵活，有利于考生展示自己的真才实学，更有利于比较全面深入地考察考生的素质。

半结构化面试是对结构化面试不足之处的改进上形成的，它所测评的知识能力素质要素与结构化面试基本相同。但是，由于它在考官提问环节的改变，增强考官的主动性，考生临场发挥回答考官的不固定提问和层层追问，所以，它增强了对应试者临场应变和心理素质的考量，对应试者的言语表达和组织协调提出了更高的要求。通过这种增强应试者和考官交流的方式，应试者更能充分展现其才华，考官更能对应试者作出准确的评价，从而更能选拔出优秀人才。

**（一）半结构化面试的特点**

（1）由于考官提出问题的随意性较大，涉及面更宽，不仅要求考官本身的素质要更高，也对面试者的培训程度与应变能力提出更高的标准。

（2）考官的数量增加，构成也多元化，又因为考官随意性较大，所以对考官的选择与本身的素质提出了更高的要求。

（3）考生面试时间由常规 15 分钟增至 30 分钟或 40 分钟。一般分指定提问与自由追问两部分，信息量大，考察面广，对考生的评价也更加全面准确。

**（二）半结构化面试的优点与局限**

半结构化面试作为结构化面试的改进，具备了结构化面试的许多优点，如准确、公正、全面等。同时，在半结构化面试中，增强了考官的主动性，其可以针对考生临场的发挥和自己想知道的问题而随时向考生提问，同时这种提问有时也不是一问一答式的，也会是类似于聊天的双向沟通。这就说明半结构化面试形式上更加灵活，允许层层追问，测试能比较深入。半结构化面试通过这种方式增强了考生和考官之间的交流，充分保证在党政领导干部公选面试中，更加准确地测评考生的能力素质，为党政领导干部选拔提供了一个相对客观全面的测评方法。

事物都是一分为二的，半结构化面试在增加面试考官灵活性的同时，也意味着考官的主观印象，个人偏好对考生的成绩有了更多的影响。考官的追问问题的难易程度和答案的评分标准的不确定性，都会影响到最终测评的效度和结果的公正。严格的程序，机械灵活度不够，灵活的追问，客观严谨度不高，这是一个很难把握的矛盾。

## 五、评价中心技术

现代人才测评理论认为，人的行为和工作绩效都是在一定的环境中产生和形成的，要想准确地测评某个人的素质，应将应试者置于相应的环境中，观察分析应试者在该环境下的行为表现及工作绩效，进而评价其素质。基于这种理论，人们逐步形成和发展了评价中心技术这种现代人才测评技术。评价中心技术是近几十年来西方企业中流行的一种选拔和评估管理人员，尤其是中高层管理人员的人事测评方法。它正在以其"更全面、更有效、更客观"等测量最为关注的特点而被越来越多的学者和专业工作者予以肯定和欢迎。评价中心以其强调工作的情境测评性、多种测评方法综合运用等鲜明特色在中高级管理人才的评价方面起着越来越重要的作用。

近年来越来越受关注的公开选拔中，各地政府都在积极探索将评价中心应用到公开选拔党政干部中。从1985年浙江省宁波市公开选拔局级领导岗位至今，公开选拔已在中国有了25年的探索和实践。为了提高领导岗位公务员选拔任用的公正性和科学性，各地如北京、吉林、上海、四川、浙江等均积极尝试先进的素质测评方法，初步形成了以结构化面试为主，灵活采用公文筐法，无领导小组谈论，角色扮演、案例分析等测评方法，综合测评领导干部的各项素质的测评体系。

### （一）评价中心的概述

"评价中心"这个概念，容易被人们误以为是人才测评的某类机构或场所。实际上，"评价中心"是一种综合性的人才测评方法，主要用于人的综合素质测评。经过几十年的发展和完善，人们对"评价中心"这种综合性的测评方法认识更为全面、深刻，技术规则更为成熟，应用范围也更宽广。

第28届评价中心国际会议将"评价中心"描述为：由对多次行为的标准化评估构成的，由多名经过培训的观察员运用技术手段，对被评价人主要从专门设计的模拟情景中表露出来的行为表现做出初步判断归类，然后把这些观察结果提交到由专家评委组成的委员会或者经过统计分析程序产生整合的行为分析结果，在专家讨论过程中对每一受测被试人员就评级中心所要评价的特质维度或其他测评的变量做出等级评估。

在人才测评实践中应用评价中心技术，我们将其定义为，它包含多种评价方法和形式的测评系统。它不是某种单一的技术和方法，也不仅仅是个过程或程序，其应用更不会局限在管理素质测评的范围内。"评价中心"，确切说是评价中心技术，是创设一种逼真模拟的情境下，将被试者纳入到该环境中，使其完成该系统环境下对应的各种工作，如主持会议、处理公文、进行决策、处理各种日常事务和突发事件等。在这个过程中，主试采用多种测评技术和方法，观察和分析应试者在模拟的各种情境压力下的行为表现及工作绩效，以测量和评价应试者的管理能力及潜能等素质特征。

### （二）评价中心的特点

评价中心技术与传统的测评方法不同，他不是单一的测评方法，而是一组测评方法的综合。它结合各种测评方法的特点，更有效地选拔合适人才，发挥各种测评方法的优势。西方管理学家在对评价中心的效果分析中发现，有企业领导随意选拔的管理人员，按照使用的结果，其正确性只有15%；经过各级经理层层提名推荐的，其正确性达到35%；而通过评价中心测验选拔的，其正确性在70%以上，评价中心之所以成为如此有效的选拔技术，源于其自身的特点：

1. 情景模拟性

真实模拟性是评级中心最显著的特点。它根据目标职位信息，设置与特定职位相似的工作背景、要求、程序、内容等，将被测者置于最真实的场景中，完成与实际工作中最为相似的任务，现场操作，其现场表现与实际工作表现具有最高的符合度。评价中心一般是以情景模拟测评为基础的，通过多种情景模拟测评形式观察被试者的行为，其中包括处理一些信件与公文，口头演说，无领导小组讨论等。

2. 就技术运用而言，评级中心具有综合性

评价中心是多种测评技术和手段的综合运用。利用公文处理、模拟面试、角色扮演等多种形式，优势互补，充分发挥各项测评方法的长处，它把各种人才测评方法综合起来加以运用，使各种测评技术得到相互补充和验证，还能够多方面多层次的考查被试者在不同条件下的复杂而广泛的心理和行为表现，因而能大大提高测评的信度和效度。再次，受测者在模拟情境中通过各种行为可表现出综合能力，而传统笔试、面试仅能测评个体的专业知识水平，不能测试实践能力。

3. 就评价过程而言，评级中心具有动态性

评级中心多采用一些动态的测评手段，将被试者置于动态的模拟情景中对其动态的实际行为进行评价。这种对实际行动的观察往往比被试者的自述报告更为准确有效。而且，在动态的测评中，被试者可以进行相互作用，这样被试者的某些特征会得到更清晰的暴露，更有利于对其进行评价。

4. 就测评内容而言，评价中心具备全面性和针对性

由于评价中心综合运用多种人才测评技术，使它不仅能够很好地测评被试者的实际能力，而且还可以测评其他各种能力和性格品质等素质特征。例如我们设计的评级中心技术中，就能综合对被试者的口头表达能力、授权能力、时间管理能力、组织协调能力、逻辑思维能力、决策

能力、角色适应能力、应变能力等二十余种能力素质进行评价。另外，由于评价中心的测评指标体系的设计是从对工作岗位的工作分析出发来进行的，根据不同层次不同类别人员的岗位要求和必备素质，设计有针对性的模拟情景，适应不同岗位需要，在测评过程中，尽可能真实的模拟特定的工作条件和工作环境，并在特定的工作环境和压力下进行测评。这样做的结果是尽可能地保证选拔出来的人员在今后的工作中能够同他们在测验中表现一致，以此来预测应聘者在今后的工作中可能的表现水平。

5. 就评价功能而言，评价中心具有预测性

评级中心在功能上，主要对管理人员进行管理能力与绩效观测。它所测评手段很多是对真实情境的模拟，而很多情境是与拟任工作相关的情境。在这种情况下，被试者的表现比较接近真实情况，并且在复杂的任务之下，被试者也不易伪装，因而在情境性测验中被试者的表现与在实际生活中有较大的迁移性，对被测者的未来表现有较好的预测效果。

6. 就测评结果而言，评价中心具有高可靠性和高有效性

由于评价中心往往选用多种方式和技术对被试者进行多次测评，并由多个不同主试小组成员分别给予评价，这样减少因被试者水平发挥不正常或多数主试者评价偏差而导致评价结果失真的可能性，使一次测评定命运的不公平现象有所下降。另外，评价中心不仅仅满足于测验过程中收集得到的信息，而且还在测验后请被试者说明测验时的想法以及处理问题的理由，从而获得了更多的信息。在此基础上，主试者进一步评定被试者处理实际问题的能力和技巧，把定量评价和定性评价综合起来考虑。这些技术的综合运用都能有效提高评价中心的可靠性和有效性。

**（三）评价中心的主要形式**

如前所述，评价中心技术是一个方法体系，仅测评的主要形式有投射测验、面谈、情景模拟、能力测验等，但从评价中心的活动来看，主要有公文

筐测验、无领导小组讨论、有角色小组讨论、角色扮演、管理游戏、演讲、案例分析、事实判断等形式。各个测评形式的使用频率如表：

### 各种评价中心形式使用频率

| 复杂程度 | 评价中心形式名称 | 实际运用频率（％） |
|---|---|---|
| 更复杂<br>↑<br>更简单 | 管理游戏 | 25 |
| | 公文处理 | 81 |
| | 角色扮演 | 没有调查 |
| | 有领导小组讨论 | 44 |
| | 无领导小组讨论 | 59 |
| | 演讲 | 46 |
| | 案例分析 | 73 |
| | 事实判断 | 38 |
| | 模拟面试 | 47 |

资料来源：王淑红北京大学出版社人员素质测评，2012。

根据《党政领导干部公开选拔和竞争上岗考试大纲》的规定，中国领导人才测评主要使用的是：公文筐测验、无领导小组谈论、管理游戏、角色扮演和演讲等评价中心技术。接下来我们将一一为大家阐述。

1. 公文筐测验

公文筐测验是评价中心应用最广泛且最为有效的一种情景模拟测验，是对实际工作中领导干部掌握和分析资料、处理各种信息以及做出决策的工作活动能力的综合测评。对于中高级领导人才的隐性能力素质有着较好的鉴别作用。公文筐测验兼备了情境模拟技术和传统纸笔测验的优点，被越来越广泛应用于领导干部和管理人员的招聘选拔中。近年来，各地党委面向社会公开选拔党政领导干部的工作中，公文筐测验等评价中心技术得到了逐步应用，并取得了初步成效。其中，2005年湖南省结合实际情况，创新党政领导干部公开选拔的测评方式，在省管干部中增加了公文筐测验环节，这是该技术在全国公选厅局级干部中首次运用。

（1）公文筐测验的定义

公文筐测验也叫公文处理、文件筐测验，是一种情景模拟测验，是对实际工作中管理人员掌握和分析资料、处理各种信息，以及作出决策的工作活动的一种抽象和集中。这种测验在假定的情景下实施，所使用的情景，模拟一种假设的环境，如单位、机关所发生的实际业务、管理环境。提供给受测人员的信息包括涉及财务、人事、市场信息、政府法令、工作程序等，这些材料放在公文筐里，测验要求是被试者以管理者身份，模拟真实工作情境中的想法和行为习惯，在规定条件下（通常是较紧迫困难的条件，如时间与信息有限、孤独无援、初履新任等），对各类公文材料进行处理，形成公文处理报告，处理完毕后，一般还要求被试者填写行为理由问卷，说明处理的理由、原则、依据，对于不清楚的地方或想深入了解被试者时，主考官还可以与被试者进行深入面谈，以澄清模糊之处。通过观察被试者在规定条件下处理公文过程中的行为表现以及分析被试者的公文处理理由说明，评价其计划、授权、组织、预测、决策、沟通能力等多方面的管理素质。公文筐测验是测评管理人才的重要工具，它为中高层管理人员特别是近年来的领导干部的选拔、考核、培训提供了一项具有较高的信度和效度的测评手段。

（2）公文筐的特点

①灵活性。公文筐测验兼备了情景模拟技术和传统纸笔测验的优点，可以因不同的工作特性和所要评估的能力而设计题目。在测验中，被试者作答的自由度很高，主动发挥的空间很大，因为被试者面对的不是封闭性的问题，而是可以灵活处理的各种开放性问题。

②公平性。作为一种情境测验，它把被试者置于模拟的工作情境中去完成任务，可以对每个参加测验的个体的行为做直接的观察，与结构化面试、无领导小组讨论等其他测评技术相比，它提供了被试者的背景信息和测验材料以及被试者的作答都是以书面形式完成的，一方面考虑被试者在工作中接触和处理大量文件的实际需要，另一方面也是为了统一操作和控制，给每个被试者提供相等的条件和机会，比较公平，不会因为情境的不同或者小组成

员的差异等因素而影响测评结果。并且，对于被试者的评价，不是个人决定的，而是由几位测评师共同讨论决定的，有助于提高测验的信度。

③综合性。公文筐测验是一套公文的组合，可以从多个维度评定一个人的管理能力，这些能力是知识、经验和智力相互作用和整合的结果，具有综合性。测验材料涉及日常管理、人事、公共关系、政策法规等行政机关的各项工作，进而对被试者进行全面的测评。作为纸笔形式的公文筐测验，测评被试者的依据是文件处理的方式及理由是静态的思维结果，因此，除了必须通过实际操作的动态过程才能体现的要素外，任何业务知识，操作经验以及能力要素都可以涵盖于文件中，借助于被试者对文件的处理来实现对被试者素质的考查。

④仿真性。公文筐测验将应试者置于模拟的工作情景中完成特定的任务，与通常的纸笔测验内容相比，题目内容生动，充分吸引应试者的答题兴趣，这充分迎合了应试者实际工作情境的特点，具有高仿真性。另外这种测评方式还决定了它可以同时对大批量的应试者进行测试，这是其他情境测验无法做到的。

（3）文件筐测验的题型规范

我国现行的法定通用的公文文种主要有：

①规范性文件：

条例：用于对某一个方面的行政工作作比较全面的规定。

规定：用于对某一方面的行政工作作部分的规定。

办法：用于对一项行政工作作比较具体的规定。

决定：用于对重要事项或重大行动做出安排。

②领导指导性文件：

命令：用于依照有关法律规定颁布行政法规和规章，宣布重大强制性行政措施，撤销下级机关不适当的决定。

指示：用于对下级机关布置的作业，阐明工作活动的指导原则。

批复：用于答复下级机关的请示事项。

通知：用于批转下级机关的公文，转发上级机关和不相隶属机关的公文；发表规章；传达要求下级机关处理和有关单位需要周知或者共同执行的事项；任免和聘用干部。

③呈请性文件：

议案：用于各级人民政府按照法律程序向同级人民代表大会或人民代表大会常务委员会提请审议事项。

请示：用于向上级请求指示、批准。

报告：用于向上级机关汇报工作、反映情况、提出意见或建议、答复上级机关的询问。

调查报告：用于反映调查研究的成果规律。

④商洽性文件：

函：用于不相隶属机关的商洽工作、询问有关机关部门请示批准等。

⑤会议文件：

会议纪要：用于记载和转达情况和议定事项，国家、政府、政党、团体的重要会议纪要如果需要对外公开时，则以"会议公报"的形式公布。

（4）公文筐测验的基本能力要素

公文筐测验所要测评的能力是定位于领导干部从事管理活动时，正确处理普遍性管理业务的综合运作能力，包括对人、财、物、时间等多方面的控制、理解和把握。具体来说考察主要可以针对以下几个能力要素来进行：

①分析能力。应试者要能在所给的众多公文中获取有关的信息，能够综合这些信息，透过现象看到本质，分辨出各公文反映的问题，准确掌握关键所在，找出事物之间的联系，找出造成问题的原因，做出结论和对策。

②组织协调能力。考察应试者协调各项工作和部署的能力，使之成为有

效的整体，做到有章可循、有规定可依，可以同时协调各部门之间的联系，调解冲突，让组织每个人都指向总体目标。

③预测能力。这个维度的得分高的应试者可以全方位地考虑环境中各种不同的相关因素，并对各种因素做出合理恰当的分析，做出合理的预测，同时能使预测具有可操作性，提供有效的方案。

④决策能力。这个维度得分高的应试者对复杂问题能进行深深地剖析，从而灵活地找出解决问题的途径，对不同的方案的结果有着清醒的判断，已提出更好的决策意见。

⑤创新能力。应试者在处理问题时敢于突破常规，尝试使用不同的方法、手段、程序，创造性的解决困难和化解矛盾，并能给出处置的理由。

⑥表达和沟通能力。给出一份文件或通知，通过书面形式有效地表达自己的想法和意见，根据评估内容，考察应试者是否思路清晰，意见连贯，措辞恰当，得分高的应试者要求语言流畅自然、文体风格与假设情境相适应，根据不同信息的重要性来分别处理，具有结构性和逻辑性，考虑问题全面，提出针对性论点，熟悉各个领域。

以上各个维度只是公文筐测验中经常用到的，根据实际领导岗位的需要还可以在测验过程中有所增加，比如考察计划能力、任用授权能力、团队部署能力、岗位法律法规等。

（5）评分标准的确定

由于公文筐测试有别于传统的能力测试，并没有完全客观化的答案。评分会受到评分者主观判断的影响，为了减少主观因素的影响及必须在设计时使评分标准做到客观、详细。一般评分标准可以分为六级，最低分0分——说明根本没有显示出测评要素；1分——低于可以接受的标准，不适于从事该项文件处理工作；2分——低于可接受的标准，基本上没有达到所需的行为质量、数量标准；3分——可以接受，基本达到所需的行为质量；4分——高出可接受的水平，基本超出所需的行为质量；5分——

远高出可接受的水平，高于成功的工作绩效所需要的各项标准。分数也可以是百分制。如 0—19、20—39、40—59、60—79、80—100，当然也可以用等级评分法，如表：

### 综合能力评定等级说明

| 等级 | 等级解释 |
|---|---|
| 优 | 能准确认识公文之间的关系，能根据公文之间的联系来处理问题 |
| 良 | 能较准确认识到公文之间有无关系，能根据公文之间的联系来处理问题 |
| 中 | 能认识到公文之间有无关系，但不能根据公文之间的联系来处理问题 |
| 差 | 既不能认识到公文之间有无关系，又不能根据公文之间的联系来处理问题 |

### 决策能力评定等级说明

| 等级 | 等级解释 |
|---|---|
| 优 | 能够及时做出决策，决策时能全面考虑各方面因素，能提出可行的方案 |
| 良 | 能及时做出决策，决策时能考虑各方面的因素，但不能提出可行的方案 |
| 中 | 能做出决策，决策时能考虑各方面的因素，但不能提出可行的方案 |
| 差 | 不能做出决策 |

（6）公文筐测验组织施测过程

公文筐测验施测过程包括测评前的准备、开始阶段、测评阶段和评价阶段。

测评前的准备工作是公文筐测验能否顺利实施的关键。准备工作包括指导的设计、题本与答题纸的准备、应试者编号、测试场地等。

①准备测试材料，测试材料是放在公文筐里的各种文件。这些文件有两部分构成。一是情境信息，包括组织背景、时间表等；二是各种需要应试者需要处理的文件，其中包括请示、批示、待签文件、通知、报表等。

②准备答题纸是专供应试者对材料的书写处理意见或者回答指定的问题，是应试者唯一能够书写答案的纸。答题纸有三部分构成一是应试者编

号、应聘职位、文件序号；二是处理意见或处理措施、签名及处理时间；三是处理依据或者理由。

| 考生编号： | 文件序号： | 重要程度： | 紧迫程度： |
|---|---|---|---|
| 处理意见：<br><br><br><br><br>签名：<br>年　月　日 | | | |
| 考生编号： | 文件序号： | 重要程度： | 紧迫程度： |
| 处理理由：<br><br><br><br><br>签名：<br>年　月　日 | | | |

开始阶段：

在公文筐测验正式实施前，考官要把测验指导语从头到尾念一遍，告诉应试者测验的有关注意事项。当应试者对测验指导语完全理解后，每位应试者才可以考试阅读有关的背景材料，即应试者的身份和一个假定的时间与情境，通常包括工作职能说明、组织机构表、工作描述和部分工作计划等，阅读时间的长短随背景材料多少而定，一般有十分钟就足够了。这里关键是让应试者尽快进入情境，明确自己的角色，以便正式开始作答测试。

测评阶段：

根据不同的测试目的和文件数量、测试时间通常需要1—3个小时，为了保证公平性，在测评阶段开始之前，应试者不得翻看测验材料。应试者对文件的处理意见或答案都要写在答题纸上除非另有安排。应试者在这个阶段有任何问题，都不得向主考官进行提问。测评结束时，应试者必须停笔，但是要提醒他们检查一下是否在每一项答题纸上写上了应试者的编号。对于提前做完的应试者，不能离场，因为下个阶段考官可能会对应试者进行必要的追问。

评价阶段：

每一应试者的文件必须有两个或两个以上评分者共同评阅，也可以由几位资深评委批阅所有文件，对统一测评指标还应在不同应试者之间进行对比，总之必须保证评分尺度的统一。在评分过程中，首先由评委独自评阅应试的文件处理结果收集相应的典型行为，打出初评分数；然后各评委进行评论平衡个人之间的差异，在此基础上，整理出相应的典型的行为，分别给出最终给分。

（7）对考官的要求

①对评价考官的选择。公文筐测验对评价人员要求较高，需要评价人员在结构上最好做到：首先必须考虑能力的互补。在评分时其中一部分必须是曾经接受过测评，并通过一定的评价技术培训的在职管理人员，一般是选拔职位的上级主管及人事组织部门的领导。同时还必须有丰富的测评知识和一定管理实践经验的心理学专家，每一次评价者不少于5人。其次要考虑性别的互补。不同的性别有不同的长处，女性较为细心、耐心，可以从细微处观察人；男性坚强、抽象，倾向于从全局把握人。最后，要考虑到年龄的互补。年龄的差别体现了精力、知识、经验和处理问题方式的差异。不同的年龄段评价人员组合起来更客观地评价不同的年龄的应试者。

②考官培训。由于公文筐测试的技术性强，因此进行测试之前要对评分人员进行一定的培训。培训的内容一般有以下几项：一是接受公文筐模拟测试。一次模拟测试可以让评分者了解公文筐测试的内容、答题方式、考试组织的方式。二是对评分者进行公文筐测试的总体讲解。使他们对公文筐测试形成一个完整的理性的认识。三是针对公文筐测试的答案和处理过程进行讨论，使评分者的评分达到基本一致，这是关键，需要引起足够的重视。四是自信心的培养。如果评价人员缺乏信心，就会使接受评价的人员产生不信任感，最终影响评价的结果。

③评价人员评分。为了使评分尽可能的客观，我们可以让每位评价人员独立对应试者评分，然后工作人员汇总，然后，对评分人员给的得分进行比较分析，观察是否在某些指标上出现的差异较大，如果没有就确定最后得分，如果差异较大，就必须讨论，然后重新根据指标打分。

（8）公文筐的优点

①情境性强，具有较高的效用效度。公文筐测验完全模拟显示真实的管理工作情景，其采用的文件也很接近真正的公文，有些甚至就是实际工作中需要处理的公文。如果被试者能够正确妥善的处理相关工作，可以认为是具备岗位所需要的一些基本素质，从这个角度来说，公文筐测验具有较高的效度。

②应用范围大。考查范围的广泛使得公文筐测验具有广泛的实用性，并且表面效度高，易为人接受，因此，公文筐测验是在众多公选考试测验中普遍使用的一种。而且，公文筐测验不局限于针对几个人的测评，可以大范围施测。虽然公文筐测验在传统纸笔测试的基础上，突破了原有的局限，增加了模拟的工作情景，使测评结果更接近拟任工作要求，但其表现形式依然是笔试，因此，它继承了笔试测验一个无可替代的优势，不仅适用于几个人，也可以大范围施测，使其具有更为广泛的应用性。

③表面效度高。公文筐测验所采用的文件与应聘职位中常见的文件十分类似，有的甚至完全相同，对被试者未来工作绩效有很多的预测能力，即该测验具有预测效度。因此，如果被试者对文件的处理能够十分妥善，就理所当然的被认为具备职位所需的职位素质。另外，两个小时左右的公文筐测验对被测者自身综合素质状况、工作经验积累、专业知识和相关知识的系统整合与娴熟应用的考查效果，是其他许多人事测验所望尘莫及。它还可以同时对大批量的被试者进行测试，这也是其他情境测验所无法比拟的。

（9）公文筐的局限

①评分难度大。文件处理结果的评价受多种因素的影响，机构、氛围、

管理观念不同的组织，具有不同的评价标准。在公文筐测验的评分确定过程中，专业人员和实际工作者往往存在理解上的差异。对出题者要求较高，掌握技术的专业人才和评卷专家不足，前期投入成本较高。设计一套好的公文筐测验试题，设计的内容不仅要涵盖上级指示，平级合作，向下传达的公文，还可能涉及财务、人事等领域；涉及形式不仅包括工作报告、财务报表、甚至还可能有群众举报等，除此还要考虑轻重缓急，考虑多方面因素，整个过程环节需要长时间筛选专业测评人才和研究。

②成本高。公文筐测验的设计、实施、评分都需要较长时间的研究与筛选，必须投入相当大的人力、物力、财力才能保证较高的表面效度，因此花费的精力和费用都比较高。例如在评分的时间，除了个人素质的原因外，机构、氛围、管理观念等不同的组织，也具有不同的评价标准。同样的一个事件，政府机关与公司企业、国有企业、私营企业对有关文件的处理是大相径庭的。

③实际推广难。公文筐测验自90年代介绍到我国以来，已在少数跨国企业公司内使用。该测验由于技术要求比较高，在我国企业的人力资源开发管理工作中尚处于起步阶段。在干部选拔中，我们尚处于起步阶段，但是公文筐测验自身所具备的特殊优越性，其应用发展的前景非常广泛。因此公文筐测验必将在干部选拔中开创令人鼓舞的新局面。

2. 无领导小组讨论

（1）无领导小组讨论的概念

无领导小组讨论（Leaderless Group Discussion，简称LGD）是评价中心技术中经常使用的一种很有特色的评价技术。就操作方式而言，无领导小组讨论就是通过给一组应试者（一般是5—7人）一个与工作或者社会实际相关的问题（所讨论的问题根据竞争选拔职位的特点而定），让应试者进行一定时间（一般是1小时左右）的自由讨论；就其形式而言，是应试者围绕圆桌而坐，就一个问题进行发言、辩论。在整个无领导小组讨论中都不指定谁是领导，即"无领导"，不确定会议主持人，不指定重点发言，不布置会议议程，不提出具体要求，要求被试者根据主试者提出的真实或假设的材料，如有关文件、资料、会议记录、统计报表等，就某一制定题目进行自由讨论。在应试者进行讨论的过程中，主考官并不参与，只是在讨论之前向应试者介绍一下讨论的问题，规定应试者所要达到的目标以及时间限制等。这种讨论是在特定的会议室中进行的，房间中一面墙上装有单项反光的玻璃或者通过闭路电视系统在电视屏幕上观察被试者表现，看谁具有组织领导能力、谁驾驭或谁实际主持了整个会议，控制了会场，谁提出、集中了正确的意见，并说服他人达成一致决议。然后，各主试者之间进一步交流意见，对被试者各方面素质做出客观全面的评价。

（2）无领导小组讨论的特点

①情景模拟的真实性。在 LGD 中，应聘者必须面对与真实工作情境十分相似的问题，因此，无领导小组讨论可以有效的预测应聘者将来的工作表现。

②讨论角色的平等性。在无领导小组讨论中，每个人都是相等的，这样有利于每个参与者不受拘束，真实表现自我，充分展现自己的能力和才华。

③具有真实诱发效应。即在讨论中的快速反应和随机反应，有利于诱发应试者真实的行为模式，大大减少了行为的伪饰性。通过无领导小组讨论测试，能使应试者在相对无意之中暴露自己各个方面的特点，因此预测真实团队中的行为有很高的效度。

④"赛马场效应"。在传统的面试测评方式中，被试者只用接受考官的"盘问"即可，可被试者之间并没有发生正面较量，他们之间竞争应该说是一种间接竞争。无领导小组则需要被试者之间正面接触、正面竞争。所以，无领导小组讨论使被试者之间的竞争由间接变为直接，强化了面试的竞争性，也可以说是为参与者提供了一个"赛马场"。

（3）无领导小组测试维度

①仪表举止。通过对应试者衣着打扮、体貌体态、文化素养、身体状况

等进行考察，考察应试者是否穿着整齐得体、精力充沛、走路、坐姿符合礼节、口语文雅等，这是选拔领导干部的基本素质。

②组织行为能力。主要考察应试者在小组讨论中是否主动发言，阐述自己的观点，发言的次数，能否顾全大局，积极主动邀请别人发言，并向他人提出疑问，针对大家的观点适时做出总结，并拿出一致性的意见。

③综合分析能力。综合信息的能力，透过现象抓住本质，分析问题思路清晰，具有条理性，分辨出他人发言中问题的轻重缓急，善于抓住问题的要害，提出新颖独到的观点，且具有可行性解决问题的办法。

④说服论辩能力。考查应试者表述论点的能力，是否具有逻辑性，声音洪亮，流畅，语速适宜。小组讨论不仅要求应试者发言有自己的观点，还要最后拿出一致性的结论，这说明说服力的重要性。

⑤团队意识。善于察言观色，与他人沟通的态度和方式是否得体，能否主动与他人密切合作，达成一致性的意见。

⑥倾听能力。主要考查被试者是否专心聆听他人的见解，并及时与他人沟通。倾听是小组讨论中一个很重要的测量维度。好的领导者能很好地听下属或者他人讲话。

⑦影响力。参与和影响力是不同的概念。有些人参与很多，但是没有什么影响力，有的人不怎么讲话，却能够抓住小组其他成员的注意力。当你说话时，别人都在认真倾听，有时虽然说了几句话，但是恰恰是这几句话起到了决定性作用，使团队在较短的时间内最好的完成任务，这就是影响力。同时要注意应试者的影响方式，是专制型、民主型还是放任型的领导方式。

（4）无领导小组题目类型

无领导小组讨论题目中的案例应该是能够体现目标工作的典型情景。目前比较流行的题目是有五种：开放式问题、两难问题、多项选择问题、资源争夺题、操作性问题。这几种类型的题目我们可以通过表来说明：

| 题目类型 | 定义 | 考查要点 | 举例 | 特点 |
|---|---|---|---|---|
| 开放式问题 | 答案的范围可以很宽广，没有固定答案 | 全面性、针对性、思路清晰、新见解 | 你认为什么样的领导是好领导？ | 容易出题、不容易引起应试者之间的争辩 |
| 两难问题 | 在两种互有利弊的答案中选择其中一种 | 分析能力、语言表达能力、说服力 | 你认为以工作为取向的领导还是以人为取向的领导是好领导？ | 编制题目简单、可以引起争辩、两个答案要保持均衡 |
| 多项选择题 | 从多种备选答案中选择其中有效的几种或者对备选答案的重要性进行排序 | 分析问题实质、抓住问题的本质方面的能力 | 某信息中心收集15条信息，只能上报5条，请讨论出结果 | 难以出题目容易形成争辩 |
| 资源争夺题 | 适用于指定角色的无领导小组讨论，让处于同等地位的人就有限的资源进行分配 | 语言表达能力、分析问题能力、反映能力、组织协调能力、概括总结能力 | 如让应试者担任某组织负责人，并就有限数量的资金进行分配 | 可以引起应试的充分辩论对讨论题目要求较高保证案例之间的均衡性 |
| 操作性问题 | 给应试者一些材料、工具、道具，根据所给的材料，设计出由评价者指定的物体 | 主动性、合作能力、实际操作能力 | 在小岛上建设基地，请大家共同组成一个设计实施小组，负责对生活区、生产区、休闲区的规划实施 | 情景模拟的程度更强对考察语言能力较少 |

（5）无领导小组评分表设计

无领导小组讨论的评分表，是考官观察、记录并对应试者进行评价的一种表格。一般包括以下几个要素：应试者编号、考官姓名、测试维度、考官观察记录、分值区间、定量评价、评语评价。对于无领导小组讨论测试有几种方式。一是每个考官对每个应试者的每一个测评要素打分；二是不同的考官对不同的应试者的每一个测评要素打分；三是每个考官分别对每个应试者的某几个特定的测评要素打分。

## 十分制评分方法举例

| 项目 | 评分 | | |
|---|---|---|---|
| 组织协调能力 | 8—10分 | 4—7分 | 1—3分 |
| 评分行为参考 | 顾全大局、积极主动地请他人发言、善于创造一个使不大开口的人发言的气氛，调动成员的积极性；向他人提出疑问，及时纠正跑题现象，使讨论沿主题继续下去；主动引导小组讨论取得一致意见 | 能以大局为重，适时提出疑问，使讨论走出僵局；能请他人发言，调动他人积极性；能设法消除紧张的气氛；引导小组讨论取得一致意见 | 缺乏大局观念，能提出自己的疑问，对讨论中出现的争执和纠纷置身事外，既不卷入，也不出面排解 |

| 测试维度 | 应试者编号 | | | |
|---|---|---|---|---|
| | 1 | 2 | 3 | 4 |
| 仪表举止 | | | | |
| 组织行为能力 | | | | |
| 综合分析能力 | | | | |
| 说服论辩能力 | | | | |
| 团队意识 | | | | |
| 倾听能力 | | | | |
| 影响力 | | | | |
| 共计 | | | | |
| 排名 | | | | |

（6）无领导小组的组织和实施

①测评组织。无领导小组讨论是一种团体性的测评活动，对应试者进行合理分组是组织工作中非常重要的环节。一般每组分配6—8人，同时每组安排人数做好是双数，这样可以有效避免应试者通过投票表决的方式获得一致结论，此外，分组时要考虑成员的年龄、性别、职位等方面的对等性，而且彼此最好不熟悉。

选择测评环境也很重要。无领导小组讨论应该选择在宽敞、明亮、安静的场地中进行。为了方便应试者之间相互交流和主试能够观察到每一位应试者，应试者的席位最好成扇形或者"V"字型摆放，并且与主试席间间距4米左右为宜。还可以选择有单向玻璃的，有条件的还可以利用摄像机录像后在观摩评分。

②测评实施。测评实施一般分为四个步骤：分别是被试者准备、个人陈述、自由讨论、总结汇报。一般无领导小组测评活动会持续 60 分钟左右。

被试者准备。测评开始前 2 分钟，有工作人员带领应试者进入测评场地并按照先前的分组安排他们入座。之后，主评委宣读指导语，介绍无领导小组讨论的任务及规则要求。指导语完成后，工作人员给应试者发放背景材料及空白纸张若干，应试者在 5—10 分钟内阅读材料，独立思考，为下一阶段的个人陈述和自由讨论做准备，此时开始观察。

个人陈述。在这个阶段要求应试者每人必须做一次正式发言阐述自己的观点，发言顺序不作规定而自由安排，一般发言控制在 2—3 分钟。

自由讨论。自由讨论使整个无领导小组讨论的核心。应试者围绕主题展开讨论，既可以对自己第一次发言作补充，也可以就别人的观点进行分析和提出自己的观点，这个过程要求小组成员在 30 分钟内通过沟通、协调等方式达成一致、评委要仔细观察、记录应试者典型行为，不得介入应试者的讨论。

总结汇报。自由讨论结束后，小组选派一名代表在 3—5 分钟内汇报小组讨论结果，评委听取小组代表的汇报。汇报结束后，主评委宣布无领导小组讨论结束，工作人员引领应试者离开测评现场。

（7）对考官的要求

为了保证无领导小组讨论的过程能够顺利进行，必须对参与测试的人员进行必要的分工，确保测试过程的各项职责明确，为了确保测试的质量，考官必须在施测之前接受系统的培训。

主考官的工作职责包括：清晰地宣布指导语；合理地控制讨论时间；讨论结束后，组织考官对应试者在讨论过程中的行为表现进行评价；按照指导语的要求处理讨论过程中出现的突发事件。

考官的职责：按照测试维度对应试者在讨论过程中的行为表现、关键语言进行密切的观察与记录；底稿记录要求清晰工整，评价结束后统一把成绩交给统计员归档；将观察记录分别归纳到相应的测试维度中；将评价内容写到相应的评分表中；如果考官之间出现争议，大家以行为记录为基础相互举证进行充分讨论；协助成绩统计员填写评分表。

鉴于这些测评职责，要求考官必须有敏锐的洞察力，最好具备心理学或管理学相关的专业知识或一定年限的人事管理经验。另外为了评价结果的公正、客观，考官要克服首因效应，不能带有偏见，如民族、种族、性别、年龄、资历、外貌等。另外无论什么人担当考官，都要接受严格、专门的培训，做到评分标准的统一和连贯。

（8）无领导小组讨论的优点

①构建表现的舞台和测评的平台。无领导小组讨论能够充分反映情境性测评方法的特点：对应试者是"如何去做的"进行评价，而并不是对他们"如何去说的"进行评价。笔试和面试都无法直接考查应试者的行为，而无领导小组就恰恰在这方面表现出它的优越性。评价者可以根据应试者的行为、言论来对应试者进行合理、全面的评价。无领导小组给应试者提供一个具体的问题情境，这就相当于给应试者提供一个展现自己才能和人格特征的舞台，能使他们在动态情境中表现出更多真实性的行为。

②贴近实际生活，工作场景，表面效度高。无领导小组讨论中使用的情境大多是和应试者将要从事的工作息息相关的典型情境。这种测评方法的表面效度非常高，使应试者感到这种方法与自己实际工作能力密切相关，因此他们非常容易接受这种测评方法，尽自己的努力在测评过程中表现出自己的能力水平。而且这种真实的情境能够对应试者实际工作中的表现做出客观准确的预测。

③客观评价更准确，更客观。由于应试者出于想要应聘职位的愿望，或多或少会倾向于尽量表现自己的优点，掩饰自己的缺点，这对于应试者来说是一种正常的现象。对于评价者来说。则希望尽可能获得关于应试者真实特

点的信息。在无领导小组讨论中，应试者在情境压力下，则会暴露自己真实的一面且往往在同一个任务中评价应试者的多种素质，因此，即使应试者想要伪装，他可能只注意伪装了其中的一种素质，而其他素质却暴露更加明显。应试者欲盖弥彰为评价者发现他的特点创造条件。

④考查的内容更广泛，获取更多的信息。由于无领导小组讨论可以考察的维度更广泛，既可以包括沟通能力、团队合作能力、组织能力等人际方面的维度，还可以考查思维的分析能力、创造能力、逻辑能力等因素，还可以考查自信心、情绪稳定性等特质，应用范围比较广泛。无领导小组为应试者提供了一个充分展示自己能力和特质的舞台，能让评价者得到大量的相关应试者能力、特点的信息。

（9）无领导小组讨论的缺点

①编制题目要求高，难度高。无领导小组讨论这种测评方法对题目的要求较高，题目的好坏影响对应试者评价的全面准确性。无领导小组讨论编制的题目需要根据选拔职位的胜任力要求进行编制，而且题目要与实际工作密切关联。题目应该是对应试者具有公平性的，尤其是在定角色的无领导小组讨论中，各个角色不应存在明显的优劣难易之分。在编制题目的评分标准上，对每一个测评要素都应有自己的评价标准。因此编制一个好的题目是不容易的事情。如果太容易达成一致意见，则很难全面考查应试者；若太难则冲突太大，很难达成一致，应试者也可能因为压力过大而表现失当，因此题目难度应适中。好的题目需要反复实践和修改后方可获得。

②对评价者要求很高。无领导小组讨论的评价者应该接受专门的培训并且具有一定的实际操作经验。理论上要求，评价者必须能够准确地对应试者的行为做出准确的评价，能够将观察到的行为归纳到各个测评维度中，并且不同的评价者对评价标准的把握应具有一致性。在实际操作中，尽管有明确的评价标准，对应试者的评价会受到评价者主观因素的影响。主考官的主观性、偏见、误解，可能导致对应试者评价的偏颇或不一致性。

③应试者的分组以及不同的情境中都可能影响测评结果。首先，在同一个讨论题目之中，不同的小组讨论的氛围和基调可能完全不同。有的气氛比较活跃，比较有挑战性，而有的小组气氛则比较平静，节奏比较缓慢，甚至死气沉沉。

再者一个应试者的表现还容易受其他成员的影响，而且一个应试者的表现过多地依赖小组其他应试者的表现。一个应试者若是领导能力不是很强，思维清晰但不善言，如果他在一群领导能力弱的应试群体中就非常好的表现出领导能力，其他的应试者也愿意听从他的指挥，这样的评价就倾向于在领导能力这个维度上给这个应试者高分；但是若是这个应试者处于另外一个小组，这个小组其他成员都非常具有表现力和权力动力，这个应试者便很难再领导他们，这样评价者就倾向于在领导能力这个维度上给这个应试者低分。

④应试者行为可能仍有伪装、表演的可能性。尽管无领导小组讨论的方法能够引发应试者较为自然地行为表现，但是由于应试者努力猜测评价的意图，他们仍有可能做出特意测评目的的行为表现。比如，一个应试者平时在工作中不愿与人合作，但在应试中尽量表现出合作的行为。应试者若是有过参与无领导小组讨论的经验或者有过类似的培训，就会做出比较好的表现。因为他们了解其操作方式和原理，或者对讨论的题目比较熟悉，事先会有所准备，最终导致在无领导小组讨论过程中没有表现出真实的行为。

3. 角色扮演

（1）角色扮演的定义

角色扮演常常在人才测评中，使应试者在一种特定的或创设的情境中扮演某一个角色。它由拟选职位的工作内容和履职环境为参照依据，设计一套与之类似的测评目的和测评场景，要求应试者在拟真的情景中扮演某个特定的角色，并以所扮演的角色的身份处理模拟活动中出现的各种问题和矛盾，以此观察、检测应试者的角色把握和角色驾驭能力。

（2）角色扮演的特点

①真实性。角色扮演的特点之一就是形象逼真。每一个角色扮演的情境的设计都源自实际工作样本中的典型事例，这些事例都是在目标岗位或者相关岗位上曾经发生的真实事件，这样就可以使评价者看到角色情境时感觉真实可靠，并迅速进入角色，而真实的情境也有利于考察应试者的真实能力和素质。

②针对性。角色扮演往往针对某一特定的测评目的，某一特定的目标岗位或某一特定的测评环境来选择设计特定的角色情景并由此确定特定的评分体系，特定的角色情境将为测评对象提供一个与工作相关的模拟情境和需要完成的任务，在完成这个任务时，测评对象将得到机会表现出测试者想要看到的能力要素。

③灵活性。角色扮演法的灵活性表现在角色设计上，可以让应试者扮演他所应聘的职位，也可以设计出特定的角色。其次，设计者往往可以针对特定的目的和要求灵活地设计不同的角色情境，而在不同的角色情境中测评对象表现出的能力素质是不同的。有时，为了满足测评要求，甚至将不同的角色情境进行灵活的组合，应用到同一个测评项目之中去，即在同一个测评中进行不止一次的测评。

（3）角色扮演的测评维度

①理解能力。在角色扮演中，只有应试者充分了解和认识做扮演的角色，应试者才有可能恰如其分的对角色进行表现，迅速的判断形势并进入角色情境，按照角色规范的要求去采取相应的行动，用于所扮演角色相匹配的态度和方式处理问题。

②模仿能力。在角色扮演中，表现能力体现为对角色的把握和模仿能力，即对角色充分了解基础上，用符合身份的方式进行合适的处理，角色扮演本质上就是一种模仿。模仿的越是形神兼备，越说明对角色的理解越深刻。更重要的是在模仿的基础上还要有应试者自己对角色的理解和创新。

③应变能力。应变能力往往是角色扮演法的一个重点考察要素。在角色扮演中，常常会设置一些突发状况，使角色之间又相互的冲突，理解能力和表现能力是对于正常状态下角色的理解，应变能力则是非常态情况下作为领导干部者必须具备的能力。这些意外有可能在以后的岗位中会遇见，妥善的解决是评价应试者思维敏捷性的表现。

④创造性思维能力。现代社会，信息作为我们认识世界的一个工具，正以惊人的速度增加，能否驾驭知识和信息进行创新是领导干部水平高低的关键因素。领导者的管理活动本身就是一种创造性的劳动。

⑤口头表达能力。对于一个优秀的领导者来说，良好地口头表达能力尤为重要。在角色扮演中，可以从能否将自己的思想和观念、建议等用流畅的语言表达出来，言语是否逻辑严密，条理清晰；语言是否清楚，生动简练，有深度；能否坚持自己的立场，说服别人等方面进行评价。

⑥说服能力。一个具有良好说服能力的人善于与别人交流，自然感情丰富，能够充分表露自己内心的感情和想法意见，对方乐意接受，对说服能力的评价可以从说服过程是否注意到了技巧，说服的效果如何，别人能否心甘情愿地接受他的观点并加以执行等几个方面进行评价。

⑦控制能力。在角色扮演中，应试者情绪控制能力通过测评者有意设置的一些情境得以显现——一些让人感到恼怒的矛盾情境，情境控制能力差的人，往往还在这种情境下有失常态，良好地情绪控制的能力是一个人具备成熟个性的表现之一。

⑧组织管理能力。如考察一个应试者能否对工作进行有效地规划，能否对与组织的资源特别是人力资源进行有效地调配或进行有效的授权，能否用最好的方法激励他人，分析、思考问题是否具有顺序、有条理、能否合理安排工作，并顺利完成等。

⑨仪表风度。对于管理人员，公务员，领导干部而言，仪表风度比较重要，一般要求应试者五官端正、衣着整洁、举止文明、精力充沛、身体健

康。所以可以从以下几个方面进行评价：穿着得体，整齐、无明显失误、精力充沛稳重、沉着、大方；走路、敲门等合乎礼节；坐姿端庄、讲礼貌、口语文雅。

（4）角色扮演常用的方式

①冲突型。冲突设置是角色扮演中最为常用的方式，角色冲突的设置主要有以下两种类型。一是角色内冲突。主要是指多种社会地位和社会角色集中在一个人身上，从而在他自身内部形成的冲突。包括几种情况：首先，一个人所承担的社会角色同时对他提出的角色要求，使他难以胜任，这时便发生了角色内冲突。其次，是一个人所承担的几种角色行为规范互不相容，这时也会产生角色内冲突。二是角色间冲突。即不同的角色承担者之间的冲突。它常常由于角色利益上的对立，角色期望上的差别以及人们没有按照角色规范行事等原因引起的。像领导与群众、服务员与顾客、领居之间、夫妻之间、婆媳之间、父母之间的关系冲突等。

②配合型。研究表明，一个有效的领导班子里具有四个角色：领导者、思考者、实干家和协调者。每个成员总是在不自觉地扮演着其中角色。在配合型的人际关系设置中，一个领导者要实现领导层的效益最大化，必须能有效地扮演相应的角色，保持班子的平衡，实现默契配合。因此，在角色扮演中，很多情境需要角色之间相互配合。在配合的过程中考察应试者的合作意识，处理问题的能力等。

作为一名成功的领导者，一般应采取兼顾型的处理方式。实际工作中的能力素质，在很大程度上通过当事人解决各种各样的问题和矛盾的行为过程中体现出来。所以在角色扮演中，如果冲突设置巧妙，就可以很好地体现和考察角色的各种能力。

（5）评价标准

根据不同的情境和人物，确定不同的评价标准也是情境设计中的重要部分，评价标准是指每一评定要素各个等级判分的参照标准模型，或者说是帮助评分者按规范化要求进行标准化记分的具体说明。常用的评分标准：

| 要素 | 1 | 2 | 3 | 4 | 5 |
|------|---|---|---|---|---|
| 逻辑<br><br>推理<br><br>能力 | 思考混乱，没有理由，结构混乱，人们无法接受 | 思考缺乏条理，根据不充分，结构又混乱，他人不太容易接受 | 逻辑性一般，有根据理由但不充分，结构一般有疏漏 | 逻辑性强，有一定的根据，结构严谨，人们可以接受 | 逻辑性强，推理令人信服，结构严谨，无懈可击 |

具体的参照标准也就是先将每一个测评要素反映的行为特征进行等级划分（如优秀、良好、中等、较差、差），再对每一等级上该要素反映出的行为特征进行界定，根据应试者的反映（答案）与各等级的行为特征的吻合程度进行评分。

（6）角色扮演的组织实施

在确定了评价要素及角色情境后，便可以进行角色扮演法的测评工作了。具体测评步骤如下：

首先角色考官的演练。角色扮演与其他情境模拟测验在测试过程中最显著的区别是，角色扮演要求考官扮演一个或几个角色来配合工作，我们将这些考官称为角色考官。角色考官可以是一个也可以是几个人。这些角色考官能否针对不同的应试者做出标准化反应，是角色扮演成功与否的关键。

然后进入施测过程阶段，①准备阶段。有考官给应试者阅读情境信息，并回答应试者对测试要求的问题。应试者熟悉材料的时间为10—30分钟，具体时间根据情境信息与任务的复杂程度决定。②施测过程。应试者开始角色扮演，此项活动需要给予应试者足够的空间。如果是以面谈形式开始的，面谈的位置要体现双方平等，便于考官观察和记录。在角色扮演中，应试者才是角色扮演的发起者，而其他角色都是从属者。在测试过程中，角色考官发挥的是配合作用，这种配合作用主要通过为应试者设置"人为障碍"来体现。角色扮演的时间为15—30分钟。③角色转换。角色扮演测试过程可能是有几个任务来构成，应试者每完成一个任务就要进行角色转换的过程。第一项任务完成后，角色转换的时间间隔为5—10分钟，保持适当的时间间隔，主要是为了让应试者能够从前一个情境中脱离出来，让应试者调整到最佳状态。

最后进行考官评价。在整个角色扮演过程中，评价人员需要自始至终观察应试者的行为表现，并记录应试者的语言和表现出来的行为，包括肢体语言、表情变化、这些都是进行评价的依据。考官对照维度的定义及行为指标，根据应试者在角色扮演与模拟面试过程中实际表现的具体行为，对每个应试者打分，最终形成对应试者一致性的评价意见。

（7）对考官的要求

一个合格的主试应该具备过硬的政治思想素质，积极地工作态度、良好的知识与智能素质及身体素质。主试队伍最好由性别、年龄、学科不同的且构成比例协调的人员组成。确定主试后要进行培训：分为三步，第一，对评分者进行角色扮演的总体讲解，使他们对角色形成一个完整理性的认识，第二步，对测评指标、评价标准、行为观察技术、权重和计分方式进行讲解，使其熟悉评分的具体标准和计分方法。第三步，告知测评的程序以及其他的注意事项，以及这些活动中自己应该注意扮演什么样的角色，需要完成什么样的人物等。

组织评分时，评价小组主要是由心理学家和相关经验的实践专家组成，如果由人事部门的专业人力资源管理专家就会取得更好的测评效果。心理学专家从专业科学的角度进行分析，而人力资源专家是从事任用方面予以考虑，这样的评价小组结构较为全面与合理，能够胜任评价工作。组织评分最好统一集中进行。

（8）角色扮演优点

①角色扮演具有很高的表面效度。它是模拟真实的工作情景并且要求被试扮演具体的角色，在具体的场景中能够使被试者全身心投入具体的角色情景中，能够让被试者把自己真实的能力表现出来，从而能够全面考察被试者

综合素质。

②角色扮演具有直观性。通过设置具体的情景，让被试者来处理情景中的问题，被试者还没机会去猜测什么是正确答案，在扮演中被试者的想法、思维、语言表达、实际处理问题的能力等通过被试的行为直观传给评价者。

③角色扮演具有独立性。角色扮演可以不依赖于评价中心的其他技术而单独运用于面试中，根据招聘的需要，设立扮演的角色，从而对被试者进行全面的考核。

（9）角色扮演的缺点

角色扮演测评法也有明显的不足。首先，角色扮演测评内容、测评场景和仿真设计较难，尤其是领导职位设计情景的模拟更为不易，设计中难免掺入主观推论的成分，从而降低测评场景和测评内容的真实性，影响主试者对应试者行为表现与拟选选拔职位适配程度的准确评判。其次是，模拟的真并不是现实的真，应试者因缺少角色体验，或缺乏虚拟情境下的表演技巧，而增大角色心理反差，进而导致角色扮演不到位，影响真实水平的发挥，测评结果的效度和信度也会下降。最后，在角色扮演测评中，除主试者和应试者外，常常有相关人员的介入，而且常常几个不同角色的同场表演，参与测评活动的各类人员间容易产生交互影响，主试者对应试者行为表现的观察，也易出现顾此失彼的现象，所以角色扮演测评过程中，排除测评无关因素的干扰难度较大，测评误差不易控制。

4.面试演讲

面试演讲是一种应试者以考官提出的问题为主题，以有声语言和体态语言的结合运用为手段，以自身的情况和思想拐点为内容，以现场当面向考官陈述为基本形式的信息交流活动。在现行的公选面试和竞争上岗面试的测评中，面试演讲的具体运作形式有三种：一是事先按规定内容准备好演讲稿，面试时脱稿演讲，并回答考官的提问；二是考生进入候考室后，通过抽签确定演讲题目，并在候考室准备15分钟，面向考官时脱稿演讲；三是在面试过程中考官当场公布演讲题目，要求应试者略加思考后即兴演讲，演讲和答问有机结合，所以面试演讲时兼备答辩和一般演讲的特点。

能对应试者的语言表达能力、逻辑思维能力、局面掌控能力、创新意识、行为风格、感召力等素质进行测评。但是演讲题目的命制难以控制文化背景因素所造成的不公平，演讲水平受个性特点影响，又是演讲面试的不足。

5. 管理游戏

管理游戏是一种以完成某项"实际工作任务"为基础的标准化模拟活动。在这种活动中，数名应试者集中起来组成一个临时团队，置身于一个模拟的任务情境中，面临特定的现实问题，要求他们在规定的时间内通过合作加以解决。在测评过程中，主试常常以各种角色身份参与游戏，给应试者施加工作压力和难度，使矛盾激化、冲突加剧。主试通过应试者在完成任务的过程中所表现出来的行为来评价应试者的素质特征，管理游戏因此得名。

根据游戏要解决的问题类型可以将管理游戏分为会议游戏、销售游戏、创造力游戏、破冰游戏、团队建设游戏、压力缓解游戏、激励游戏等。由于管理游戏可以打破实际工作情景的时空界限，将实际工作中必须处理多种重要问题集中起来，进行某种合理组配后，在同一时间内对应试者的实际管理素质做综合性的测评，而且测评的管理实务与实际工作内容相近似，富有真实感，问题也更有挑战性和趣味性，所以更能激发应试者的兴趣和潜能，有助于应试者管理才能的发挥，使测评结果更为真实可靠。

**管理游戏的优点：**

①可以集中考察应试者的多种能力素质。②模拟的内容更接近实际工作情况，真实性强。③形式活泼，具有趣味性。

**缺点：**①对环境、道具的要求较高，且要花费大量的时间去组织实施；②相对操作不便，难以观察，且对主试要求较高；③相对其他测评方法，完成游戏会消耗更多时间。

### （四）评级中心技术的组织和实施

无领导小组讨论、公文筐测验、角色扮演、演讲、管理游戏等测评方法，均属于现阶段中外测评中心技术常用的方法，其设计、实施程序规范和要领技巧虽互有特殊，但强调测评场景、测评内容设计的拟真性和实施规程的严密性，又是这几种测评方法的共同特征。所以从测评流程诸环节操作规程的共性方面，对评价中心技术设计、实施程序、方法和要领进行整体把握。

1.测评要素的设计

测评要素设计的任务，是解决测什么的问题。工作分析能让我们了解职位的任职资格，胜任特征分析能够让我们得到岗位的胜任特征模型，从职位任职资格和胜任特征分析，从中概括胜任职位的必须测评的素质，然后把拟任选拔的职位的活动行为进行分类，再通过筛选，确定必要的测评要素。

2.测试情境设计

测评情景设计是评价中心的主要难点，也是影响评价中心技术测评成效的决定性因素。测评情景设计的质量要求与拟选拔职位的实际活动境况相似。承担设计的组成人员要有行业专家，管理专家。以求优势互补，把握拟选职位活动与环境特征；所测的要素、测试的活动、测评条件都要与拟选拔职位的现实工作条件相一致，使应试者身临其境，如临实岗；测试的内容要有典型性。测试内容应将拟选拔职位在不同的工作时间、不同的工作环境下发生的多种重要的事情相应集中，通过分析、归纳构成最有典型意义的测评情景。

3.编写测评操作说明书

在完成测评情景设计之后，就需将测评情景和测评要素与所用的测评方法进行技术上的合理组配，并将如何使用各种测评方法对应试者的施测问题，做出详尽的规则和技术要求的说明，编写出测评操作说明书供施测者使用。

在我国领导人测评中，评价中心技术测评的实施，也应遵循上述的运作规程。整个实施过程可以分为测前、测中、测后三个阶段。

（1）测前三备。

评价中心技术的测前物质准备，场地准备，人员准备到位。首先根据每种测评活动的设计要求，列出需事先备齐的物品清单；测评的场地要在两天之前设置完毕，保证测评实施的运行规范通畅，有利于应试者素质水平的真实、充分的发挥；选好考务和评价人员是评价中心进行实施质量控制的根本，必须坚持按需选入，评价人员有三个方面组成：测评专家、人事管理专家和应试者所在单位领导，每一个测评活动评价组的成员多寡，应按照参加统一测评活动的应试者小组的人数规模确定。

（2）测中阶段。

测评实施环节实质上是收集应试者与拟评价的指标维度相关的数据资料的过程。实施过程按照每一具体技术的不同规范进行操作，主试往往要事先布置好相关的测评场所及环境，准备好测评过程中需要的道具，然后主试通过测验指导语说明要求应试者进入模拟的测评情景，指示应试者进行无领导小组讨论或公文筐测验或扮演某个特定的角色解决问题等等。在应试者按照指导语的要求进行模拟工作的过程中，由主试和其他的评价者组成的评委们按照评价中心的评价要求进行观察记分。

（3）测后阶段。

由于评级中心技术是几个测评活动连续施测的，应试者在不同的测评活动中常有同一种测评要素的测试，因而全部的测评活动结束后，评价者将不同的测评活动的相同测评要素、测评结果进行汇总，并在全面分析的基础上，做出评定讨论。然后呈送到评价小组进行讨论，并最终形成结论。

评价中心技术在根据测评既定的目的写出测评评价报告时，需要向应试者、部门提供全面的反馈信息。首先提供反馈信息的对象要全。包括：应试者、用人单位、测评主管部门、测评设计部门。其中为不同部门和人员提供的信息要全面。比如提供给用人单位的信息。除应试者成绩之外，还包括能否被录用、晋升等；有待进一步需要核实或澄清的问题及人员。

测评结束后，测评主持部门对测评活动进行全面细致的总结。在总结的同时，还需提出改进、完善的途径和措施，以此作为不断优化同类测评程序、内容提高测评质量的重要依据。

### （五）评价中心的优点

**1. 多角度的考查降低了评估结果的主观性**

评价中心综合使用了多种测评技术，各测评技术之间互相弥补，取长补短，并由多个评价者进行评价。因此，评价结果的主观性比较强，为了减少由于主观因素而导致的评估结果与受测者真实能力之间误差，多名评估者对受测者在不同情景模拟中的表现行为进行观察，并对其做出评估。评价决策在汇集各评估者所观察结果基础上形成的，即使对行为信息不能达到一致的结论，也要以多数人的意见为准，这种多角度的考查增强了评价结果的综合性，减少了单个评价者的主观因素对评价决策的影响。

**2. 标准化的测试程序具有更高的表面效度**

评价中心的测评程序依次为：明确使用目的；确定目标岗位的胜任力特征；设计测评方案；培训测评师；试测程序；单独评价测评结果；整合测试结果；评价中心将繁琐的选拔、提升、鉴别等工作标准化、程序化，并由评估者提供一套测评指标和评分标准对受测者做出评价，提高了测评工作的科学规范水平，具有更高的表面效度。

**3. 动态的测评方法更有利于对被试者的评价**

评价中心采用的情境性测评方法是一种动态的测评方法，在被试者与其他人交往和解决问题的过程中，我们可以对其较复杂的行为进行评价。测评中心总是强调在动态中考查被试者的能力，从而使被试者的积极性和主观性得到了充分的发挥，使测评过程能得到被试者的配合和支持，对实际行动的观察往往比被试者的自述更为准确有效。而且，在这些动态的测评当中，被试者之间可以进行相互作用，在这种相互作用中，被试者的某些特征会得到更加清晰的展现，更有利于对其评价。

4.真实情境模拟的测评手段具有较好的预测效果

测评中心所采用的测评手段很多是对真实情境的模拟，而且很多情景是与拟任工作相关的。在这种情况下，被试者的表现比较接近真实的情况，并且在复杂的任务之下，被试者也不易做出伪装。因而被试者在情境性测验中的表现在实际工作中有较大的可迁移性，对被试者未来的表现有较好的预测效果。评价中心更多测评了被试者实际解决问题的能力，而不是他们的观念和知识。

**（六）评价中心的缺点**

（1）在评价中心技术采用的情境性测验中，评价的主观性程度较高，制定统一的标准化的评价标准比较困难。这种测验形式由于其任务的复杂程度比较高，任务的设计和实施中的控制也比较困难，一般人不易掌握，需要依赖测评专家，从评价中心的设计到实施都需要专家投入大量的精力。

（2）评价中心技术的专业考官比较稀缺，开发成本与施测成本比较高。由于我国人才测评产业起步比较晚，专业人才测评师匮乏，加之情景模拟测验的开发成本与施测成本比较高，所以市场能够承受评价中心技术的价格目前偏高。评价中心技术主要成本在于人工成本，测评专家需要在大量访谈分析的基础上确定测试指标，并根据测试指标进行题目开发与施测。另外，在测试过程中需要多位专家根据被试者在过程中的表现进行记录并评价，最后还需要考官出具测评报告。

（3）评价中心技术的流程相对复杂，测试时间长。情景模拟的设计工作一般在一个月以上的时间，主试者的培训也需要较长的时间，如果再与笔试和评定委员会面试评估相结合，占用的时间将会更长，所以可能会影响评价中心技术在管理人员评定中普遍应用。如表：

**测评项目、时间及测评方式**

| 测评项目 | 测评时间 | 测评方式 |
|---|---|---|
| 个性测验 | 45 分钟 | 全体 |
| 职业取向、动机测验 | 40 分钟 | 全体 |
| 半结构化面试 | 60 分钟 | 单独 |
| 无领导小组谈论 | 70 分钟 | 小组 |
| 公文处理测验 | 120 分钟 | 全体 |
| 演讲 | 30 分钟 | 单独 |

### 六、心理测验

心理测验作为心理学的一个术语，是美国心理学家卡特尔于 1890 年首先提出的，而心理学中测验的严格定义是美国心理学家布朗给出的，他认为：测验是测量一个行为样本的系统程序，因此，通俗地说，心理测验就是通过观察人的少数有代表性的行为，对于贯穿在人的全部行为活动中的心理特点做出推论和数量化分析的一种科学手段。在领导人才选拔考试与测评当中，心理素质测评具有十分重要的作用，所谓心理素质测评，就是根据有关心理学、测量学的基本理论和基本原理，通过设置测试情景，采取一定的操作程序和操作方法，运用相应的技术工具和手段，对人的心理行为予以数量化的判断和评价。

#### （一）心理素质测验的主要特性

1. 心理测评的间接性

心理素质测评并不能直接针对人的心理进行测验，只是借助于测验工具来测验人的外显行为。也就是说，人们只能通过一个人对测验题目的反映情况来推断其心理特质。因此，心理素质测评是间接性的。

2. 心理素质测验的相对性

在对人的心理特征和行为特征进行比较时，不存在绝对的参照点，也没有绝对零点。心理测验的度量单位是相对的，如一个人的智力高低和能力大小等，都是其所在团体的整个分数序列、行为序列中的地位来说的，其测量的分数单位是相对的。一般来说，心理测量都是在等级量表上进行的，但应试者往往会把等级量表转化为标准差为单位的等距量表。

3. 心理测验的客观性

实质上也就是测评的标准化问题。心理素质测验时通过对客观存在的行为的各种因素进行严格的控制，首先，测验的题目、时间、场所等均要进行标准化设计，确保测验的刺激物是客观的，其次，评分的原则和手续是标准化的，以保证行为反应量化评定的客观性，最后，分数的转换与解释经过了标准化。制定测验常模，并对测验进行信度和效度的检验，以保证结果推论的客观准确性。

**（二）心理素质测评的种类**

心理素质测评的种类很多，按测评的功能来说，可以把心理素质测评分为智力测验、人格测验、成就测验、职业测验；按照测评的方式来分，可以划分为纸笔测验、操作测评、口头测评、人机对话测评等。按照测评对象来分，可以划分为个别测验和团体测验；按照测评目的来分，可分为描述性测评、诊断性测评、预示性测评等；按照测评性质来分，可分为构造性测评和投射性测评等。

**（三）心理测验的一般工作流程：**

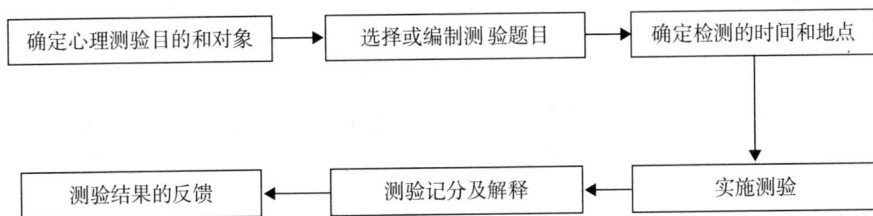

```
┌─────────────────┐    ┌─────────────────┐    ┌─────────────────┐
│确定心理测验目的和对象│───▶│选择或编制测验题目│───▶│确定检测的时间和地点│
└─────────────────┘    └─────────────────┘    └─────────────────┘
                                                        │
                                                        ▼
┌─────────────┐    ┌─────────────┐    ┌─────────────┐
│  测验结果的反馈 │◀───│ 测验记分及解释 │◀───│   实施测验   │
└─────────────┘    └─────────────┘    └─────────────┘
```

1. 确定心理测验的目的与对象

只有明确了测试的对象和测试目的才能保证测评的效度。比如，对领导决策能力的测试，其适用的对象只能是从事领导岗位的人才，而不是其他人员。在测评编制当中，如果测评的目的是为了应试者对知识技能的掌握情况，就需要对所要测量的知识技能进行分析。如果是预测行为表现，就需要对所预测的行为进行分析。

2. 选择或编制测验题目

测评目的和性质确定后，需要根据测评的目的来确定测评的内容，对于领导人才选拔，尤其是注意进行职位分析，首先要分析领导人才在哪个部门，具体从事什么管理工作，担当什么职责，分析选择完成这些活动应具备的能力素质，在此基础上确定测试内容，并进行编制试题。

3. 时间与场所

在实施心理测验前主试应当事先预定好测验的时间与场所，并提前通知应试者在指定的地点参与测验，心理测验因目的的不同在搭载时间和场地选择上都会有要求，总的来说，心理测验的场所宜选择在较为安静的环境。

4. 测验的实施

首先，施测者应当向应试者解说测试的各项要求，如相关的答题规范，答题时限等等，以确保应试者在正确的指导下完成测验。

其次，在测验进行时，确保应试者在不受干扰的情况下客观科学的完成测试。

最后，在一定测验时间内，施测者应当及时对试卷进行收集及密封工作。

5. 测验的记分和解释

一般情况下，受过训练的评分者每两个人之间的平均一致性达到90%以上，可以认为记分是客观的。只有记分客观时。才能把测评分数的差异完全归为应试者之间的差异。

6. 测验结果的反馈

在测验准备和实施都结束后，我们要及时进行测验结果的反馈，而测验结果是在记分和解释的基础上进行的。值得注意的是，测验结果的反馈一定要及时有效，另外，由于测验的目的与对象不同，测验结果的反馈对象可能是领导层也可能是应试者本人。

### （四）对考官的要求

心理测评评价者也要建立测评资格制度，具备相当自资历、政治素质和思想素质过硬的才能参加资格考试，考试通过才能获得心理测评师的资格证书，并定期进行考核，与此同时，公选考试职级分厅、处、科三级，测评素质也要根据资历和水平分为省级和市级测评者，省级主要负责厅级领导干部公选工作，必须具备一定的行政或高级职称。市级负责处级和科级公选工作。

### （五）心理测验的缺点

1. 对测验结果的解释缺乏统一的标准是最突出的问题

这说明心理测验本身的确还有需要改进、发展的方面。有的量表本身没有附带明确统一的解释，难以保证对心理测验结果有一致有效的解释。特别是一些自己编织的测试题更是没有十分准确的参考标准。另外前面的调查数据已经表明并不是所有的心理测验结果都能有专家来进行解释说明。更何况很多心理测验并不是靠简单的分数来判断"及格"与"不及格"，而是结合具体情况做具体的解释，所以"对结果的解释缺乏统一标准"也是与"心理测验的操作者没有经过培训"相联系的。

2. 专业人员不足的困境

使用心理测验对领导素质进行测评，主试一般有两类人员：一类是组织临时委派的，由组织内部从事人事工作的人员组成；另一种是从专业机构聘请的专业人员，无论哪种主试都必须具备中国心理学会《心理咨询管理条例（试行）》规定的资格条件并取得资格认证书。取得资格认证书的施测主体必须达到和坚持三项要求：必须具备一定的心理测验专业理论知识。具有实际操作心理测验的技能和经验；自觉严格遵守中国心理学会《心理测验工作者的道德准则》和组织人事干部职业道德规范，对测验工具和有关测试资料的保密是始终要严格遵守的原则。在实际运用中，专业人员不足以及现有人员胜任力不强成为一个突出问题。一项深度访谈结果显示，在接受调研的访谈对象中，被试者还比较多地认为"心理测验的操作者没有经过培训"是心理测验中存在的较突出的问题。被试者认为操作者的专业水平直接影响了他们的测试得分。操作者对题目的解释是否正确，操作过程是否规范，对测试结果的解释是否科学都直接关系到测试结果的准确性，影响到对心理测验结果解释的合理性和公平性。

3.心理测验的结果预测性不高

心理测验的效度、心理测验的适用性都是心理测验的问题，也是现阶段人员测评中心理测验的难点问题。如何提高效度，如何使量表具有针对性，如何编制满足现实需要的量表都是科研工作和专业人员正在努力解决的问题。这些方面都可以统称为量表的质量。量表的质量直接影响着心理测验的效果和可运用性。

4.心理测验概括性与领导测评针对性的矛盾

不同岗位对于各种人格偏好的要求是不一样的，对能力或者智力的要求，对于人格特征的要求也不一样，如教育组织领导与党政领导在智能要求上存在不同，前者更看重学科背景。即使在同一组织中，如高校，从事教务管理工作与从事后勤服务工作的领导，两者对知识更新的速度、价值观、支配欲等方面的要求也是不一样的。因此，心理测验很难满足特定岗位领导素质测评的要求。当前领导素质测评一般服务于以下目标：公开甄选领导、领导绩效考核、领导培训效果评估等三个方面，这三个方面各自的侧重点不同，对心理测验的要求也不同。公开选拔领导要求心理测验能够尽可能地测量候选者的态度、个性、价值观等一些隐性的特点，以更好地了解每位候选者，在公开选拔领导干部中，心理测验可以起到诊断、鉴别、预测、导向的作用，目前在这个领域心理测验得到比较多的应用，如2005年11月四川省在公开选拔副厅级领导干部中使用了心理测验，这是心理测验首次进入高级别的领导干部公选，并得到中组部的认可。绩效考核则要求对能力的过程和结果做出准确的判断，培训效果的评估则侧重知识、技能和态度等三个方面的改善或者提高。这些对心理测验的具体要求就有不同。

但是，现在的心理测验针对性、特异性不强，许多经典量表被直接拿来应用，导致不同地区、不同等级的被试者"千人一卷"；从高校、科研机构聘请的心理专家虽然精通本专业，但却不甚了解领导干部工作实践，即使根据具体要求命制出来的问卷、量表，也往往具有浓重的学院派特点，与领导工作实际结合不紧。

## 七、人机对话

### （一）人机对话概念

信息化是一场新的技术革命，它带来了人与人交往方式的改变和人类思维方式的转换。社会是人们交往的产物，信息化加强了人们之间的交往，促进了丰富社会关系的形成，对个人的发展也产生极大的影响。信息化表现在人力资源管理方面就是各类人才测评软件的开发与运用，它使一般的人才测评理论方法建立在强大的信息技术平台之上，大大提升了人才测评方法的应用范围和效能。人机对话就是一般人才测评理论与方法和现代信息技术的有机结合。人机对话测评并不是简单的把以前的测评方法搬到计算机上，把纸笔测验改为用键盘和鼠标。它还包括运用现代技术对传统人才测评方法的内容、过程和管理重新组织，有效克服了传统理论与方法的缺陷，同时具备了一些独特的优点。它是对一般测评理论和方法的提升，是诸多测评方法在计算机上的综合再现。近年来，人机对话测评方法在干部选拔中陡然兴起形成一股浪潮。

### （二）特点

人机对话测评以计算机为存储和测评工具，它有着与计算机相似的以下一些特点：

（1）形象性。利用人工智能装置和模拟系统的运用使得人机对话考试更加生动直观。

（2）简易性。利用计算机系统，省略了考生涂卡作答、评卷等工作，简单易行，方便快捷，节约时间和费用。

（3）安全性。信息存储传输安全，随机抽题考试，有效防止作弊。

（4）准确性。计算机程序操作，减少各种因素影响，客观准确性高。

**（三）人机对话测评题目及其评分分析**

人机对话领导测评一般来讲测试内容主要包括科学发展观、领导决策、领导用人、领导授权、领导协调、领导沟通、领导应变和计划、组织、指导、监督、控制等方面。测评的题目一般是描述一个领导工作情景，提出相关问题，并列出解决该问题的若干措施和办法，同时在每个措施和办法下列出"1"到"7"七个等级数字，表示措施和办法的有效性程度，数字越大有效性越高，要求应试者对该措施的有效性进行评价。每道题作答限时3分钟，超时后自动结束。如以下案例：

你是刚到任的某单位一把手，正在主持离退休老同志座谈会，会上两个过去有个人恩怨的离休老同志相互争论过去的事情，甚至大吵大闹、大打出手，会议秩序一片混乱，你怎么办？

A. 你装糊涂，让他们自己解决，假装接听电话走出会议室。

□★ □★★ □★★★ □★★★★ □★★★★★
□★★★★★★

B. 厉声呵斥两位吵闹的老同志

□★ □★★ □★★★ □★★★★ □★★★★★
□★★★★★★ □★★★★★★★

C. 让其他有威信的老同志把他们拉出会议室进行劝解，继续开会

□★ □★★ □★★★ □★★★★ □★★★★★
□★★★★★★ □★★★★★★★

D. 停止开会，把他们的吵闹调解完毕再说

□★ □★★ □★★★ □★★★★ □★★★★★
□★★★★★★ □★★★★★★★

该题既是对领导应对突发事件反应能力和组织协调能力以及维护团结政治素养的考察。应试者依据以往工作的经验应该能发现选项 C 是最理想的措施。如果按 A 行事，则表明领导有一定的处理突发事件的应变能力，但是维护团结的政治素养不足，表现出消极规避的倾向，措施有效性可为 4。若按 B 行事，虽然会有效，但是表明该领导缺乏工作灵活性和人性化情感，情绪控制较差，可定为 3。C 项则充分显示出了领导的应变能力和灵活的工作策略，是有效的方法。D 项表明领导有维护组织团结的政治素质，但是其他政治素质缺乏。可定位为 5。

**（四）优缺点**

一般的人才测评方法，如面试、笔试、结构化面试等固然有其优点和适用的领域，但也有着共同的缺点，人机对话人才测评则正是对其各方面的提升和克服。它具备了一系列的优点：

1. 客观公平

计算机是一个客观的非人性化工具，以它作为测评的工具，摒除了许多的人为因素影响。考试者信息一经录入，可以长久方便地保持原有状态，非特别的外力因素不会改变。在设定好的客观标准框架下生成测评程序，计算机会重复运行，自动会生成测评结果，不会因对象不同而有所改变，有效避免了其他测评方法中考官的个人主观因素对测评结果的影响。也就是说每个考生所处的测评环境是一样的，只要考生录入的信息准确，测评结果必然客观公正。

2. 经济高效

计算机测评与传统纸笔测验等方法比较，在测评组织和管理以及信息存储和公示上都有无可比拟的经济性。计算机的存储量大，信息可重复随机使用，同一个测评场所和同一个试题库可以对多人进行多轮测评。同时，计算机处理信息非常高效，运作速度越来越快，测评可以做到当即测评、当即出结果、当即公示。

### 3.测评全面

人机对话测评可以充分利用计算机的优势，通过感官因素冲击，如丰富的色彩、真实的音乐、动态的画面等，给测评者提供身临其境的虚拟空间，可以适时的抓到考生的信息收集、加工、运用和应变反应能力。这些都是传统测评方法无法提供的。

### 4.安全可靠

计算机技术硬件上属于磁介物质进行存储，携带方便。软件上依靠一定的保护性技术程序，非正确安全途径很难破解打开，确保测试内容和信息安全。

信息化是一把双刃剑，人机对话是人才素质测评中的新技术、新方法，它所依赖的理论和信息技术手段还不完善，虚拟的空间和实践还是有差异的。所以，人机对话测评不是万能的，完美的，它还存在一些缺陷。

### 1.起步较晚，技术不成熟

我国的人机对话人才测评起步于20世纪80年代后期，并且由于计算机当时成本较高，运算速度低。所以，人机测评一直局限于个别领域，直到21世纪需求才日益迫切。人机对话测评对于计算机硬件和软件都有很高的要求，直到今天虽然国内的科研机构和电脑公司在积极地进行人机对话人才测评开发，比80年代有了很大进步，但是，总体上处于起步模仿阶段，属于边引进、边吸收、边开发、边推广。硬件和软件的技术和质量不高，成本却不低，只有沿海大城市和中西部少数发达地区能够引进和运用。

### 2.人才缺乏，测评的科学性有待提高

人机对话人才测评的开发和运用，需要工作人员同时掌握人才测评和信息化技术并综合运用，现阶段我国这方面的人才还很缺乏。所以，我国现在的人机对话人才测评是用计算机把很多的工作转换成了数字和符号的选择排列，把主观题客观化，被测者缺乏与测试者的互动。被测者只是"傻瓜式"操作，容易造成对被测者语言表达能力，思维判断能力和心理道德素质的误读。大部分的人机对话测评是以心理学为基础，搜集一些国内的信息，组合

成测试内容，采用国外的成熟量表，生搬硬套来测评的。设计者对测评的内容和指标都没有科学的标准，缺少适合我国国情的理论研究，其测评结果的科学性值得怀疑。

3. 我国知识产权保护制度不完善，制约了人机测评的发展

人机测评关键是测评软件方面的开发，这必然涉及相关公司企业的成本收益的核算。但是，我国的知识产权的保护制度还不完善，侵权行为屡禁不止，尤其是在知识产权方面。开发商在投入人机对话测评软件开发时，总是会顾虑开发成功后的产权保护问题，致使很多有实力的公司对软件开发裹足不前。这严重制约了人机对话测评的发展。

### 八、民主测评

#### （一）民主测评的概念

民主测评是指考核干部时，在一定范围内了解干部群众对考核对象评价意见的一种方法。民主是指多数人广泛有效地直接或间接地参与决策的一种机制，民主还可以指少数人行使权力是处于多数人的有效制约和监督之下。民意调查是指对民众的意愿、看法的了解和分析，民主测评中的民主有上述两层含义。既包括听取对被考核者的评价意见，也包含了对被考核对象的监督。民主测评是在一定单位内了解对考核对象的评价，并进行分析，因此，可以认为民主测评是民意调查的具体形式之一，所以，民意调查和民主测评是一般和特殊的关系。

在《党政领导干部选拔任用工作条例》中，提出民主测评一般由考核组主持，一般采用书面测评方式，请参加测评的人员对考核对象的德、能、勤、绩、廉表现情况，按照具体测评项目和一定分值做出评价，或者直接对考察对象做出优秀、称职或不称职等次的评价。参加测评人员的范围参照《干部任用条例》规定的个别谈话和征求意见的范围确定。

在领导干部任用选拔中，实施民主测评，把群众是否满意。是否赞成，

是否拥护作为评价和使用干部的重要标准，是干部工作全面贯彻落实党的十八大精神的必然要求，是马克思主义民主理论和党的群众路线在干部工作中的具体体现，是建设社会主义政治文明的重要内容，也是防止和纠正选人用人上的不正之风，努力建设高素质干部的迫切要求。

### （二）民主测评的一般步骤

#### 1.首先要建立民主测评预告制度

根据被测评对象的不同情况，通过适当方式提前三天以上向参加测评人员预告测评内容，以便参加人员有备而来。在这里我们要合理界定民主测评的参与人员范围。民主测评县级以上地方党政领导班子成员的参与人员不仅应包括同级党委、人大常委会、政府、政协及纪委领导成员；人民法院、检察院、党委和政府工作部门、人民团体的主要领导成员；下一级党委和政府的主要领导成员这一基本范围，而且还应有辖区内部分党代表、人大代表、政协委员、民主党派、工商联的主要领导成员和无党派人士，企事业单位、老干部、基层群众代表以及其他需要参加的人员参加基本范围的20%。

#### 2.科学的设置民主测评内容

首先按照德、能、勤、绩、廉五个方面设置测评项目，并研究制定职位分类的办法，规范干部岗位职责，使测评内容设置建立在科学的职位分类和规范的岗位职责基础上，以增强测评的针对性和科学性。其次，科学设置评价等次及其评分标准，对德、能、勤、绩、廉每个项目分别设置"好"、"较好"、"一般"、"差"四个评价层次，进行相应记分。最后，要注意设置的层次，厅、处、科级干部要有所差别。

#### 3.组织开好民主测评大会

会上对参加测评的干部群众做好动员，对测评对象情况作详细介绍说明，应坚持被测评对象述职制度，述职可采取口头述职和书面述职两种方式进行，书面述职需提前三天以上将述职报告送达参加测评人员。组织者对测评表的填写要做现场指导，尽量防止出现空白票、无效票。

4.健全测评结果反馈制度

及时将测评结果按照一定的程序和方式向所有参加测评人员反馈。将所有测评表进行加分时，得出被测评对象总体印象的同时，要分层次分类别统计，并综合分析。

### （三）、民主测评的优点

1.民主测评为领导机关正确决策提供了科学依据

"干部的优劣和是非功过，群众看得最清楚，也最有发言权。只有走好群众路线，实行领导和群众相结合，才能真正把人选准用好。要采取包括民主推荐、民主评议、民主测评等多种形式，扩大群众的民主参与"。长期以来，干部选任工作一直处于一种封闭的状态，群众表达自身的意愿既缺乏渠道又缺乏制度的保障，而选干部时反映群众意愿又带有很大的随意性和不确定性。在领导干部选任中采用民主测评，恰好为群众表达意愿提供了一个平台，改变了长期以来"在少数人中选少数人"的状况，是必须坚持的改革方向。民主测评使干部选任工作能在更大范围内听取群众意见，有利于对干部做出客观公正、实事求是的评价，能够使干部考察更重实绩，全面客观地评价干部的政治水平、素质能力、工作实绩、性格气质。这种评价方式更加科学，更能充分反映民意，可以使党委在决策中问计于民、集思广益、凝聚民智，对进一步增强科学决策、民主决策、依法决策的能力起到推动和促进作用，同时，还可以避免在领导干部选任上由少数人运作可能出现的暗箱操作。可以设想，随着党委组织部门干部选拔任用工作责任制的建立及实行，领导干部选拔任用工作严密的程序和刚性的责任落实，必将进一步推动干部人事工作的风清气正、选人用人公信度不断提升。从这个意义上说，民主测评也是防止用人失察失误的有效措施之一，有利于各级组织部门选准、用好干部群众信得过的干部。

2.民主测评是深化干部人事制度的重要内容和环节

（1）树立正确的用人导向。通过民主测评，把干部选择权交给人们群众，真心实意依靠人民群众选人、用人强化了重绩效、重民意的用人导向，把那些德才兼备、埋头苦干、群众公认的优秀干部选拔上来，把干部的积极性、主动性、创造性激发出来，有效解决目前干部队伍中动力不足、压力不够、活力不强的问题，树立科学的选人用人理念。（2）解决干部选任中的突出问题。"干部能上不能下"、"能官不能民"问题的长期存在和难以解决，严重影响干部队伍的活力，民主测评为其提供了操作的具体方法，使上有理由、下有依据、让上者服众，下者服气，疏通了能者上、庸者让、不称职下的渠道。（3）进一步增强了领导干部自律意识，监督与公共权力相伴相生，凡是有公共权力的地方，都要用监督。选拔任用干部经过民主测评的程序和环节，使干部选拔任用的各个环节都置于"阳光"下，增强干部工作的透明度，切实解决干部选拔工作中不好监督、不能监督、无法监督的问题。

### 3. 民主测评具有激励制约作用

政治路线确定之后，干部就是决定的因素。在深入贯彻落实科学发展观的实践中，干部就是一个地方发展最重要的资源，干部作风就是一个地方发展最重要的环境。实现全面建设小康社会的宏伟目标要求，各级领导干部必须牢固树立科学的发展观和正确的政绩观，必须崇尚实干，务求实效。在干部考察中通过民主测评的方式充分听取群众的意见，加重了广大干部群众在干部选任上的"话语权"。作为一种重要的价值导向，民主测评有利于促进领导干部更加客观地评价自己，最终将引导领导干部更加求真务实、埋头苦干，坚持察实情、讲实话、鼓实劲、出实招、办实事、求实效，踏踏实实地为党和人民的事业不懈努力，用广大干部群众的评价和褒奖时时对照和鞭策自己，牢固树立起正确的政绩观和利益观，努力做出经得起实践、人民、历史检验的实绩。在这种制度的影响下，一些干部可能要变"眼睛上向"去跑官要官；"眼睛向下"，投向广大干部群众，通过自己的德才表现和工作实绩，去赢得广大干部群众的认可。对更多的领导干部而言，只有这样，才能博得广大干部群众的理解、信任和支持，领导干部自身的工作将会更重实绩，更重干部群众的"口碑"。

4.民主测评对遏制腐败有积极意义

切实用好"民主测评"等有效措施，对预防"吏制"腐败具有积极的作用。一方面，它促进了部门公开、公正、公平选拔任用干部，并在广大群众干部中树立正确的用人导向；另一方面，由广大群众参与的领导干部选拔任用工作，防止个别人"跑官要官"、"买官卖官"、"带病提拔"等表现。胡锦涛同志说过"说到底，还是群众路线，过去讲苍天有眼，这个苍天就是广大人民群众，要把领导置于广大党员群众监督之下，把干部群众选拔工作置身于广大党员和广大群众监督之下，让广大群众参与进来。"从组织层面看，民主测评有两个方面推动了民主择优选拔干部工作机制的形成：一是规范了干部选拔任用的权力主体，扩大了民主与监督，制约了个别领导人凭个人好恶和感情亲疏用干部，或者是搞个人小圈子的行为，规范了权力运作，防止权力异化，在一定程度上遏制了个别人在选拔任用干部问题上的用人失察、任人唯亲、拉帮结伙、卖官鬻爵、权钱交易等滥用权力的行为，防止了实际上的个人或少数人说了算。二是完善了干部考察评价体系。由于扩大了考察民主，强化了党内外干部群众的参与和监督，增加了考察工作的透明度，加大了群众满意度在考察中的份量，由此增强了考察方式的完整性和系统性。

5.民主测评对提高公信度具有重要意义

当前，在形形色色的腐败中，"吏制"腐败是危害最烈的腐败，人民群众对此深恶痛绝。"吏制"腐败主要反映在选人用人上的不正之风，如拉票贿选、跑官要官、买官卖官，而表现在组织部门的问题则是在干部选任的问题上，不讲原则、违反程序用干部，有的凭个人好恶和亲疏用干部，有的搞小圈子、甚至任人唯亲，有的违反组织人事纪律，泄露组织人事工作秘密，有的为跑官要官者穿针引线、说情打招呼，甚至参与买官卖官的肮脏交易等等。

用人上的不正之风如果得不到纠正，"吏制"腐败问题也难以铲除。整治用人上的不正之风，是一项较为复杂的系统工程，其中严格干部选任程序极其重要。程序是保证用人原则、标准和条件得以落实的重要手段，当原则和标准确定之后，程序往往具有决定性的作用。可以设想，随着干部工作中民主测评这一必经程序和基础环节的全面施行和严格掌握，那些拉关系、走后门、跑官要官、买官卖官等可耻行为，在民主的光照下，将无所遁其形，用人上的不正之风必将会得到有力遏制，组织部门选人用人上的公信度必将得到进一步提高。

**（四）现行的民主测评在实际操作中还存在着不足**

1. 内容设置科学性不足

（1）民主测评的内容不具体。过于笼统，不管处级还是厅级，对应的都是一张表，内容设置没有体现各自级别职位的具体岗位职责，固定统一的模式难以对应精确地岗位职责，没有做到因人、因岗、因时、因事、因地而异，不能对测评对象准确定位。

（2）测评标准过于抽象，难以把握。有关考察对象的德、能、勤、绩、廉的好、中、差难以准确界定，综合评价时参与者凭主观、印象、关系等因素使测评的真实性和客观性大打折扣。

（3）具体组织实施上存在仓促行事的问题。首先没有给予参加测评人员适当的酝酿和思考的时间，也没有要求测评对象在测评会上进行述职或对测评独享的履职职责进行介绍，也没有对测评的场所加以规定，由于空间局促，加之时间有限，给参加测评的人员带来很大的心理压力和负担。

（4）测评范围相对狭窄。现有的制度规定，如对拟提任市、县四个班子领导干部人选的"民主测试"的测评范围，目前仅限于同级领导干部及下一级组织、机关和部门的党政"一把手"，尽管相对于过去而言，范围有所增大，但是还有很大局限性，还没有实现"官评官"为"民评官"，普通干部和基层群众还难以通过这一渠道表达自己的想法。而且由于"民主测评"往往是一次性的，难以将测评对象的德、能、勤、绩、廉全面真实地表现出来，容易造成以偏概全或一锤定音的弊端，难以评判干部的优劣。

2.一些部门地区对民主测评的重视度不足

在实际操作中，有些领导和地区在开展民主测评时，没有给予足够的重视，没有严格执行有关的规定，违背了民主测评的初衷，在操作中，兴师动众高测评，一旦测评结果与领导设计的不相符时，会假借"集中"之名，组织或扭曲民意的表达，造成民意失真。久而久之，干部受到民主测评的负面影响，认为所谓民主测评不过是"走过场"。当前在一些部门和地区出现的"拉票"、"贿选"也对民主测验的发挥造成干扰，由于这种不良风气的滋生，使民主测评在选拔任用干部时大大降低信度和效度，民主测评的功效在很大程度上不能显现出来。

# 第七章　竞争性选拔模式与考试测评方法优化组合

## 第一节　竞争性选拔模式的构建原则

### 一、竞争性选拔模式与考试测评方法优化组配的分析框架

从竞争性选拔模式的构成要素上看，尽管实践中竞争性选拔模式形态各异，但基本的构成要素只有五类：报、推、考、选、定。从流程上看，这也是竞争性选拔最基本的环节。这些要素及其衍生的不同内容再通过不同组合顺序和配置结构形成了各地实践中形态各异的竞争性选拔模式类型。在综合分析具体选拔所面对的干部层级特殊要求、行业特殊要求、职位类别特殊要求以及地域特殊要求等因素的基础上如何合理有效地运用以上模式的构成要素，并科学配置这些模式要素从而构建出最具匹配性的适用模式是我们研究模式组配的基本思路。

竞争性选拔的模式、程序和考试测评方法的优化配置问题的关键在于研究竞争性选拔模式与实践需要之间的结构性对接问题。从竞争性选拔模式的需求结构方面看，决定竞争性选拔需求结构的主要因素是：竞争性选拔实践运用范围（职位种类）和职位特殊要求；从竞争性选拔模式的供给结构方面看，需要研究解析竞争性选拔模式的基本构成要素、要素功能、要素结构化等问题。依据实践提出的竞争性选拔模式的结构及其运作需要，来构建出与竞争性选拔相

匹配的基本模式、基本程序和考试测评方法，是解决竞争性选拔模式组配的基本思路。均衡分析法是解决这一结构均衡问题的基本研究工具①。

竞争性选拔领导干部具体模式形态繁多，构建切实适用的竞争性选拔模式需要考虑不同行业、不同层级、不同职位以及地域差别等因素，以职位分析理论为基础，研究适用职位种类、研究区分职位的特殊要求，寻找不同行业、不同级别竞争性选拔领导干部的基本模式结构。

民主、公开、竞争、择优是竞争性选拔领导干部制度的内核。按照竞争性选拔领导干部的报考者来源不同，竞争性选拔的基本方式可划分为公开选拔和竞争上岗两类。其中公开选拔是根据需要，拟选拔的职位面向社会公开，符合报考条件的应试者自由报考②；而竞争上岗则是从一个组织内部而言，拟选拔的职位只对组织内部成员开放，符合报考条件的应试者可参与考试竞争③。根据《党政领导干部选拔任用工作条例》、《公开选拔党政领导干部工作暂行规定》、《党政机关竞争上岗工作暂行规定》等文件的有关规定，从竞争性选拔制度运行的行业领域而言，则可划分为党政领导干部竞争性选拔、事业单位领导人员竞争性选拔和企业单位领导人员竞争性选拔④；根据我国《公务员法》和《党政领导干部公开选拔和竞争上岗考试大纲》的有关规定，竞争性选拔的适用层级可分为：副厅级领导干部、副处级领导干部和副科

① 这里均衡分析法是研究制度均衡中引入经济学方法作为分析工具。这里均衡一是数量均衡，二是结构均衡。分析均衡状态下所需要的条件、状况等。以此为分析工具，就要考察竞争性选拔职位适用对象和模式构建双方从数量到结构问题的匹配。

② 《公开选拔党政领导干部工作暂行规定》第二条规定：本规定所称的公开选拔党政领导干部，是指党委（党组）及其组织（人事）部门面向社会采取公开报名，考试与考察相结合的办法，选拔党政领导干部。

③ 《党政机关竞争上岗工作暂行规定》第三条规定：通过竞争上岗选拔党政机关内设机构领导成员，一般在本机关内部实施，也可根据需要允许所属机关、事业单位符合条件的人员参加。

④ 《公开选拔党政领导干部工作暂行规定》第四十条规定：公开选拔工会、共青团、妇联等人民团体的领导成员推荐人选和国有企业、事业单位的领导人员，可以参照本规定执行。《党政机关竞争上岗工作暂行规定》第二十九条也规定：工会、共青团、妇联等人民团体机关及乡（镇、街道）机关、事业单位实施竞争上岗，可参照本规定执行。

级领导干部类①。需要指出的是，因我国经济社会发展的不均衡，竞争性选拔领导干部工作在不同地域也有不同之处。但从基本模式、基本程序和考试与测评的方式方法组配而言，则无根本性差别。所以，本研究认为，地域差别是个不稳定因素，因此在竞争性选拔的模式、程序和考试测评方法的组配中不作重点研究。综合这几类因素并结合实践需要考虑，我们发现虽然竞争性选拔都可以被运用到这些职位的人才选拔中，但是现实的实践对竞争性选拔运用需要比较突出的、运用密度比较高、比较集中的主要有6大类（见下表）。

**竞争性选拔的集中运用领域表**

| 选拔方式<br>行业类别<br>选拔层及类别 | 公开选拔 | | | 竞争上岗 | | |
|---|---|---|---|---|---|---|
| | 党政机关 | 事业单位 | 企业 | 党政机关 | 事业单位 | 企业 |
| 组织、部门领导成员 | 集中、常用 | 集中、常用 | 集中、常用 | | | |
| 组织、部门中层领导人员 | | | | 集中、常用 | 集中、常用 | 集中、常用 |

在此基础上，本研究梳理出了我国竞争性选拔领导干部的基本模式：在以公开选拔为主要方式的竞争性选拔中，主要有公开选拔党政机关领导干部模式、公开选拔事业单位领导成员模式、公开选拔企业领导人员模式三种；其中公开选拔党政机关领导干部模式又可分为公开选拔厅级（含副厅级）党

---

① 《党政领导干部公开选拔和竞争上岗考试大纲》第三条规定：本考试大纲主要适用于地方党委、人大常委会、政府、政协、纪委工作部门或者工作机构的领导成员或者其人选的公开选拔考试，中央、国家机关内设的司局级、处级机构领导成员，县级以上地方各级党委、人大常委会、政府、政协、纪委、人民法院、人民检察院机关或者工作部门的内设机构领导成员的竞争上岗考试，以及其他适于公开选拔和竞争上岗的领导成员或者其人选的考试。县级以上党委、政府直属事业单位和工会、共青团、妇联等人民团体的领导成员的公开选拔和竞争上岗考试，参照本考试大纲执行。

政领导干部模式、公开选拔处级（含副处级）党政领导干部模式、公开选拔
科级（含副科级）党政领导干部模式。在以竞争上岗为主要方式的竞争性选
拔中，主要有党政机关内设机构领导成员竞争上岗模式、事业单位中层领导
成员竞争上岗模式、企业中层领导成员竞争上岗模式；其中党政机关内设机
构领导成员竞争上岗模式又根据党政机关行政层级的不同，可分为厅级（含
副厅级）党政领导干部竞争上岗模式①、处级（含副处级）党政领导干部竞
争上岗模式、科级（含副科级）党政领导干部竞争上岗模式；事业单位和企
业的中层领导成员竞争上岗模式又根据行政层级的不同，可分为中层正职竞
争上岗模式、中层副职竞争上岗模式（见下表）。

### 竞争性选拔领导干部的基本模式表

| 不同行业 | 不同层次 | | 竞争性选拔基本模式 | |
|---|---|---|---|---|
| | | | 公开选拔 | 竞争上岗 |
| 党政机关 | 单位领导成员 | 厅（副厅）级 | √ | |
| | | 县、处（副县、处）级 | √ | |
| | | 科（副科）级 | √ | |
| | 单位中层领导成员 | 厅（副厅）级 | | √ |
| | | 县、处（副县、处）级 | | √ |
| | | 科（副科）级 | | √ |
| 事业单位 | 单位领导成员 | 单位领导正职 | | |
| | | 单位领导副职 | √ | |
| | 单位中层领导成员 | 中层正职 | | √ |
| | | 中层副职 | | √ |
| 企　业 | 单位领导成员 | 单位领导正职 | | |
| | | 单位领导副职 | √ | |
| | 单位中层领导成员 | 中层正职 | | √ |
| | | 中层副职 | | √ |

---

① 《党政领导干部公开选拔和竞争上岗考试大纲》第三条"中央、国家机关内设的司局级、
处级机构领导成员，县级以上地方各级党委、人大常委会、政府、政协、纪委、人民法
院、人民检察院机关或者工作部门的内设机构领导成员的竞争上岗考试"的规定，如在
竞争性选拔中央、国家机关内设的司局级机构领导成员时，则适用此模式。

## 二、构建竞争性选拔模式的基本原则

### （一）德才兼备、以德为先原则

党的十七届四中全会通过的《中共中央关于加强和改进新形势下党的建设若干重大问题的决定》突出强调要"坚持德才兼备、以德为先的用人标准"。这个要求对改进干部选拔任用工作具有十分重要的指导意义，对广大干部的健康成长也具有重要的导向作用。坚持德才兼备、以德为先用人标准是坚持党的性质和宗旨、实现党的历史使命的需要，是全面提高干部队伍素质的需要，是提高选人用人公信度的需要，也是确立竞争性选拔领导干部基本模式、基本程序，选择相应考试与测评方法必须坚持的根本原则。

1. 坚持"德才兼备、以德为先"的原则，要正确把握德与才的辩证关系。这是在竞争性选拔中理解和贯彻德才兼备、以德为先用人标准的前提。司马光指出，"才者，德之资也；德者，才之帅也。"德是才的统帅，决定着才的作用的方向；才是德的支撑，影响着德的作用的范围。与才相比，德始终是第一位的。坚持德才兼备、以德为先用人标准，就是在竞争性选拔中要以德为前提、以德为先决，同样是能力强的干部，在选拔程序设定和考试与测评方式方法的组配上，要体现谁在德方面表现更加突出，就提拔重用谁；对于在德方面存在严重问题的干部，本事再大也不能进入提拔重用的视野中。当然，德与才是辩证统一的，强调以德为先，也决不能忽视才。一个干部有德无才，政治上虽然可以信赖，但难以托付重任。因此，在以竞争的机制选拔任用干部工作中，必须把德才兼备、以德为先的用人标准作为一个整体来认识和把握，落实到竞争性选拔的整个程序，贯彻到竞争性选拔的每个环节，既要把好政治关、又要把好才能关，真正把那些品德好、同时又有真才实学、能力突出的干部选拔上来。

2. 坚持"德才兼备、以德为先"的原则，要正确把握德的重点。贯彻德才兼备、以德为先的用人标准，首先要把握好干部的德。竞争性选拔工作要贯彻这一原则，必须在总结党的选人用人历史经验的基础上，综合不同层级领导干部德的共同点，在选拔基本程序、考试测评、组织考察等环节要把握以下几个重点：一是在价值观上重点考查应试者是否忠于党、忠于国家、忠于人民。对党、国家和人民无限忠诚，时刻把党和人民放在心中最高位置，是共产党人的立德之基。领导干部必须忠于党的事业，听党的话，永远跟党走，坚决贯彻执行党的路线方针政策，始终与党中央保持高度一致。必须牢牢把握党和国家工作的整体要求，始终把维护国家整体利益贯穿于改革发展稳定的实践中，在国家利益受到损害的时候，敢于挺身而出，旗帜鲜明地开展斗争。必须坚持立党为公、执政为民，努力实践全心全意为人民服务的宗旨，对人民群众有深厚的感情，真正做到权为民所用、情为民所系、利为民所谋。二是在思想道德和政治品质上是否确立正确的世界观、权力观、事业观。牢固树立正确的世界观、权力观、事业观，是领导干部的修德之本。世界观决定着人生观、价值观，权力观决定着地位观、利益观，事业观决定着工作观、政绩观。领导干部只有牢固树立马克思主义世界观，坚持用辩证唯物主义和历史唯物主义观察世界、分析问题，只有始终牢记手中的权力是人民赋予的，只能用来为人民谋利益而决不能为个人谋私利，只有把自身的价值实现和人生追求融入为党和人民事业的不懈奋斗之中，才能在纷繁复杂的环境中始终保持清醒头脑，为人民掌好权、执好政、办好事。三是在工作业绩和业务能力上是否真抓实干、敢于负责、锐意进取。领导干部要坚持一切从实际出发，说老实话、办老实事，埋头苦干、不事张扬；坚持原则、敢抓敢管，面对困难、勇挑重担，出现失误、敢于负责；始终保持积极进取的精神状态，以改革创新精神研究解决新情况新问题，不断取得新成效。四是在作风建设上是否作风正派、清正廉洁、情趣健康。在目前社会环境比较复杂的情况下，这方面修养显得尤为重要。一个干部能做到办事公道、为政清廉、待人平等、律己严格，自觉抵制权力、金钱、美色的诱惑，堂堂正正做官、清清白白做人、干干净净做事，这样的干部在德的方面才是过硬的。上述这些，都是竞争性选拔的基本程序、考试与测评方式方法组配必须考虑和解决的关键问题，也是主要难点所在。

3.坚持"德才兼备、以德为先"的原则，要正确把握考察德的途径和方法。识人难、用人难，往往难在识德上，如何考察干部的德一直是领导干部选拔任用工作中的一大难题。在竞争性选拔工作中，无论是在基本程序设定，还是在考试与测评环节，必须坚持以下几点：一是注重履历分析，从履行岗位职责中考察干部的德。判断干部的德，不仅要看他说得怎样，更重要的是看他做得如何。要通过看干部在履行岗位职责中的工作动机、工作态度、工作作风、工作成效以及工作中表现出的团结协作精神等，全面了解干部的德。二是注重工作实绩，从完成急难险重任务中考察干部的德。完成急难险重任务的情况是干部德才在一定时间内最集中、最直接的反映。要通过情景设置，在考试与测评中重点考查干部的胆识、意志品质和对群众的感情，特别是在重大灾害和突发事件面前，要看干部能否冲在一线、沉着应对、坚韧不拔，始终站在党和人民的立场上，按照党的政策和国家法律做好工作。三是注重组织评价，从关键时刻表现中考察干部的德。干部的理想信念、政治立场等往往在面对重大问题、重大政治事件时表现得最为充分。在大是大非问题面前，是立场坚定、态度鲜明，还是见风使舵、盲目跟从；是坚持原则、勇于斗争，还是是非不分、退缩逃避；是服从组织、顾全大局，还是敷衍塞责、讨价还价，是对一个干部政治品德的深刻检验。四是注重群众公认，从对待个人名利的态度中考察干部的德。在这个问题上，关键要看干部对待个人升迁的态度，是以辛勤的工作、良好的品格、平和的心态接受组织挑选，以大局为重服从组织安排，还是采取不正当的手段，跑官要官、求情拉票。要看干部在利益诱惑面前，能不能保持清醒头脑、不为所动。还要看干部在荣誉面前，能否正确对待、真诚谦让、见贤思齐。

德与才是辩证统一的。在竞争性选拔领导干部工作中，考察干部的德除采取上述途径和方法外，必须要结合工作实际不断拓展和完善。无论是履历分析、考试与测评方式方法，还是民主测评、组织考察，都要注意全面、历史、辩证地看干部的德，要从为官和做人两个层面上去分析、从全部的成长轨迹中去把握、从优缺点的准确认识中去评价，从工作之余的情况中去了解。要注意从群众的口碑中了解干部的德，对干部德的情况群众最有发言权，既要了解"现实的口碑"，又要到干部曾经工作过的地方了解"过去的口碑"，在对比分析中获得群众对干部德的真实评价。要注意听取少数知情人的意见了解干部的德，干部品德上的一些重大问题往往知晓的范围很小，有一定隐蔽性，多数人可能不明就里，这时少数知情人的意见更具有真实性，更有利于了解干部的德。

**（二）人岗适配原则**

人岗适配，即人的综合素质与能力和拟任的职位相匹配，做到人的能力素质与拟任职位的要求相符合，进而推动工作的深入开展。人岗适配的基本原理是：不同个体有不同的个性特征，而每一种职业由于其工作性质、工作环境、工作条件、工作方式不同，对工作者的能力、知识、技能、性格、气质、心理素质等也有不同的要求。对竞争性选拔领导干部来说，不同行业、不同的层级和职位对干部个人的能力、素质等要求也不一样，必须设定相应的工作程序、组配合适的考试与测评方式方法，实现人得其位、人尽其才、才尽其用、用当其时的效果。

1.思想道德匹配和政治素养的匹配

中组部《关于加强对干部德的考核意见》指出，要把考核干部在关键时刻、重要事件中的表现作为考核干部德的主要途径，对干部德的考核要注重群众公论。在竞争性选拔工作中，要在全面考核的基础上，根据不同层级和岗位分级分类考核干部的德。对中高级干部要突出考核理想信念、政治立场、与党中央保持一致和贯彻落实科学发展观等方面的情况，对高级干部还要按照政治家的标准来要求。对基层领导干部特别是县乡领导干部，要突出考核宗旨意识、群众观念、办事公道和工作作风等方面的情况。对党政正职，要按照关键岗位重点管理的要求，突出考核党性和贯彻党的路线方针政策、执行民主集中制、坚持原则、履行廉政职责等方面的情况。

思想道德和政治素养的要求是选拔干部的特殊要求，如果他们的道德水平和政治素养达不到职位的要求，即使能力再强，也不能实现人与职位的匹配。在一个公共组织内部，一般来说，职位层级越高，对道德匹配的要求就越高。

2.能力匹配和知识匹配

一般情况下，职位对人员的要求是多方面的，但最核心的要素之一往往是岗位所要求的条件和人员胜任力之间的匹配，只要胜任力能够满足职位的要求，就基本可以体现人职匹配。胜任力的匹配还可细分为综合能力匹配、专业技术能力匹配。如果对于一般的领导型岗位那么就要求综合能力和从事的工作匹配，如果是专业技术性较强的岗位那么就要求所选拔的人员的专业技能和职位所要求的技能相匹配。关于知识与能力的关系，知识的占有、存储与转化和能力的生成，目前有很多研究成果。尽管对知识与能力二者之间的关系和规律的把握在认识上不尽一致，但对于领导者个人的知识与能力和工作效能的关系，则无法忽略这样一个事实，即：一个领导干部所拥有的知识和接受教育的程度与其所从事的工作紧密相关，知识的匹配是指人的学术知识，特别是必须拥有与职位要求相符合的专业知识。选拔干部对专业知识的要求和能力要求同等重要。但如何实现上述匹配，关键是要根据职位的具体要求、人的身心素质外化规律、考试与测评的方法手段，把应试者的基本能力素质测查出来，为科学任用提供依据。

**（三）职位分析原则**

在目前的大多数录用考试、竞争上岗考试和聘用性考试等以职位空缺为前提的竞争性选拔考试中，考试的设计通常都是用统一的内容、固定的考试形式、统一的难度、统一的题型来选拔不同职位素质要求的人员。这种用单一的考试内容和固定的考试形式来面对复杂和多样的职位素质要求的做法，在人职配置上，很难选择出最适合职位要求的人，实现人与职位的最佳配置。为了提高以职位空缺为前提的选拔性考试的针对性与科学性，在考试设计前对拟录用职位素质要求进行分析是必不可少的，这就要求首先进行职位分析。

职位分析是人力资源管理的一项核心基础职能，它是一种应用系统方法，收集、分析、确定组织中职位的定位、目标、工作内容、职责权限、工作关系、业绩标准、人员要求等基本因素的过程。职位分析的主要成果是形成职位说明书及职位分析报告，前者既是一般员工工作的指南，也是企业确定企业人力资源规划，员工能力模型、考核薪酬、培训开发等人力资源职能管理的参考依据。后者则是通过职位分析发现企业经营管理过程中存在的问题，为对组织有效性的诊断提供依据①。竞争性选拔中的职位分析是对拟招聘职位的目的、职责、隶属关系、工作环境、任职资格等相关信息进行调研与分析，研究完成胜任本职位工作所应具备的条件和所应具备的素质与能力的过程，职位分析的最终成果是形成职位说明书。

竞争性选拔中职位分析的核心是要解决拟聘职位与应聘人才之间的动态匹配关系。党政领导干部竞争性选拔考试的过程中，对领导职位的分析是一个重点和难点。党政干部竞争性选拔中职位分析是我国领导人才选拔的基础，中国党政领导竞争性选拔职位分析科学有效的开展，对于加强我国领导人才资源选拔，提高党的执政能力和执政水平，具有极为重要价值。

一是职位分析有利于制定出科学的党政干部竞争性选拔规划。通过竞争性选拔考试前的职位分析而形成领导岗位信息系统，对党政领导干部拟聘职位进行分析做出工作描述，包容了有关工作性质、任务、职责、责任等多方面信息。通过职位分析明确任职资格规定，确定拟任领导职位的技能、知识、能力等具体要求，从而设计有针对性的选拔考试。通过职位分析完成这

---

① 彭建锋等:《职位分析面临的问题及应对策略》，http://www.wgclub.com.cn。

两大任务，为党政领导干部竞争性选拔规划的科学化提供了信息保障。

二是职位分析有利于选拔出合格的领导人才。领导人才的选拔任用首先须确定拟任职位所需领导人才的选用标准，而领导人才的选用标准只有通过职位分析才能明确。职位分析中形成的职务规范，详细地规定了具体领导工作对履职者的资格条件要求，职务规范规定的任职要求就是用以判断拟任人选是否合格的客观标准，是设计领导干部选拔笔试、面试和组织考察内容的主要依据。按照职务规范规定的任职要求来筛选拟任人选，有利于优秀领导人才脱颖而出，有利于从中选拔出符合组织需要的领导干部。

三是职位分析有利于应试者针对不同职位能力要求不断提升能力素质。在竞争性选拔党政干部中，应试者的能力素质很大程度上影响着未来党政领导人才的能力素质，通过职位分析，明确不同岗位能力素质要求，可以使应试者在报考前，对号入座，反省自省，找出自己的不足，有针对性的训练提升能力素质，这也间接地提升了党政领导干部整体的能力素质，使领导人才综合素质不断增强，执政能力不断提高，更加适应新形势下中国特色社会主义建设事业的新要求。

四是职位分析有利于科学考评报考领导职位应试者的成绩，提升竞争性选拔测评效能。竞争性选拔测评是选拔党政领导干部的主要制度方法，在测评中，针对性原则和可靠性原则是实现科学化测评的两个基本原则，前者要求考核内容和等级与职位要求相联系，实际拟应聘需何种技能就测评何种技能，职位要求某种技能达到何种程度，就以该技能水平为测评的标准；后者要求测评的指标体系尽可能量化，具有可操作性。通过职位分析最终的职位说明书能明确拟聘职位工作性质、特点及任职条件，为科学设计测评内容、指标体系和等级评定标准提供了客观依据，为测评的科学性和考核结果的公正性提供了前提保障，这对于提升测评的效能，具有十分重要的制度意义和现实意义。

所以，无论是竞争性选拔的程序设定，还是考试与测评的方式方法选用与组配，职位分析是都是竞争性选拔考试设计的关键环节。

1.职位分析是实现人岗匹配的前提，是保证竞争性选拔效率、效能的关键。帕森斯在《职业选择》一书中指出，每个人都有自己独特的能力与素质，个人的这种能力素质模式与社会中某个职业有较大的相关度。某个职位选拔人员时应尽量的使职位需求与人的能力素质相匹配。这个匹配过程包括三个步骤，第一，职位分析，分析某个党政领导职位对任职者的要求，包括对人的不同生理、心理、文化等条件的要求。第二，能力测评，考察拟应聘人员的各种生理、心理条件和社会背景、能力素质。第三，二者匹配，即把职位分析的结构与应聘人员的能力素质相对照，选拔任用合适职位要求的人员。

目前，我国的党政领导干部竞争性选拔，采取统一的笔试或面试，缺乏对职位特殊能力要求的认知和针对性考试分析，选拔出来的人员与职位的匹配度不高，这直接影响了未来的工作目标实现、工作业绩以及竞争性选拔的效用。党政领导职位尤其特殊的要求，个人有其特定的素质和动机，个人素质表现为一个人的知识、技术、能力、才干以及其他个人特征。个人和工作岗位之间需要匹配。这种匹配可以用下图人职匹配模型来表示。

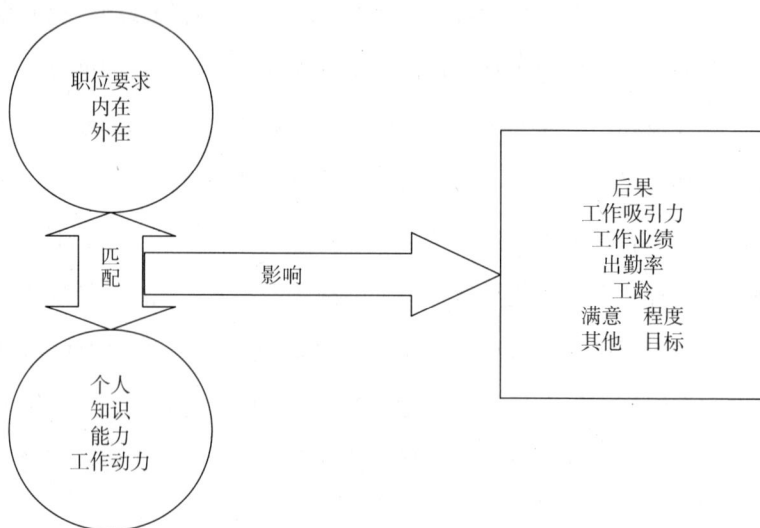

人职匹配模型

以人为中心的测评考试如笔试、面试、情景模拟等有利于全面把握一个人的各方面素质状况，做到合理使用人才，合理安排工作岗位。但是这样测试费时、费力、工作量巨大，而且缺乏针对性。这种以人为中心的测评只有在以职位分析为前提基础，才能合理有效，具有针对性。我们通过职位分析掌握职位所需的资格、条件、能力、职位规范，进而就可以确定对应试者需要测试哪些指标，需要的或重要的就进行严格科学的测评，不需要的就可以不测试。这样做就省力、省时，针对性强，便于根据职位要求迅速选拔人才，提高测试效率。

2. 职位分析是研制领导人才测评要素结构的基础，是竞争性选拔的逻辑起点。研制领导人才测评要素结构体系，国际通行的方法是，制定高级领导人才核心能力标准体系，核心能力标准体系是选拔领导人才的主要依据。在人职匹配的要求下，要制定领导人才测评要素结构体系必须首先确定领导职位需要什么样的人才，只有对职位要求有充分的了解才能制定科学的人才测评要素结构体系，才能制定出通用的符合实际的领导人才核心能力标准体系，进而影响到能否选拔出合格的领导性人才。并且，随着时代的发展，形势的变化，对领导能力标准体系必须进行调整。我国《党政领导干部公开选拔竞争上岗考试大纲》规定，领导干部公开选拔和竞争上岗的笔试公共科目、专业科目考试的试题内容比例、难度和测评要素及其比例，必须在职位分析的基础上确定；面试的测评要素及比例根据选拔职位要求，经职位分析确定[①]。

3. 职位分析是确定职位能力素质要求的标准，是竞争性选拔程序设置的主要依据。通过进行详细的职位分析，得到对工作职位的最详细的资料，以便对工作岗位所要求的经验、知识、能力、进行分析，找到个人上岗的行为准则，用以设计最为恰当的考试和测评的方法，通过更具针对性的测试，在

---

① 《党政领导干部公开选拔和竞争上岗考试大纲》第八条、第十一条指出，公共科目、专业科目笔试"测评要素比例根据选拔职位对知识和能力素质的要求确定。"第十三条规定，面试的"具体测评要素及各要素的比例根据选拔职位要求，经职位分析确定。"

一大批报考者中选出最符合条件的人员。不仅如此，职位分析的成果——职位描述和工作规范，明确提出了拟任职位对任职者思想道德、基本知识、能力素质和基本技能的基本要求，不同行业、不同层次的领导职位，对任职者任职资格、能力素质的要求也是有差异性的。这就要求我们在竞争性干部选拔中通过程序设置，以保证考试与测评、组织考察工作能够紧紧围绕以用为本、干什么、考什么这个指导思想展开。

### （四）程序正义原则

在《正义论》中，罗尔斯将正义分为实体正义（Substantialjustice）和程序正义（Proceduraljustice）。程序正义是指对法律和制度的公正一致的管理，在价值取向上，它强调对规则的一致性、无差别适用，体现为对原则的坚持或对体系的服从。"如果我们认为正义总是表示着某种平等，那么形式的正义就意味着它要求：法律和制度方面的管理平等地（即以同样的方式）适用于那些属于由它规定的阶层的人们。"程序正义也被称为作为规则的正义（Justiceas-Regularity），其存在于一种正义的社会基本结构（如政治、经济和社会制度安排）的背景之下，意指规则的制定与执行、社会合作利益与责任分配程序本身所必须具有的正当性。其中，规则的一致性、适用的无差别性、生产效用的正当性，是程序正义的内在价值追求。也正因为如此。在现代国家治理中。对治理与善治的理解，把作为平等的制度性保证——规则、程序给予了高度关注。干部任用问题是国家治理的一个重大问题，近年来我国对提高选人用人公信度的追求和实践探索，集中到竞争性选拔制度的建构上。

竞争性选拔所遵循的重要原则和追求的核心价值是"民主、公开、竞争、择优"，这是以考试为主要特征的竞争性选拔干部与传统选拔任用干部的一个本质分野。竞争性选拔无论是何种模式都必须由相应的程序来保证。程序合理性、制度合法性的程度是竞争性选拔的质量保证。因此，在以领导干部选拔程序设计和具体的考试与测评方式方法的组配为建构要素，来形成具体的竞争性选拔不同模式，必须坚持以程序正义原则为指导。

### （五）最大效用原则

竞争性选拔的基本模式确立之后，需要什么样的程序对选拔工作提供以制度设计的形式提供保证，选择何种考试与测评方法来实现选拔目标的实现，这是构成了竞争性选拔的基本模式的主要内容，同时也是不同模式相对独立性的主要表征。而对上述问题的回答，要求我们在竞争性选拔中必须坚持效用最大原则，即通过选拔的程序设定、考试与测评方式方法优化组合，以实现领导干部选拔的科学性、有效性和便捷性。要贯彻落实这一原则，在竞争性选拔领导干部工作中，必须考虑以下三个突出差异：

1. 能力素质差异

研究表明，不同行政层级的领导干部的能力素质特点是不同的，而不同层级领导职位对任职者的能力素质要求的差异也很明显。

厅级领导干部（含副厅级）从工作性质和职位要求而言，必须具备战略思维、谋划发展、科学决策、队伍建设、宣传激励、机遇把握与风险承受等方面的能力。厅级领导干部是干部队伍的中坚力量，在制订和执行政策、协调各方面关系中具有重要作用。首先需要较强的战略思维能力和想问题、办事情要有大局观念，要多一点远见、少一点短视，避免各自为政、因小失大；培养谋划发展能力，把更多的时间和精力放在推进工作和事业发展上，深入研究如何创新发展思路、转变发展方式，把握发展的主动权；其次需要科学决策能力，坚持以人为本、求真务实，把维护人民群众的根本利益作为决策的出发点和落脚点；第三需要带好队伍能力，提高识人用人的本领，坚持关心人、培养人、激励人、团结人，积极为下属创造学习的机会、提供干事的舞台，努力带出一支过硬的队伍。

县、处级领导干部（含副县、处级）是我国党政机关干部队伍的骨干力量，在工作中既是指挥员，又是战斗员。这一工作区位和性质特点，对其能力素质有着特殊的要求，应着力培养决策参谋、组织执行、应对复杂局面等能力，在工作中应积极出主意、想办法，科学拟订决策方案，当好上级领导的参谋助手；培养组织执行能力，坚持真抓实干、依法办事，善于运用法律手段处理各种事务，不断提高执行能力，认真抓好工作落实；提高应对复杂局面能力，不断增强政治敏锐性、政治鉴别力和政治坚定性，在原则问题上头脑清醒，在急难险重任务面前勇于担当。

科级领导干部（含副科级）是机关工作的具体执行者，是中央国家机关积极活跃、富有生气的基础力量，在党政领导干部序列中处于执行层面，伴有决策职能。这一性质特点要求科级领导干部（含副科级）应着力培养坚定的理想信念、扎实的业务能力、良好的工作作风，具体要求是：一是坚定的理想信念。坚持用中国特色社会主义理论体系武装头脑，以理论上的清醒保证政治上的坚定，把个人成长和党的事业发展紧密结合起来。二是扎实的业务能力。认真钻研本职业务，掌握政策法规，提高工作质量。三是良好的工作作风。谦虚谨慎而不盲目自大，脚踏实地而不心浮气躁，联系群众而不脱离群众。

对于事业单位和企业而言，单位领导班子成员与单位中层领导干部的能力素质的要求也是不一样的。而竞争性选拔工作要追求效益最大化，必须考虑不同层级领导职位、领导干部的能力素质差异及其要求的差异性，进而因地制宜、量体裁衣地进行程序设计和考试与测评方式方法选择，这是竞争性选拔模式与所选拔领导干部层次的特殊性相匹配而形成的。

2.行业领域差异

不同领域、不同行业的领导职位，对领导干部的能力素质尤其是业务能力的要求有着重大区别。例如党政领导与企业领导具有显著的区别：第一，两者追求的价值不同。前者追求的是公共利益，即社会公平与正义的至高无上性。后者谋求的是本企业、本部门的利益，追求最大的市场份额和利润，实现本企业、本部门的利益最大化。虽然成功的企业很注重企业文化建设和社会公益行为，但背后最根本的还是盈利再盈利的目的。前者尽的是公共责任、提供的是公共服务、公共产品，服务于全社会的公共事务。社会中的每一位公民都有权合法享受这种服务和提出意见、建议，并进行监督；后者职责主要是本企业、本部门的生产经营等管理事务，提供的是本企业、本部门的特殊服务、特殊产品。前者行使的是公权力，即对全社会行使法律赋予的权力；后者行使权力作用范围仅限于本企业、本部门，不能到社会上去"发号施令"。前者对权力进行分割，注重层级领导和权力制约，强调权力运行的程序性和规范性，防止专制权力和权力的滥用；后者则是权力相对集中，注重于权力运行中的统一性和高效率，以有利于竞争和企业生存。

3.岗位特点差异

对农村基层岗位，更加注重考察其基层工作经历和社会实践经验等；对部门工作岗位，更加注重考察其业务能力和统筹协调能力等；对重要部门关键岗位，更加注重考察其把握大局意识和科学谋划发展能力等；对专业技术岗位，更加注重考察其扎实的理论功底和高端的专业知识等。

此外，从选拔领导干部的内部性上而言，还有公开选拔和竞争上岗的差异。所以，竞争性选拔的不同模式，必须考虑行业领域差异、选拔层级差异和选拔方式差异等因素，科学设置选拔程序，合理组配考试与测评方法，形成竞争性选拔的综合系统，实现拟选拔的人、实际选拔出的人与领导职位确实需要的人"三元合一"。

竞争性选拔的不同适用要求决定了它的模式区分。从根本上说，竞争性选拔的基本模式可分为两大类，即公开选拔模式和竞争上岗模式。就程序核心环节而言，公开选拔领导干部的基本程序大致是类似的，而竞争上岗选拔领导干部的基本程序也是基本相同的。不同具体模式的分野在于考试与测评方式方法组配后显示出的差异和特征。

## 第二节　优化考试测评方法

### 一、公开选拔模式的基本程序设计与主要考试、测评方法组配

#### （一）公开选拔模式的基本程序设计

公开选拔模式分为公开选拔党政领导干部、公开选拔事业单位领导成员和公开选拔企业领导人员三类，这三类竞争性选拔模式的基本程序没有大的分别，主要体现为：

按照中组部《公开选拔党政领导干部工作暂行规定》，公开选拔领导干部应当经过以下6大程序，即：发布公告；报名与资格审查；统一考试（包括笔试和面试）；组织考察，研究提出人选方案；党委（党组）讨论决定；办理任职手续。具体而言：

1. 发布公告和招考简章

公开选拔应当根据选拔面向的幅度，在相应范围内发布公告。公告内容包括选拔职位以及职位说明、选拔范围、报名条件与资格、选拔程序和遴选方式、时间安排。公开选拔应当在调查研究和分析预测的基础上，根据选拔职位的层次、人才分布情况和国家有关政策，合理确定报名人员范围。

2. 报名与资格审查

根据发布的公告和招考简章的规定，符合条件的人员可进行报考。报考人员应当符合《党政领导干部选拔任用工作条例》规定的基本条件和任职资格。在国有企业、事业单位工作的报名人员，应当具备与所报职位要求相当的资格。报名采取网上报名或现场报名方式，报名人员通过组织推荐或者个人自荐等方式报名，并填写报名登记表。报名登记表一般应该由所在单位组织（人事）部门审核。组织（人事）部门按照公布的报名条件和资格进行资格审查，审查合格者准予参加笔试。经过资格审查合格参加笔试的人数与选

拔职位的比例一般不低于 10：1。资格审查贯穿公开选拔工作全过程。报考时提供虚假材料的，伪造、变更有关证件、材料、信息骗取考试资格的，以及在综合测试、经历业绩评价、能力测试、面试和体检中作弊，在考察中进行非法组织活动的，一经查实，立即取消参加公开选拔资格。

3.统一考试与测评

考试分为笔试和面试，在命题前应当进行职位分析，增强命题的针对性。依据《党政领导干部公开选拔和竞争上岗考试大纲》的规定，笔试主要测试应试者对领导干部应具备的基本理论、基本知识、基本方法和专业知识的掌握程度，特别是运用理论、知识和方法分析解决领导工作中实际问题的能力。面试主要测试应试者在领导能力素质、个性特征等方面对选拔职位的适应程度。笔试分为公共科目考试和专业科目考试，采用闭卷方式进行。根据笔试成绩，从高分到低分确定面试人选。面试人选与选拔职位的比例一般为 5：1。在面试环节，一般采用结构化面试方法。根据需要也可选用或综合使用无领导小组讨论、角色扮演、公文筐测验等测评方法。面试由考官小组负责测试和评分。考官小组由相关领导、专家、组织人事干部等人员组成，一般不少于 7 人。同一职位的面试应由同一考官小组负责测试和评分。考官小组成员应有具备较高政治思想素质、公道正派，并熟悉人才测评工作。考官小组中应有熟悉选拔职位业务的人员。考官小组成员要实行回避制度，面试实施前应对考官小组成员进行培训。根据笔试、面试成绩确定应试者的考试综合成绩，并及时通知应试者本人，且在适当范围内公开。市（地）、县（市）公开选拔党政领导干部，条件允许时可以由上一级党委组织部门统一组织考试。人机对话、履历分析与评价技术、半结构化面试、工作调研与问题答辩等也属于考试与测评范畴。

4.组织考察

根据考试与测评综合成绩，从高分到低分考察人选，其中考察人选与选拔职位的比例一般为 3：1。组织人事部门依据干部选拔任用条件和选拔职位的职责要求，坚持德才兼备原则，对考察对象的德、能、勤、绩、廉进行全面考察，对是否全面和胜任选拔职位做出评价，要注重考察工作实绩和群众公认程度。在考察前，应当将考察对象的简要情况、考察时间、考察联系方式等，向考察对象所在工作单位或者社会进行预告。考察采取个别谈话、发征求意见表、民主测评、实地考察、查阅资料、专项调查、同考察对象面谈等方法进行。为保证考察的尺度一致，同一职位的考察对象，应当由同一考察组考察。

5.研究决定拟任职人选

组织人事部门根据考察情况和考试成绩，研究提出任用建议。按照干部管理权限，由党委（党组）集体讨论做出任用决定，或者决定提出推荐、提名的意见。

6.任前公示与办理任职手续

对党委（党组）决定任用的干部和决定推荐提名的人选进行公示。公示后，未发现影响任用问题的，办理任职手续或者按照有关推荐规定提名，并向社会公布选拔结果。对决定任用人员，按照有关规定实行试用期，试用期为1年。试用期满后，经考核胜任的，正式任职；不胜任的免去试任职务，可自主择业，也可由组织按试任前职务层次安排工作。

以上是公开选拔领导干部模式的一般程序设计。在具体的竞争性选拔业务运作中，也可根据选拔职位的层次和行业要求，对选拔程序做出相应调整。这种情况多出现在公开选拔副县处级领导干部工作中。由于公选副县处级领导干部报名对象的地域性限制较为明显，可以在报考环节增加组织推荐或者群众推荐程序，如公推公考、双推双考、公推公选等。但这种推荐介入程序，除了考虑考选职位的层次之外，还要注意做到既重群众公认，又不能简单以推荐票取人。

**（二）公开选拔模式的考试与测评方式方法优化组合策略**

对于公开选拔党政领导干部的竞争性选拔模式，其基本程序设计、考试与测评方式方法的选择组配，可以分为公开选拔厅级领导干部（含副厅级）模式和公开选拔处科级领导干部模式。考试是党政领导干部公开选拔和竞争上岗的环节之一，一般包括公共科目笔试、专业科目笔试和面试。而事实上，基本选拔程序确定之后，模式之间的最大区别则出现在考试与测评方式方法的选择和组配上。根据《党政领导干部选拔任用工作条例》、《公开选拔党政领导干部工作暂行条例》和《党政领导干部公开选拔和竞争上岗考试大纲（2009年9月修订）》及有关法律、法规的规定，公开选拔模式的考试与测评方式方法包括笔试和面试两个部分。现根据不同选拔模式的特点，对考试与测评方法优化组配作如下建议：

1. 公开选拔厅级党政领导干部考试与测评方式方法优化组合。作为公选厅级、副厅级党政领导干部工作的重要环节，公开选拔副厅级党政领导的测评方式主要以笔试与面试相结合的测评方式为主，加入履历业绩评价。其中，履历业绩评价与领导能力测试占一定比重，特别是在副厅级别的党政领导公开选拔中，履历业绩评价是必不可少且区别于其他级别干部选拔的主要测评方法。具体而言，公选厅级党政领导干部（含副厅级），其考试与测评的主要方法有：综合素质测试、履历业绩评价和业务能力测试、面试。

综合素质测试以《党政领导干部公开选拔和竞争上岗考试大纲》为依据，分公共科目笔试和专业科目两项。采用闭卷方式进行。公共科目笔试从符合公选报考条件的应试群体中甄别职业所需要的基本素质的领导人才；专业科目笔试的目的在于是从符合公选报考条件的应试群体中区分出符合职位要求的业务能力的领导人才。综合素质测试的成绩可把公共科目成绩、专业科目成绩按照相应的比例计算。根据综合素质成绩，按照公选职位与参选人员相应的比例，从高分到低分确定进入经历业绩评价人选。

履历业绩评价由考生所在单位的党委（党组）向省、自治区、直辖市公选组织提供本人《报名登记表》、综合鉴定材料（加盖公章）、个人档案及相关有效证件证书原件和复印件。综合鉴定材料主要包括应试者的任职经历、工作经历、教育培训情况和近 3—5 年工作业绩报告及职务任免表。履历业绩评价由省、自治区、直辖市公选组织按照公选岗位经历业绩评价评分细则进行量化评分。根据评分结果，按照公选职位与参选人员的相应的比例从高分到低分确定进入业务能力测试人选。

业务能力测试重在应试者分析、解决领导工作中实际问题的能力，分岗位素质测试和人机对话测评两项。业务能力测试成绩按岗位素质测试、人机对话测试成绩的相应比例计算。根据业务能力测试成绩，按公选职位与参选人员相应的比例从高到低确定进入面试的人选。

面试可采用结构化面试、半结构化面试、无领导小组讨论、文件筐测验、情景模拟等形式，考虑到考试与测评的效率与效益，各地可根据自身的情况采取"结构化面试＋无领导讨论小组"、"半结构化面试＋无领导讨论小组"、"结构化面试＋无领导小组讨论＋文件筐测验等组合。按职位分组测试。按照综合素质测试、履历业绩评价、业务能力测试、面试成绩，按照相应的比例计算综合成绩，确定每个职位的体检和组织考察人选，如有体检不合格者，根据该职位综合成绩依次递补。

2. 公开选拔县处、科级领导干部考试与测评方式方法优化组合。相对于公选厅级干部而言，县处、科级党政领导干部（含副县处级、副科级，下同）公选的职位层次相对低一些，除了基本的政治理论素养、政策理论水平和分析解决问题的基本能力要求一致外，这些职位对任职者的执行能力要求更为突出些，尤其是科级、副科级党政领导干部。但是，虽然职位层次稍低，但公选的处、科级党政领导干部，甚至本部门（或单位）的领导班子成员。从这个意义上讲，公选处科级党政领导干部设置和考试内容的选择上，则有不同。其考试与测评的主要方法有：笔试、面试、人机对话、心理素质测试等。

笔试。根据《党政领导干部公开选拔和竞争上岗考试大纲》的规定，公选处、科级笔试分为公共科目笔试和专业科目笔试两项，采用闭卷方式进行。公共科目笔试主要内容包括政治、经济、法律、管理、科学技术及历史、国情国力、公文写作与处理，主要测试应试者胜任党政领导工作必须具备的基本素质，特别是运用有关基本理论、基本知识和基本方法分析解决领导工作中实际问题的能力。专业科目笔试范围包括选拔职位需要的专业基础知识、专业管理知识和专业政策法规知识，主要测试应试者胜任选拔职位工作必须具备的专业素质，特别是运用专业知识分析解决领导工作中实际问题的能力。公共科目和专业科目笔试应以主观题为主，其中公选县处级领导干部笔试试题中主观题的比重，要远远大于公选科级党政领导干部笔试。笔试成绩可把公共科目成绩、专业科目成绩按照相应的比例计算。根据综合素质测试成绩，按公选职位与参选人员相应比例，从高分到低分确定进入面试的人选。

面试可采取结构化面试、无领导小组讨论、工作调研的方式进行。考虑到考试与测评的效率与效益，各地可根据自身情况，公选县处级领导干部可采取"结构化面试＋无领导小组讨论"、"结构化面试＋工作调研"等组合，按职位分组测试；公选科级干部可采取"结构化面试"的方式，按照职位分组测试。

人机对话测评把应试者置身于具体的工作环境当中，重在测查应试者分析、解决领导工作中实际问题的能力。此种测评方式可适用于公选县处级领导干部，对于公选科级领导干部则不宜采用。

在成绩评定上，可根据笔试、面试和人机对话的成绩，按照相应的比例计算综合成绩，确定每个职位的体检和组织考察人选，如有体检不合格者，根据该职位综合成绩依次递补。

3.公开选拔企、事业单位领导成员考试与测评方式方法优化组合。事实上，作为选拔单位的班子成员，公开选拔企业事业单位领导成员考试在方法选择上与公选副厅级领导干部并无大的差异，不同的是考试的内容与测评要素的设置应更加注重业务能力的测查，更加注重企业、事业单位工作实际。

具体而言，公选企、事业的单位领导成员考试，其考试与测评方法主要有：综合素质测试，履历业绩评价和业务能力测试、面试。

综合素质测试应参照《党政领导干部公开选拔和竞争上岗考试大纲》的规定，分公共科目笔试和专业科目笔试两项，采用闭卷方式进行。在命题上，公共科目笔试的内容选择和测评要素的确定，应突出考查企业、事业单位领导班子成员应具备的共通性领导能力和综合素质。专业科目笔试的内容选择和测评要素的确定，应突出考查不同行业、不同领域企、事业单位领导班子成员立足本职工作分析、解决业务实际问题的能力。综合素质测试成绩可把公共科目成绩、专业科目成绩按照相应的比例计算。根据综合素质测试成绩，按照公选职位与参选人员相应比例，从高分到低分确定进入经历业绩评价人选。

履历业绩评价由考生所在单位的党委（党组）向省、自治区、直辖市公选组织提供本人《报名登记表》、综合鉴定材料（加盖公章）、个人档案及相关有效证件证书原件和复印件。综合鉴定材料主要包括应试者的任职经历、工作经历、教育培训情况和近3—5年工作业绩报告及职务任免表。履历业绩评价由省、自治区、直辖市公选组织严格遵照"坚持干什么、考什么的原则"，按照公选岗位经历业绩评价评分细则进行量化评分。根据评分结果，按照公选职位与参选人员的相应的比例从高分到低分确定进入业务能力测试人选。

业务能力测试重在应试者分析、解决领导工作实际问题的能力，分岗位素质测试和人机对话测评两项。业务能力测试成绩按岗位素质测试、人机对话测试成绩的相应比例计算。根据业务能力测试成绩，按公选职位与参选人员相应的比例从高分到低分确定进入面试的人选。

面试可采用结构化面试、半结构化面试、无领导小组讨论、文件筐测验、情景模拟等形式。考虑到考试与测评的效率与效益，各地可根据自身情况采取"半结构化面试＋无领导小组讨论"、"结构化面试＋无领导小组讨论＋文件筐测验"、"结构化面试＋情景模拟"等组合。按照职位分组测试。按照综合素质测试、履历业绩评价、业务能力测试、面试成绩，依照相应比例计算综合成绩，确定每个职位的体检和组织考察人选，如有体检不合格者，根据该职位综合成绩依次递补。

## 二、竞争性上岗模式的基本程序设计与主要考试测评方法组配

### （一）竞争性上岗模式的基本程序设计

竞争性上岗模式分为党政机关中层领导干部竞争上岗、企事业单位中层领导干部竞争上岗两类，这两类竞争性上岗模式的基本程序没有太大的分别，主要体现为：

按照中组部《党政机关竞争上岗工作暂行规定》，领导干部竞争上岗工作应当经过以下7大环节：制定并公布实施方案，报名与资格审查，笔试，面试，民主测评，组织考察，党委（党组）讨论决定，办理任职手续。具体而言：

1.制定并公布实施方案。与公开选拔不同，单位或系统内竞争上岗应事先制定实施方案，包括指导原则、竞争职位、任职条件、选拔范围、方法程序（含遴选方式）、时间安排、组织领导和纪律要求等。实施方案应当征求干部群众意见，由党委（党组）讨论决定，实施方案确定后，应当将主要内容在本机关及所属有关单位公布。

2.报名与资格审查。根据发布的竞争上岗实施方案，符合条件的人员可进行报考。参加竞争上岗人员的基本条件和资格应当符合《党政领导干部选拔任用工作条例》的有关规定以及竞争职位的要求。报名竞争上岗的人员，自愿填报竞争职位，可只报一个志愿，也可兼报其他志愿。报名时应填写是否服从组织安排。在报名过程中，应当允许报名人员查询各职位的报名情况，报名人员可在规定时间内调整所报职位。仅有个别人报名、形不成有效竞争的职位，可不列入本次竞争上岗的范围，允许报考该职位的人员改报其

他职位。干部（人事）部门按照竞争上岗实施方案规定的条件，对报名人员进行资格审查并公布结果。

3.考试与测评。竞争上岗应当进行笔试、面试并量化计分，在命题前应当进行职位分析，增强命题针对性。笔试、面试可依据《党政领导干部公开选拔和竞争上岗考试大纲》命题。笔试、面试结束后应将成绩通知本人。笔试主要测试竞争者履行竞争职位所必备的基本知识以及调研综合、办文办事、文字表达等能力，一般由本单位组织实施。有条件的地方可由党委组织部门和政府人事部门统一组织。面试主要测试竞争者履行竞争职位职责所必备的基本素质和能力。应当根据需要采取适当的测评方法进行。面试由面试小组实施。面试小组一般由本单位领导、干部（人事）部门和相关单位领导及专家组成，一般不得少于7人，其中外单位人员应占一定比例。面试小组成员应当挑选公道正派、政策理论或者专业水平高、熟悉相关业务人员担任。面试小组成员要实行回避制度。面试前应当对面试小组成员进行培训。面试过程中，应当允许本单位人员旁听，也可根据安排由旁听的本单位人员对应试者打分，并按一定比例计入面试成绩。需要指出的是，考试与测评方法选择有一定的自由度，根据竞争上岗组织单位的实际情况，笔试和面试可直选其一。

4.民主测评。与公开选拔的最大不同，竞争上岗强调内部民主测评，坚持工作实绩与群众公认的结合。在程序设计上，竞争上岗选拔工作必须对参加竞争上岗人员进行民主测评并量化计分，且民主测评结果应当通知本人。民主测评主要对竞争者的德才表现及竞争职位的适应程度进行评价，其主要内容包括德、勤、能、绩、廉等项，每项可细分为若干要素，每个要素划分为若干档次，每档确定相应的分值，由参加测评人员无记名填写评价分数，由干部（人事）部门汇总计算每位竞争者的平均分数。从范围上看，中央、国家机关一般以司局为单位进行；地方党政机关一般在机关全体工作人员中进行，单位规模较大、竞争者所在内设机构人员较多的，可在该内设机构中进行。按照充分发扬民主的原则，参加民主测评的人数必须达到应参加人数的 80% 以上。做到重干部政绩，但不简单以一时一事的数字取人。需要指出的是，民主测评可在考试之前举行，也可以在考试结束后举行。从测评的主体上看，可分为群众民意测验，即由本单位或系统的工作人员进行投票打分；还有班子成员测评，即由单位领导班子成员对参加竞争上岗者进行投票或打分。

5. 组织考察。竞争上岗的考察对象一般是通过综合遴选的方式择优确定，即竞争者参加笔试、面试、民主测评各个环节的竞争，依据总分高低，按照一定比例择优确定考察对象并公布名单以及最低入围分数。笔试、面试成绩和民主测评结果应当按照一定比例计入总分参加竞争的人数较多时，可通过逐轮遴选的方式择优确定考察对象。采用逐轮遴选方式，应当公布每轮遴选入围者的名单以及最低入围分数。民主测评在笔试、面试之后的，可与组织考察结合进行。确定考察对象时，可适当考虑竞争者的资历、学历（学位）及近年来考核情况等因素。对民主测评分数过低的人员，可不列为考察对象，列入考察对象的人选数，应当多于竞争职位数。但如果民主测评在笔试、面试之前，则对民主测评分数过低的人员，可取消其参加笔试、面试的资格。考察工作由干部（人事）部门组织进行。考察要坚持德才兼备原则，考察内容包括考察对象的德、才、勤、绩、廉情况及其政治业务素质与竞争职位的适应程度，注重考察工作实绩和群众公认程度。同一职位的考察对象，应当由同一考察组考察，以保证考察尺度的一致。

6. 研究决定拟任职人选。单位党委（党组）根据参加竞争上岗人员的笔试、面试、民主测评的结果和考察情况，集体讨论决定拟任人选。决定人选拟任职位，应当尊重本人所报志愿。必要时，在听取本人意见的基础上，可由组织统一调剂。对没有合适人选的职位，党委（党组）可决定暂时空缺。

7. 任前公示与办理任职手续。对党委（党组）决定的拟任人选，要按照任前公示的有关规定进行公示。公示后，未发现影响任用问题的，办理任职手续，并在单位、系统内公布选拔结果。对通过竞争上岗任职的人员，需要进行任职，按任职试用期的有关规定办理。

较之于公开选拔，竞争上岗的程序设置较为灵活，尤其是民主测评与考试环节的关系处理上，民主测评既可以放在考试之前进行，也可以放在考试环节之后进行。参加竞争的人数较多时，可通过逐轮遴选的方式择优确定考察对象。民主测评在笔试、面试之后的，可以与组织考察结合进行。如果民主测评在笔试、面试之前进行，则可以根据民主测评结果确定进入笔试面试的人选。需要指出的是，采用逐轮遴选方式，应当公布每轮遴选入围者的名单以及最低入围分数线。

**（二）竞争上岗模式的考试与测评方法优化组合策略**

无论是党政机关中层领导干部竞争上岗，还是企事业单位中层领导干部的竞争上岗，其考试与测评的方式无外乎笔试和面试。根据《中华人民共和国公务员法》、《党政领导干部选拔任用工作条例》和《党政机关竞争上岗工作暂行规定》、《党政领导干部公开选拔和竞争上岗考试大纲》的有关规定，竞争上岗考试与测评中，笔试也分为公共科目笔试和专业科目笔试，面试同样包括结构化面试、无领导小组讨论、角色扮演、公文检测等测评方法。但从竞争上岗实践来看，由于是单位内部或系统内部通过竞争的方式选拔领导干部，单位领导对参加竞争上岗的工作人员比较了解，因此竞争性选拔考试与测评的重点主要在于基本理论、基本知识和基本方法的掌握程度以及分析解决领导工作实际问题的能力，在于群众公认度，所以，对于竞争上岗考试与测评的方式方法选择和优化组合上，应注意以下几个方面：

1. 笔试。竞争上岗的笔试，不宜再以公共科目笔试和专业科目笔试作区分，而应该做综合素能测试为宜。测试的重点，应该主要测查竞争者履行竞争职位职责所必备的基本知识以及调研综合、办文办事、文字表达能力等。笔试的题型，应以辨析题、案例分析题、情景模拟题、写作题、策论题等主观性试题为主，兼及客观性试题。主观性试题与客观性试题的比例确定，应随报考职位级别的不同而有所差别。原则上，客观性试题所占比重应低于整个试卷分值的 30%；对于竞争副县处级领导职位的可不考客观题。是否参加笔试，也应当以竞争上岗的职位层级而确定，原则上对于竞争正县处级领导职位的，可不考笔试科目，而直接以面试的成绩作为考试成绩。

2. 面试。面试主要是通过与被测试者进行面对面双向交流，观察了解测评应试者在领导能力和胜任特征等方面与所选职位的匹配性。在竞争上岗的面试环节中，不宜单纯采用结构化面试的方法。而应该根据需要，可综合采用竞岗演讲、"竞岗演讲＋结构化面试"的方法，也可采取无领导小组讨论或公文筐测验的方法进行。上述测评方法的选择，应根据行业领域的不同、竞争职位层级的不同而有所倚重。一般而言，竞岗演讲、"竞岗演讲＋结构化面试"的测评方法是竞争上岗面试常用的方法，但对于特殊行业，可选取无领导小组讨论、公文筐测验或情景模拟的方法；对于竞争行政级别较高的职位，则应采用"半结构化面试＋无领导小组讨论"、"半结构化面试＋公文筐测验"或"半结构化面试＋情景模拟"的方法进行面试。这些方法组配，对于企业、事业单位竞争上岗的面试更是首选。

3. 考试综合成绩。竞争上岗的考试与测评成绩由笔试、面试综合而成，在考试综合成绩的构成上，笔试成绩占比不宜超过 30%。对于有关行业领域的企业、事业单位和行政级别较高职位的党政领导干部竞争上岗，可以取消笔试，直接以面试的成绩作为考试综合成绩。

# 第八章 结 语

竞争性选拔模式是干部人事制度改革的一个重要方向，也是我国干部人事制度改革走向科学化和民主化的有效途径。经过多年的实践探索积累了一定的经验。从目前竞争性选拔模式的总体实践情况来看，竞争性选拔力度不断加大，竞争性选拔价值初步彰显，备受关注。已成为选拔任用干部的重要方式。

据初步统计，2004 年以来 120 家中央和国家机关单位，有 104 家开展过竞争性选拔干部工作，占 86.7%。2009 年竞争性选拔干部人数增幅加大，首次突破千人次。2010 年，中央部门有 94 家单位竞争性选拔干部。从 2000 年 6 月到 2006 年 6 月，全国共组织竞争选拔 6697 批次，选拔各级各类领导干部 60465 名，占同期选拔任用干部总数的 9.1%；各省、市、自治区以及基层组织在干部选拔中引入竞争性选拔模式的实践力度也在逐年加大。事业单位和国有企业的竞争性选拔也蔚然成风。2003—2008 年，通过竞争上岗走上领导岗位的干部有 28 万多名，其中县处级以上 4.5 万多名。据不完全统计，近 5 年来，全国各级党政机关竞争选拔领导干部近 3 万名，其中县（处）级以上职位 7000 多个。其次竞争性选拔方式上不断完善，已初步走上正轨。大部分单位结合本部门实际，制定和完善了竞争性选拔干部工作的实施办法，对选拔岗位职级、开展频次、程序方法、组织实施等做出明确规定。竞争性选拔得到广泛认可，竞争性选拔模式被干部群众认为是当前最有成效的干部人事改革措施。有调查显示，有 66.3% 的干部群众认为竞争性选拔有利于"提高选人用人公信度"，57% 认为有利于"扩大选人用人视野"、"促进优秀人才脱颖而出"，32.6% 认为有利于"调动干部积极性"。在对竞争性选拔产生的干部评价上，有 77.6% 的人认为"综合素质较高，现实表现比较优秀"。尤其值得指出的是，竞争性选拔为优秀年轻干部脱颖而出创造了有利条件，36—45 岁中青年干部无论是竞争选拔的参与度，还是竞争选拔的成功率均比较高。通过竞争性选拔还在干部队伍中产生了良好的导向，激发了广大干部刻苦钻研、勤奋学习、奋发向上的进取精神。竞争性选拔干部作为深化干部人事制度改革的重要举措和创新实践，在当前的实践探索中，也面临着许多制约因素亟待解决：制度层面如竞争性选拔的体系建设、环节设置及质量监督保障等；技术层面诸如由于不同岗位干部的适岗能力素质评定不够配套、不同领域干部的工作实绩考核缺乏统一标尺、不同单位干部的群众满意度考量难以客观比较等原因，在一定程度上影响了竞争性选拔干部的质量。

## 一、竞争性选拔模式目前存在的三大类主要问题

### （一）思想认识层面上存在片面性

存在一些领导观念上的抵触现象。有的认为竞争性选拔费时费力，而常规选拔方式省时省力，也能选出较为合适人选；有的单位领导担心削弱自己在用人问题上的主导权，怕自己看中的人选拔不上来，因而不愿推行；有的担心竞争性选拔会打破正常的秩序，影响内部的团结，一些专业性比较强的部门担心竞争性选拔选不出合适的人选。从参选干部自身看，有的怕考不好竞争不上丢面子，怕人选早已内定自己当陪衬；有的害怕人选早已圈定；有的担心操作过程中公开程度和范围不够，有的怕拉票贿选行为导致不公平；有的担心工作交往面太窄，熟识度不够而影响得票；有的认为竞争性选拔拿出的职位吸引力不够等。这说明竞争性选拔模式的价值认识上还没有明确统一，尚未形成公众参与的竞争性选拔开放格局。当前竞争性选拔存在的普遍

性问题是开放程度不高，系统内的开展竞争性选拔的居多，参与范围的封闭使得某些竞争性选拔成了某种圈子内的"游戏"，外人不关注，不参与也就无从选择，不知情也就无从表达，不监督也就无从批评和建议。同时，竞争性选拔的信息公开程度也不高，竞争者和外界往往只知道竞争选拔的职位、报名条件、考试时间和地点、入围方法和任用程序，但对竞争人数、测评票数、考试成绩以及各项排名等关键信息基本上一无所知，难免产生"暗箱操作"的联想和不满情绪，严重损害了竞争性选拔的公信力。

### （二）操作层面有待规范

一是在组织上比较随意。对竞争性选拔干部没有统筹规划，与日常干部选拔任用工作衔接不够。存在一定的盲目性和不确定性。二是在目的上比较随意。应付上级检查就临时抱佛脚做样子；有些岗位摆不平就通过竞争性选拔来回避矛盾；有的不顾条件限制，一次拿出过多职位追求相应规模和轰动效应。三是在职位上比较随意。有的对什么岗位适合竞争性选拔、什么岗位不宜进行竞争性选拔缺乏原则；有的拿出一些无关紧要的职位搞竞争，缺乏吸引力。另外，目前尚未形成科学合理的竞争性选拔技术支撑。当前竞争性选拔制度的重大缺失是领导干部考试与测评技术支撑力严重不足。专业机构不够健全，技术开发相对滞后，测试手段比较简单，考试队伍组织专业性不强等问题制约了竞争性选拔模式的优势发挥。

### （三）制度层面科学性有待加强

目前尚未形成配套完备的竞争性选拔制度体系。竞争性选拔依赖于配套完备的制度体系，应突出制度的合法性、严密性、完备性和实效性。但目前的竞争性选拔制度没有形成体系，制度不配套、程序不严密的现象比较普遍，达不到运行可控、操作规范的要求。如没有建立职位分析制度，资格条件过于宽泛，程序转换比较模糊，选拔过程未能完全公开等等，都表明制度设计存在问题：一是适用范围和岗位设置的把握。选人的来源在很大程度上决定用人的质量。虽然大多数地方能够较好地坚持"五湖四海"的原则，但实践中出现一些限制竞争性选拔运用范围的情况，造成"弱竞争"或"无竞争"的选人用人现象，出现"公选不公认"的困境。二是考试和推荐顺序的把握。有的地方采取先笔试后面试，有的地方采取先面试后笔试，还有的地方放弃笔试直接采取多轮面试，由于两者之间安排结构不同、计分权重不同，带来的竞争结果大相径庭。三是竞争质量与选拔成本的把握。一些地方将竞争性选拔作为干部选任工作创新与试点的重要领域，一再地精细化、复杂化，导致整个竞争性选拔时间长、成本高却效率低。千人一卷的考试方式，用一把尺子量人，使考试内容与招考岗位工作衔接不上，达不到人岗相适的要求。从制度上看尚未形成有效监督的竞争性选拔保障机制。竞争性选拔也存在不正之风，拉票的负面效应极为严重，直接后果是扭曲了民意对干部能力和成绩的正确反映，引发不正当竞争。建立健全竞争性选拔的监督约束保障机制刻不容缓，确保制度的刚性和权威势在必行。

## 二、完善竞争性选拔工作的主要思路

不断完善竞争性选拔干部的方法和机制是深化干部人事制度改革、构建中国特色社会主义干部人事制度的突出要求和重要内涵。针对竞争性选拔实施的困境因素，必须进一步加强理论研究。努力提高竞争性选拔干部方式的科学化水平，不断完善竞争性选拔干部的方法和机制，在竞争性选拔干部方式中实现正确的竞争理念、科学的程序设计、合理的职位适应、多元的竞争形式和系统的制度安排的统一。

### （一）深化认识，重视竞争性选拔的价值

加强竞争性选拔干部工作需要顶层推动。竞争性选拔干部既需要魄力和勇气，更需要理性和智慧；既不能盲目追风做表面功夫，也不能凭满腔热情让竞争性选拔适得其反。特别是要把党管干部、群众认可和竞争择优有机结合起来。在竞争性干部选拔中，党管干部原则更多地应该通过选拔标准的确立、原则的把握以及操作的可行性来实现程序的可控性。在竞争性选拔干

部中应该更多地关注党委集体对程序性结果的控制，而不是对事实性结果的控制。

### （二）划准范围，实现竞选面合理化

竞争性选拔干部的突出特点，就是变"伯乐相马"为"赛场选马"。如果过多、过严、过死地限制竞争的资格条件，就会把一些优秀人才挡在门外，违背了竞争的根本目的。在实施竞争性选拔之前，应对本地干部队伍情况进行全面的调查分析。设定职位条件时，不要过分强调学历、年龄等硬条件，除非特殊的专业要求，均可放宽条件，以扩大选人视野，让更多的基层干部参与竞争。可以适当提高开考比例标准，最大限度扩大参与面，真正实现"在多数人中选人"，防止借竞争性选拔之名走程序者得逞。

### （三）科学谋划，实现竞争性选拔常态化

做到既统揽干部选用工作的全局，合理安排竞争性选拔的梯次、幅度、范围，又充分关注不同岗位的个性需求，确保能够及时选拔合适的优秀人才。组织部门要根据领导班子和干部队伍建设的需要，按照干部管理权限，每年对领导班子配备情况进行全面摸底分析，在核定的编制和领导职数限额内，根据职位空缺情况制定好次年的竞争性选拔领导干部年度计划，特别是对一些专业性较强和缺少年轻干部的领导班子，尽量采取竞争性选拔的方式选配。

### （四）分类推进，实现人岗相宜最大化

竞争性选拔要最大限度避免"考得好的不一定干得好"、"干得好的不一定考得好"的问题，就必须坚持"干什么、考什么"的原则，做到"真考实考"，坚决用"显规则"压住"潜规则"，不让"真程序"变成"伪程序"。注重把考试、实地考察与平时考验相结合，把职位所需的核心素质能力体现到测评内容中，"量身命制"专用试题，注重试题的实践性、开放性。要综合运用笔试、面试、演讲、答辩、胜任能力测试、公文筐测验、量化考察等手段保障竞争性选拔的准确性。

### （五）完善设计，实现竞争性选拔最优化

在考核方式上，要综合运用考试、考察、考核等多种方式，整合信访、审计等干部信息资源，更加全面、准确评价干部能力素质；在竞争力度上，要全面实行差额考察，适当扩大差额比例，实行对比分析、综合研判、好中选优；在笔试内容上逐步从以往的基础知识测试向岗位选拔所需的能力转移；在面试方式上要逐步脱离传统的结构化面试，更多地采用大评委制、个人演讲、无领导小组讨论等新型面试方式，进一步拓宽思路、完善方法、健全制度、改进操作，提高竞争性选拔干部质量。

### （六）扩大民主，实现竞争性选拔阳光化

牢牢把握扩大民主的方向，在竞争的每个环节都搭建有效载体、设置民意"门槛"，竞争的全过程请群众参与、让群众选择、受群众监督，切实提高群众在干部选任中的"话语权"，使竞争性选拔成为群众满意度的竞争。探索实行民意关口前移，把群众推荐作为竞争选拔的第一道程序，对报名人选在本单位民主推荐得票率低于一定比例的，一律取消报名资格、淘汰出局。扩大面试考评主体范围，实行"大评委制"，聘请专家、普通群众、服务对象和"两代表一委员"等组成评委团，充分体现各方面的意见。

## 三、当前竞争性选拔模式构建亟待解决的迫切问题

### （一）配套制度建设问题

建立领导干部选拔考试程序规范和技术支持系统、建立领导干部选拔面试考官培训系统、建立领导干部选拔考试题库支持系统。尤其要加强资格审查、统一考试、组织考察、纪律监督、考官培训、考务管理等竞争性选拔工作制度建设。同时，要不断改革和完善竞争性选拔工作制度中的考试测评内容和方式，不拘泥于一种测试方式，测试的内容要根据岗位所应具备的能力需要而不断调整，使其能够更加全面准确地测试出参选者的能力素质，在引导和示范上做到与时俱进，提高竞争性选拔领导干部工作考试测评的科学

化、规范化水平。

## （二）合理确定业绩评定内容问题

工作业绩是干部综合能力和以往工作的综合体现。不同层级的领导干部、不同行业领域的领导干部的能力要求和业绩内容需要科学确定。如在县级，每名科级领导干部都要从事基层一线工作，对解决实际问题的能力要求更高，而高层级的领导岗位则更需要战略谋划能力。因此，选拔领导干部更应该注重其平时的工作能力和业绩表现情况。将业绩表现作为选拔成绩之中的固定内容科学评定，可以较好地解决"考得好但不能干得好"的问题，能够有效落实注重实绩的任用原则，使那些平时踏实干事、努力工作、实绩突出的干部得到提拔任用，引导大家更加注重平时学习、业绩积累和争先创优。

## （三）科学运用干部考察结果问题

干部考察工作是全面准确、客观公正的评价判断干部德才表现的主要手段，也是群众在干部选拔过程中行使知情权、参与权、选择权和监督权的有效载体，考察结果应该是任用干部最重要的参考依据。竞争选拔中要将笔试和面试的成绩作为确定任用人选的入围条件，而不应作为任用干部的决定条件。考察中应与平时考核情况有机结合，进行缜密分析、客观判断，形成准确的考察和使用意见。在任用中根据入围人选的基础素质、能力特长、群众意愿和岗位需要，遵循人岗相适原则确定最适合人选。

竞争性选拔干部工作既是一个创新性、突破性实践举措，又是一项综合性、系统性改革工程。从长远来看，政府部门的作用不能缺失，推动竞争性选拔模式构建上，政府作用尤为关键。只有强化对竞争性选拔的顶层推动，加大"统"的力度，更为有力地规范推进，才能充分发挥竞争性选拔最大效能，促进整个干部队伍更加生机勃勃、活力迸发。

## 四、完善竞争性选拔模式构建中的政府责任

随着我国干部人事制度改革实践的深入，改革过程中面临的困境也越显

突出。推动干部人事制度改革的深入直接关系到我国政府效能的提高与党执政兴国的荣辱成败。政府部门在完善竞争性选拔模式构建中具有重要作用，责无旁贷。政府部门能否在科学分析诸多实践困境的基础上提出相应的完善措施，通过顶层设计、总体部署，协调推动对完善竞争性选拔模式构建历程，具有至关重要的决定作用。

### （一）加强对竞争性选拔的整体规划

在中央层面，建议抓紧研究制定进一步完善竞争性选拔干部工作的指导性意见，科学界定竞争性选拔在干部人事制度体系中的地位作用，明确竞争性选拔的指导思想、总体目标、基本原则、运行程序、主要任务和保障措施，为各地各单位正在积极推进的竞争性选拔干部工作指明方向。在省级和部门层面，要坚持上下统筹、联合行动，全面推行竞争选拔、竞争上岗，积极探索公推公选、公开遴选等多种竞争性选拔方式，在推进的周期、层次上保持合理节奏，并处理好竞争性选拔与常规性选拔"双轨制"之间的关系，实现竞争性选拔工作的常态化、规范化、制度化。

### （二）强化竞争性选拔分类指导

规范适用范围。竞争性选拔的多种方式各有优势，要根据实际情况有所选择、扬长避短，充分发挥其功能作用。规范选拔范围。市厅级干部，一般可面向全国或本省（自治区、直辖市）范围进行；县处级干部，一般应面向本省（自治区、直辖市）或本市（地、州）范围进行。部分专业性强、有特殊要求的职位，可以扩大选拔范围。竞争上岗一般在本机关（部门、单位）内部进行，根据需要也可面向本地本系统范围内进行。规范资格条件。选拔一般职位，不应片面追求年轻化、高学历；选拔正职领导干部，应更加强调政治立场的坚定性和工作经历、领导经历；选拔专业性强、技术要求高的职位，应更加强调专业职称、技术专长，可根据需要扩大范围。对优秀年轻干部，可适当放宽任职年限的限制；对文化程度相对不是很高，年龄稍大，但扎根基层、经验丰富、能力实绩出众的干部，应尽可能给予参加机会。

## （三）构建科学规范的竞争性选拔制度体系

竞争性选拔自 20 世纪八九十年代起已试行多年，但在操作程序上差异很大、规范不足。建议及时总结成功经验，尽快修订 2004 年印发的竞争选拔和竞争上岗两个"暂行规定"，出台正式规定。通过相关法律法规建设，强化德才、能力和实绩导向，减少随意性、提高科学性，形成考选交织、推选结合等多种方式相互衔接、协调配套的制度化成果，让干得好的考得好、能力强的选得上、作风实的出得来、上了岗的干得棒。

## （四）完善竞争性选拔干部工作程序与方法

进一步扩大干部工作民主，通过改进和完善操作程序，更多地让群众参与到竞争性选拔中来，优化"考"的内容，增强笔试面试针对性，科学评判干部德才，防止"唯分是举"，真正实现好中选优、真才胜出。拓展群众参与度。在报名与资格审查环节，应更好地体现群众公认原则。可借鉴推广群众测评前置的方式，在个人报名基础上，组织干部群众测评推荐，得推荐票达到 50% 以上者，才能进入选拔工作的下一流程，让广大干部群众协助组织提前把好竞争者的德才素质关。在考试环节，可吸收素质较高的群众代表直接作为"考官"参与面试打分，将演讲答辩、信任度评价等重点环节通过媒体平台予以公开，广泛听取群众意见。在民主测评环节，适当扩大干部群众在量化评价中的权重，将民主选择结果与专家和领导的专业评价结果有机结合，科学确定考察人选。在差额考察环节上，应将干部年度考核、换届考核、届中考核等考核结果，以适当方式公开，使大家对干部现实表现有充分了解，从而更准确地评判干部。

将"考德"贯穿全过程。落实选拔干部德才兼备、以德为先要求，彻底解决一些地方存在的"做人好不如做题好"的问题，关键是要把"考德"贯穿竞争性选拔全过程。一是建立细致完善的评价标准，提高"考德"的科学性。按照中组部《关于加强对干部德的考核意见》，从政治品德、职业道德、家庭美德和社会公德等多方面完善干部德的评价标准，细化评价要点，量化评价数据。二是综合运用多种方法，提高"考德"的针对性。通过反向测评、个别谈话、民意调查、社区访谈等多种方式，深入了解人选在群众中的形象、口碑，关注干部在落实重大部署、完成重大任务、应对突发事件、看待名利地位、对待进退留转时的表现。三是建立立体式、多视角的工作体系，提高"考德"的有效性。在时间、内容、人员、地域四个维度构成的立体空间中进行全面考德。四是重视德的考察结果的运用，提高"考德"的导向性。注重发挥德的考察在竞争性选拔中的"过滤器"作用，让德行好的干部继续参与竞争，让德行差的干部失去竞争资格。

增强考试测评针对性。解决干部群众反映的"干得好不如考得好"的问题，关键是在坚持"干什么考什么"原则的基础上，以岗位胜任力素质模型为基础确定考试测评内容，完善评价方法。在笔试环节，试题要围绕岗位特征"量身定制"，多采用案例分析、情景模拟、方案设计等主观题型，重点测试竞争者运用理论知识分析解决实际问题能力，测试相关工作经验和实际领导能力。在面试环节，要加大对竞争者经历、业绩的评价权重，实行半结构化面试，加入演讲答辩、考官追问等环节。

提高操作过程的"透明度"。竞争性选拔因其公开性、公平性，被形象地称为"阳光下的赛场选马"。但在一些地方和部门，仍存在公开性不足、参与度不够的问题。要强化"权为民所赋"的观念，进一步打破干部工作神秘化和官本位思维的束缚，严格程序、阳光操作，对竞争性选拔实行全程信息公开和民主监督，增强党员群众对选人过程的把关作用。坚决杜绝少数人对竞争性选拔程序和结果进行人为操控的行为。选拔岗位、标准条件、程序方法、资格审查、考试成绩、任用结果等重点环节，要及时发布公告，并畅通信访、电话、网络"三位一体"的群众监督举报渠道。

## 五、竞争性选拔模式构建中必须突破的创新点

竞争性选拔制度是在克服传统干部选任制度的弊端，丰富干部人事

制度改革路径的前提下建立的。在创新层面深入探讨该模式制度本身的理论定位和理性反思显得尤为重要。竞争性选拔模式的优势就在于对传统选人用人制度的创新。如果传统的某些制约不能突破，那么竞争性选拔模式的构建就无从谈起。从某种意义上说，竞争性选拔模式构建的进程如何，取决于对传统弊端的突破程度，这是竞争性选拔模式构建的基本前提问题：

### （一）创新了党管干部原则的实现方式

传统的党管干部的方式过于微观，具体到单个人的提拔升迁问题。这种做法一是不科学，少数人在少数人中选个别人，难免失察；其次是极容易造成干部选用中的腐败问题，助长跑官要官、买官卖官的恶劣风气。在干部选拔问题上，党管干部主要是管住宏观，负责制定一个好的规则和制度，并监督这一规则的严格执行。

### （二）创新面试评委机制

传统的干部选拔面试，考官一般在5—7人左右，由于考官人数少，一些考生容易钻空子，考生在面试前不是认真准备面试，而是想方设法打听考官组的人员组成，提前打招呼。甚至出现面试组织者私下向考生透露考官名单的违纪行为，严重影响了面试的公正性。如采用大评委制，从机制上就堵住了这一不良现象。由几百名面试考官考前临时抽签分组，极大地增加了考生的投机成本，让考前打招呼的行为几乎成为泡影。

### （三）群众推荐增强了选拔的民主性

传统的少数人选少数人的干部选拔机制，主要决定权在上级领导手里，甚至在个别主要领导手里。这种干部人事制度导致了被选拔者只对上负责不对下负责，只对个别领导负责不对领导集体负责，只对人负责不对事负责。群众推荐的机制，能较准确地考察出被选拔者平时的工作表现和道德人品，使得那些平时工作能力平平、工作业绩一般、溜须腐败的干部被群众挡在了推荐人选之外。

### （四）创新了面试测评方式方法

结构化面试因其程序化、标准化、便于大规模实施等优点，这些年来，成为各种人才选拔面试的主要方式。但一问一答式的结构化面试的弊端也逐渐显露出来。它侧重于考察应试者的逻辑思维能力、综合分析能力，尤其是语言表达能力，很难测评出应试者的解决问题的能力、领导能力、应变能力、人格特征等素质。往往是口才好的得分高。面试测评方法及其质量评估有待进一步研究创新。

## 六、竞争性选拔模式构建未来理论研究的重点和方向

### （一）围绕"提高科学化、开放性、认可度"，进一步研究竞争性选拔的制度框架

要突出"科学规范、开放有序、普遍认可"，抓好竞争性选拔的制度设计。一是要科学择定选拔职位。根据经济社会发展、干部队伍长远建设、班子配备结构的需要，精心选择竞争性选拔职位，以综合性岗位、专业技术岗位、重点部门岗位、高层次领导岗位等为主，对无合适人选难以做出比较选择的岗位，或符合条件人选较多难以做出正确选择的岗位，或专业性较强、专业人才相对匮乏的岗位，都可以通过竞争性方式选拔合适人员。对本单位已有合适人选的岗位、竞争性不强的岗位、重要而特殊的岗位，则不宜进行竞争性选拔。二是要科学拟定资格条件。根据选拔岗位承担的工作职责，明确学历、年龄、经历、资历、能力、实绩等基本要求，尤其要明确岗位必备的专业技术和实践技能。但不能过于强调年轻和高学历，对近期成熟后备干部和报考单位中的工作骨干可适当放宽年龄和学历要求，让那些文化程度不是很高、年龄稍大，但工作经验比较丰富、实际工作能力较强的干部有参与竞争的机会。三是要科学界定竞争范围。根据符合条件人数或选拔层次的需要，合理确定不同竞争范围，本单位后备人才较多的岗位可限制在单位内部，专业素质要求高的岗位可面向行业系统，区域内干部资源储备充裕的岗

位可面向市域、县域，高层次岗位可面向全国、全省范围，保证竞争有度。四是要科学确定选拔方式。正确分析各种竞争性选拔方式的优势和不足，竞争上岗适合在单位或系统范围内比选，公推公选适合在区域范围内比选，公推直选适合在所有党员范围内比选，竞争选拔适合在更大范围内比选。选拔高层领导干部可采取竞争选拔，中层干部内部轮岗和副职领导干部平职交流可采取竞争上岗，基层党组织领导班子可采取公推直选，选拔专业型领导干部可采取公推比选，选拔一般型领导干部可采取公推公选，选拔复合型领导干部可采取公推竞职。五是要科学设定选拔程序。在竞争选拔工作中，可积极推行"三推三考"竞争性选拔模式，实现"考"与"推"科学组合。"三推三考"主要程序为：一是笔试、第一轮民主推荐，重在考查基本素质，实行"初选"；二是面试、第二轮民主推荐，重在考查领导水平和适岗能力，实行"精选"；三是考察、第三轮民主推荐，重在考查德才表现和群众基础，实行"比选"。

**（二）围绕"形成广泛竞争、有效竞争、差额竞争"，深入研究可比可赛可选的择优机制**

要始终把"竞争"作为竞争性选拔的核心要素和关键环节，建立和完善鼓励竞争、体现竞争、促进竞争的有效机制，实现"广中选好、好中选优、优中选强"。一是要建立体现公平竞争的广选机制。要突破部门、区域、体制等壁垒，打破身份、资历等因素制约，创造条件让更多的优秀人才进入组织视野，搭建平台让符合条件的人参与公平竞争，确保在最大范围内科学配置、有效盘活、合理开发干部资源。二是要建立体现有效竞争的比选机制。认真研究和分析选拔职位特点，牢牢把握职位的核心竞争要素，突出知识竞争、能力竞争、实绩竞争、民意竞争，通过适度控制选拔范围、科学确定资格条件等措施，采取干部自荐、群众举荐、组织推荐等多种形式，动员和引导更多有强烈竞争愿望、具备核心竞争力的人参与竞争，确保能够形成积极的、充分的、有效的竞争。三是要建立体现差额竞争的遴选机制。坚持将差额作为竞争性选拔的重要指标和核心要素，实行全程差额遴选。差额推荐环节注重公开性，把班子成员、中层干部、基层干部和知情者、关联者等各方面的民意切实表达出来；差额考察环节注重客观性，看考察人选中谁的各方面表现更好，客观上谁更适合选拔职位；差额表决环节注重程序性，通过严格的程序保证选人用人讨论的充分性和决策的公正性，表决方法应采用无记名差额票决并当场公布结果。

**（三）围绕"坚持实践标准、实绩依据、实干导向"，着力研究现代人才测评技术**

突出"考出实践能力、考准实际业绩、考清实干情况"的要求，改进和优化考试测评方法，将笔试、面试、考察有机结合，发挥不同功能，相互验证补充，全面准确地考察干部。一是笔试重综合素质，体现"干什么、考什么"。为最大限度地防止"会考的不会干、能干的考不好"，要结合选拔职位特点和岗位要求"量身定制"考题，找准选拔职位对能力素质要求的关键点，采取公共知识和专业技能"1+1"测试，并根据岗位需求科学设定权重，突出理论素养和专业素质的测试，突出解决实际问题能力和应对突发事件能力的测试。二是面试重实践能力，体现"用什么、看什么"。突出面试针对性，重点测试综合分析、处理问题、工作创新等实践能力，准确把握干部思考问题、分析问题、解决问题的实践水平。三是考察重德才实绩，体现"重什么、察什么"。综合运用民主测评、民意调查、个别谈话、实绩分析、成长轨迹调查等考核评价办法，全面了解考察对象的基本情况和现实表现，注重考察干部的"德"。尤其要注重考察干部的实干情况，全面了解干部的工作能力和工作实绩，准确把握干部"干了哪些事、干得怎么样"。

**（四）围绕"增强民意考量的真实性、有效性、准确性"，继续研究多层次宽维度广范围的民主推荐方式**

针对竞争性选拔中普遍存在的"民意难集中、公认度难比较"问题，完善推荐制度、规范推荐程序、严格推荐范围、落实推荐责任，提高民主推荐的针对性和精确度。一是要组织分层民主推荐，解决"推荐指向不明"的问题。针对参加竞争性选拔的干部来自不同地区、不同单位的实际，探索包括不同职务、不同层次、不同方式的多层次推荐体系，着力解决因接触、了解程度不同而影响推荐质量和效果的问题。在竞争选拔中，可组织三轮民主推荐，按照知情度和相关性原则科学划定每轮推荐参与范围，第一轮是干部和群众代表，包括"两代表一委员"；第二轮是市委委员；第三轮是考察人选所在单位领导、同事和下属。每轮推荐体现不同指向，第一轮重在广泛性，解决"人岗相适"问题；第二轮重在权威性，解决"好中选优"问题；第三轮重在群众性，解决"群众公认"问题。二是要推行署名推荐制度，解决"推荐质量不高"的问题。针对"推荐人选相对分散、推荐质量不高"等情况，实行定量推荐法，尽量规避优先推荐本地区人选、本单位人选、比较熟悉人选的不公正做法；推行署名推荐制度，体现推荐权利和责任有机统一，减少推荐随意性，督促推荐人员投出负责票、公正票，更好地避免感情票、关系票、弃权票，保证推荐人选的质量。三是要提供翔实推荐材料，解决"推荐信息不对称"的问题。针对竞争性选拔中"信息掌握与推荐结果不对称"的情况，通过增加推荐对象的信息量、拓宽推荐人员的选择空间等措施，提高推荐的公正性和真实性。在推荐不同轮次提供不同信息材料，保证推荐人员能够全面了解推荐对象。第一轮除自然情况外，还要提供照片、奖惩情况、是否后备干部、家庭成员情况等内容；第二轮可以增加职位要求、面试得分及各要素得分排序等情况；第三轮提供考察预告、人选自然情况和工作简历。

**（五）围绕"体现不唯考、不唯分、不唯票"，加大研究有效的综合分析研判办法**

既要体现量化测评，又不简单地以考试分数和推荐票数取人，坚持综合分析和科学研判，实现精准比较、科学比选。一是坚持考试结果带入推荐环节。将考试成绩作为确定入围人选的重要依据，但不是唯一依据，笔试、面试成绩可分别带入推荐环节。改变笔试前 6 名入围的通常做法，可以确定前 15 名入围第一轮推荐。不能根据面试成绩立即淘汰人选，可以让面试前 6 名全部参与第二轮推荐。不能简单地根据考试成绩直接淘汰人选，可以有效降低考试成绩对选人结果的绝对影响。二是坚持推荐结果采取功效计分。为防止推荐结果产生过大影响，可以采取"功效系数法"，将推荐得票转化为分值，即：推荐得分 = 得票数 ÷ 有效票数 × 系数 + 基础分。设置合理的基础分和系数分，着力解决"推荐得票情况难以量化评价"的问题，可以较好地发挥推荐结果对考试成绩的修正、补充作用，实现分数与民意有机结合。三是坚持综合评价实行量化评估。合理设定量化评价的指标内容，科学确定考察对象的测试成绩、民主测评、组织考察等各项指标的权重，对后备干部、受表彰奖励情况、关键时刻突出表现、重大贡献等予以适当加分，全面衡量考绩与实绩、口才与口碑、临场表现与一贯表现，妥善处理分数与能力、票数与实绩、个人素质与岗位要求之间的关系，形成准确、全面、客观的综合评价。

**（六）围绕"确保人岗相适、人尽其才、才尽其用"，努力研究人岗匹配度评价问题**

坚持将人岗匹配度作为竞争性选拔干部的重要标尺，最大限度地防止出现"选上的用不上"的情况，提高竞争性选拔干部的公信度和满意度。一是要分层分类组织任职资格考试。逐步变考具体职位为考任职资格，定期按照党政综合类、经济类、政法类、社会事业类、群团类和专业技术类等不同类型，分设正处职、副处职、正科职、副科职等不同职务层次，组织任职资格考试，入围者获得相应类别职位的任职资格，3 年内有效。当领导职位出现空缺时，组织具备相应资格的人员进行面试，从中择优选拔。二是要科学准确评价适岗能力素质。对进入考察程序的人选开展适岗能力素质评价，建立适岗能力素质科学评价体系，细化选拔职位所必备的党性修养、专业知识、基本技能、心理素质、精神状态、工作作风、实践能力等基本要求，对在相关岗位、相近岗位的实际能力、工作业绩做出准确评价，科学量化具体分值，形成适岗能力素质的综合评定。三是要探索推行实践试岗制度。对竞争性选拔出的干部不急于安排上岗，推行"实践试岗"，把他们放到重点工程和项目建设一线进行为期半年的实践锻炼，通过实践检验人岗匹配度。

**（七）围绕"发挥综合效应、溢出效应、潜在效应"，研究竞争性选拔成果的巩固和深化问题**

注重放大竞争性选拔的政治效应和社会效应，在干部队伍中树立重学习、重能力、重实绩、重公认的鲜明导向，达到"选出一个干部、发现一批干部、激活一层干部"的乘数倍增效应。一是突出对最终胜出人选的跟踪管理。对选拔出的干部绝不能"一选了之"，要突出岗前培训和任职培训，建立结对传帮带机制，促进他们尽快适应新岗位；完善考核评价办法，科学评定实际工作能力和工作业绩，对不能适应新岗位的要及时予以调整换岗。二是突出对入围考察人选的培养使用。重视进入考察程序的其他人选的使用，在有针对性地加强他们党性锤炼、理论素养、实践能力的同时，充分发挥他们的专业特长和优势，注重让他们到重大基础设施建设、重大项目建设等一线压担锻炼，对比较成熟的及时提拔使用。三是突出对发展潜力较大后备人选的合理开发。坚持以战略视野、发展眼光看待干部，将竞争性选拔中发现的综合素质高、发展潜力大的优秀人才纳入后备干部库，实行重点关注、重点培养、重点开发。

**（八）围绕"实现备用结合、综合配套、常态趋势"，研究加强开展竞争性选拔的基础条件建设问题**

注重完善改革基础、资源储备、配套保障等先决条件，夯实开展竞争性选拔的工作基础。一是要整体推进综合配套改革。注重把竞争性选拔与差额选拔、从基层一线选拔干部、干部交流、干部工作信息公开、干部初始提名等改革举措有机结合起来，确保衔接有序、配套完备、相互补充。二是要战略储备充裕的后备干部资源。突出抓好干部队伍源头建设，储备一支数量相当、素质优良、结构合理、专业齐全的后备干部队伍，为开展竞争性选拔提供更大比较空间和选择余地，真正实现战略储备和合理使用有机对接。三是要夯实竞争性选拔常态开展的基础保障。完善竞争性选拔制度，规范竞争性选拔流程，加强考试题库和面试考官队伍建设，为推进竞争性选拔工作常态化、制度化提供重要保障。

干部选拔任用是一项关乎人心向背的重要工作，竞争性选拔模式构建从实践到理论研究还有很长的路要走，还有很多工作要做。建立完整和严密的干部竞争性选拔模式是当前和今后干部选拔工作发展的必然选择，本研究是伴随着竞争性选拔实践历程的一个阶段性成果。基于各种条件和自身的局限，本研究难免存在某些不足之处，需要后续研究来进一步丰富和完善。这些正是我们继续关注和深入研究竞争性选拔工作的压力和动力。未来继续关注和推进这一课题的理论研究应当是我们理论工作者自觉的社会责任。